1947 年春，周恩来与邓颖超在延安

1948 年夏，周恩来和邓颖超在西柏坡

1950 年 8 月 8 日，周恩来邓颖超结婚 25 周年纪念照

1951 年，周恩来与周秉德在中南海西花厅合影

1952 年 8 月，周恩来和邓颖超在西花厅为六伯父周嵩尧庆祝 80 寿辰

1952 年夏，周恩来、邓颖超与周秉德、周秉钧、周秉宜三姐弟在颐和园

周秉宜拉伯伯周恩来看花

1958 年 6 月，周恩来在十三陵水库参加劳动

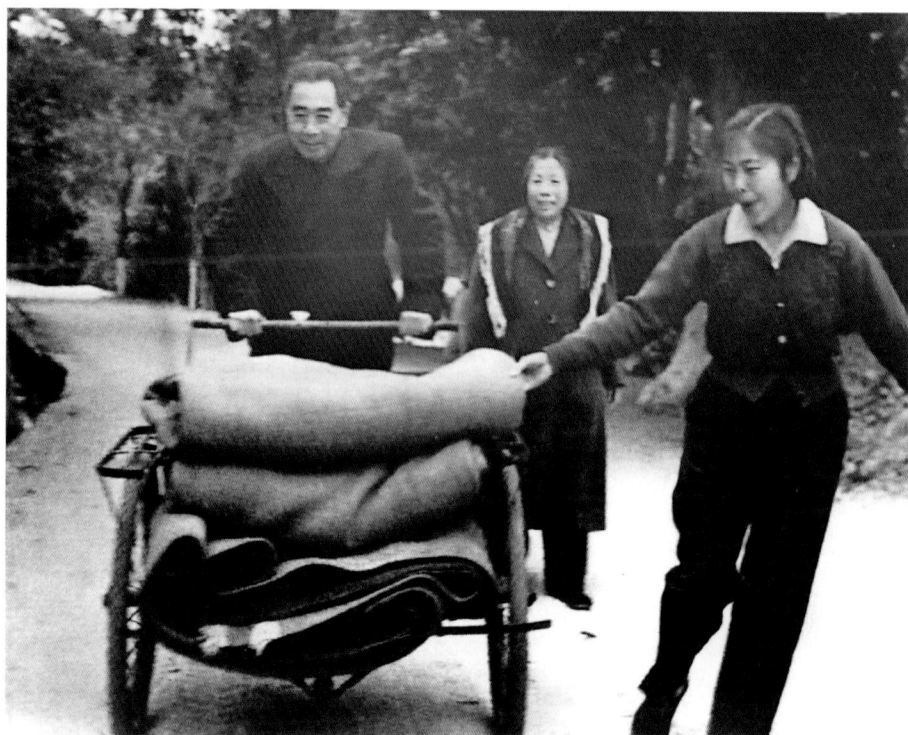

1959 年 1 月，周恩来和邓颖超在从化疗养院散步时，见女服务员蹬三轮送毛毯很吃力，周恩来就骑上三轮车帮她把毛毯送到目的地

1959 年，周恩来、邓颖超与亲属合影

1961 年 7 月，邓颖超手持老舍夫妇赠送的牡丹团扇与周恩来在西花厅前合影

1970 年 5 月 20 日，周恩来、邓颖超与工作人员在西花厅合影

1988 年 2 月 5 日，邓颖超与周秉德及其丈夫沈人骅在西花厅的合影

海棠花盛开的西花厅

周恩来卧室

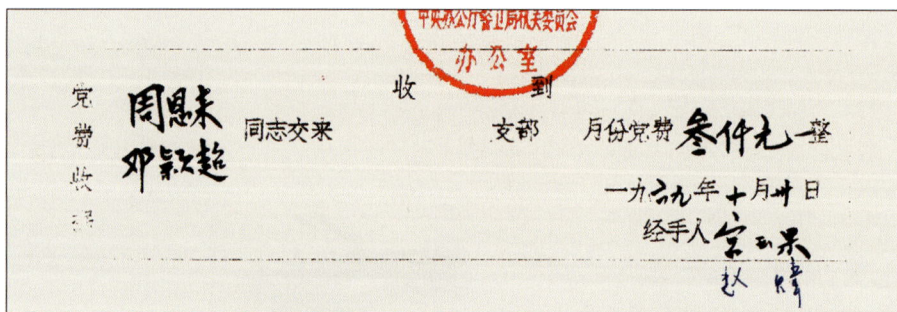

周恩来和邓颖超交党费的收据

周恩来生前佩戴过的"为人民服务"纪念章

周恩来在重大国事活动中穿过的中山装，衣服有多处补丁

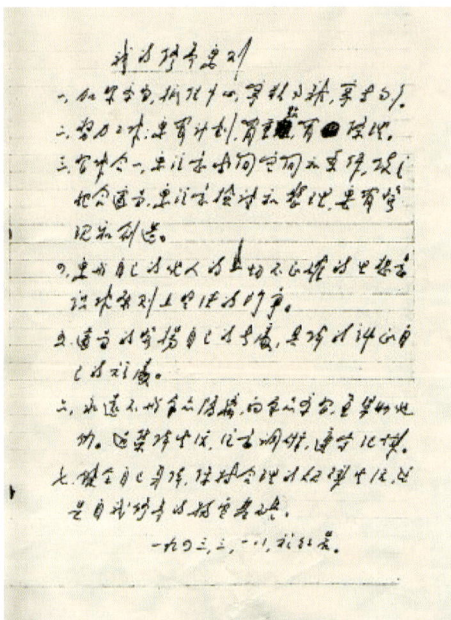

1943 年 3 月 18 日，周恩来在重庆
红岩村撰写的《我的修养要则》

周恩来穿过的衬衣及备用的领子和袖口

周秉德 著

周恩来家风

人民日报出版社

北京

图书在版编目（CIP）数据

周恩来家风 / 周秉德著 . -- 北京 : 人民日报出版
社 , 2025. 6. -- ISBN 978-7-5115-8791-6

Ⅰ. K827=7

中国国家版本馆 CIP 数据核字第 2025Q4M930 号

书　　名：**周恩来家风**
　　　　　ZHOUENLAI JIAFENG
作　　者：周秉德

选题策划：沈　清
责任编辑：贾若莹　张炜煜
特约编辑：王海燕　慕　周　曹　磊
封面设计：李尘工作室
版式设计：阮全勇

出版发行：**人民日报**出版社
社　　址：北京金台西路 2 号
邮政编码：100733
发行热线：（010）65369509 65369512 65363531 65363528
邮购热线：（010）65369530 65363527
编辑热线：（010）65369514
网　　址：www.peopledailypress.com
经　　销：新华书店
印　　刷：大厂回族自治县彩虹印刷有限公司
法律顾问：北京科宇律师事务所 010-83622312

开　　本：710mm×1000mm　　　1/16
字　　数：275 千字
印　　张：22
版　　次：2025 年 6 月第 1 版
印　　次：2025 年 6 月第 1 次印刷

书　　号：ISBN 978-7-5115-8791-6
定　　价：66.00 元

如有印装质量问题，请与本社调换，电话：（010）65369463

自　序

　　中华民族历来注重家庭、家教、家风，古语有云："天下之本在家。"党的十八大以来，习近平总书记对家庭、家教和家风建设有过许多重要论述。他指出，千家万户都好，国家才能好，民族才能好。他强调，家庭是人生的第一个课堂，父母是孩子的第一任老师。孩子们从牙牙学语起就开始接受家教，有什么样的家教，就有什么样的人。家风是社会风气的重要组成部分。他尤其强调，领导干部的家风，不仅关系自己的家庭，而且关系党风政风。他要求，把家风建设作为领导干部作风建设重要内容。

　　在 2015 年的春节团拜会上，习近平总书记发表重要讲话，指出："家庭是社会的基本细胞，是人生的第一所学校。不论时代发生多大变化，不论生活格局发生多大变化，我们都要重视家庭建设，注重家庭、注重家教、注重家风，紧密结合培育和弘扬社会主义核心价值观，发扬光大中华民族传统家庭美德，促进家庭和睦，促进亲人相亲相爱，促进下一代健康成长，促进老年人老有所养，使千千万万个家庭成为国家发展、民族进步、社会和谐的重要基点。"

　　2015 年 3 月，习近平总书记就学习发扬周恩来同志的精神风范作出重要批示，指出："周总理的优良作风与优秀品德至今仍是我们学习的榜样。"2018 年 3 月 1 日，习近平总书记在纪念周恩来同志诞辰 120 周年座谈会上发表重要讲话。他充满感情地说："周恩来，这是一个光荣的名字、不朽的名字。每当我们提起这个名字就感到很温暖、很自豪。"并高度评价道："周恩来同志是近代以来中华民族的一颗璀璨巨星，是中国共产党人的一面不朽旗帜。"在讲话中，总书记用"六个杰出楷模"，深刻阐述了周恩来同志崇高精神的丰富内涵和时代价值，其中就包括周恩来的家风家教等。

家风，是指家庭生活的基本环境，是家中长辈所树立、传承的价值准则和精神力量。作为老一辈无产阶级革命家，先伯父周恩来的品格风范在党内外乃至世界都有口皆碑，他春风化雨般的言传身教，对亲属和身边工作人员的既严格要求又关怀备至，都潜移默化在我们的身心里。没有亲生子女的他将西花厅变成了其乐融融的大家庭。所以，本书所描述的家风并不局限于周家这个家庭或家族，而是以周恩来为代表的中国共产党人的广义的红色家风。

对先伯父周恩来，我一直称呼"伯伯"，由于他在周家家族中大排行是行七，我习惯上称呼先伯母邓颖超"七妈"，这个在《我的伯父伯母周恩来邓颖超》一书中都有过交代。在本书的部分行文中，将保持这两个称谓。

伯伯的感人故事、光辉事迹实在太多，我知道的自然有限。本书收录的内容主要为我和亲属们亲身经历的，我从伯伯、七妈那里及他们身边工作人员处听说的，以及从一些书籍报刊资料里看到的，难免挂一漏万。尽管水平有限，我还是衷心希望，本书能够让读者朋友们了解周恩来的家风，从中得到启迪和教益。

周秉德

2024 年 12 月于北京

目　录
CONTENTS

第一章

革命亲情　深沉纯真

第 1 节　伯伯给亲属们讲家世

记得在 1964 年的 8 月 2 日，那是个星期天。西花厅来了周家三辈十几口人，好不热闹。中午吃完饭，伯伯把大家召集到后客厅里坐下，说是要给我们讲讲周家的家世，大家都很兴奋与期待。我找了个合适的位置坐定，准备记录。可能是职业习惯，也可能是当大姐的责任感，每次伯伯、七妈的谈话都是我记录，我笔头快，回去再整理出来，抄给每个弟弟、妹妹。这已经成为家里的惯例。

伯伯在客厅里踱着步，双臂习惯性地抱在胸前。他走到我妹妹秉宜面前，对着她以较浓的淮安口音亲切地发问："小咪（秉宜的小名），你说说我们国家有多大面积？"

我堂哥周尔辉的爱人孙桂云脱口而出："有九百六十多万平方公里。"

"你是小学教师，当然应该知道！"伯伯转脸对着孙桂云接着问，"你再说说每平方公里有多少亩？"

"这……"孙桂云的脸一下囤红了。

看得出，伯伯并不想为难孙桂云，他又继续问秉宜："小咪，你知道你和国镇是怎样的关系？到上边哪一辈是一个人？"

"不知道。"秉宜懵懂地摇摇头。

伯伯转而问我的四弟秉华："小四儿，你知道不知道你和尔辉、尔萃是什么关系？是同一个什么祖？我和你父亲是不是同一个父亲？"

"我不知道。"秉华老实地回答。

"这个都不知道？这个应该了解嘛！"几个问题的回答，显然让伯伯有些意外。他转过身，坐在身旁一张高靠背的小竹椅上，很耐心地对着大家侃侃而谈：

我、同宇和尔辉的父亲（潘宇，号恩硕）是同一个祖父。我们这辈人按大排行就算不清了，人太多了。我们这同一个祖父名攀龙，字云门，这名字有封建思想，想中科举。结果是秀才还是举人，不清楚了。他下面只有四个儿子，没有女儿，儿子按大排行是四、七、八、十一。我的四伯贻赓（字曼青）无子嗣，行七的劲纲（字懋臣）生有我们三个，就是我、博宇、同宇，我们的八叔贻奎生了潘宇一个，十一叔贻淦也没有孩子。

我们的曾祖父光勋公，号樵水，这个名字还好些，还有个务农之意，他是地道的绍兴人，绍兴有他的坟（到我们祖父攀龙就迁到淮安，也埋在淮安）。前几年，绍兴县写信给我，问对光勋公的坟要修，还是深埋？征求家人意见。1939年我在新四军作战时，曾路过绍兴，公开回老家去看看，我们老家的地址是在绍兴宝祐桥，百岁堂（前十代的一位祖先活到百岁，建了此堂，现在还在，他们想重修）。1939年那次，一位本家（我记不清是谁了）拿出了家谱给我看，上面有我的名字，还有我们的四哥恩夔的名字，我知道一定是我的六伯嵩尧回绍兴时写上去的。那位本家带我撑一条小船，看了这位曾祖的坟和本家其他十几个人的坟，坟在外凰山上，我还上了坟，那时已讲统一战线，如果不上坟，人家会说你共产党不认祖宗。

土地问题一定要解决。中国有六七亿人口，只有十六亿亩耕地，平均一人二亩三分地，将来人口越多，每人平均土地越少，这只有两条出路：一是提高单位面积产量，一是城市个人增产，利用城市可利用的土地为自己补充食品，为国家减轻粮食负担，但绝不许走私，高价出卖。尔辉、孙桂云你们两个共产党员要做榜样。曾祖樵水的坟，人家来信问，已破烂不堪了，准备重修，人家不肯深埋。我告诉他们不准修坟，要平坟，起码不准修。如果他们修，我一是要付钱，二是仍要平掉。当然对平坟的问题，也不能由我一个人决定，以后如有机会到绍兴，我要找本家开个会，共同研究把坟平了。

祖坟在绍兴，绍兴的家谱上又有我的名字，我不能不承认是绍兴人。但我生长在淮安，满嘴的淮安口音，也不能不承认是淮安人。所以我说我是"原籍绍兴，淮安生人，江浙人也"。为这个籍贯问题还很费了些脑筋呢！

说是绍兴人，不仅是因祖坟和家谱，更重要的是我们封建家庭的根子在绍兴。封建家庭的老底子可厉害了，影响思想，影响生活习惯，封建根子不挖清，思想认识不到，你的思想觉悟就提高不了。

我们家没有土地，为什么说是封建家庭呢？过去绍兴人靠什么为生？一靠土地，二靠当绍兴师爷。师爷很厉害的，是给县官出主意的，现在叫"秘书"，县官都用两个师爷，一个管收税，多数是沧州师爷，一个管判案子，多数是绍兴师爷，都可以剥削人。绍兴师爷的行会，把持、垄断师爷职业，全国两千多个县，多是绍兴师爷，上一级的府也是，哪个县的案子如果不是绍兴师爷办的，到上一级就不能让你打赢。做师爷的没有不贪污的，所谓"清廉"，只是少拿些钱就是了。绍兴人大部分在外面当师爷，有了钱就回家置地，进行封建剥削，有人到外边办南货店，进行商业剥削。

我的曾祖父下有五个兄弟，都搬到了苏北，大、二、三、四都做过县知事，老五没做过。我祖父是老四，从绍兴师爷升到县知事，做官还不是剥削人？也可能不太大，因为他没买下土地，只留下了一处房子，在淮安驸马巷，还是我二祖父和我祖父合买的。

我们上一代，还都去拜绍兴师爷，给人家做徒弟，但没学好，只有二伯、六伯学得较好。六伯中了举人，做了师爷，后来还曾给袁世凯做过秘书，在中南海办过公，他赚了不少钱，娶了两个妾。他的儿子恩夔，从小不读书，不学好，整天打闹、骂人、欺负人，生了10个儿女，自己没能力供养，靠他父亲供养。封建家庭，上一代钱来得容易，就不会教育出好子弟来。

我父亲这一辈有兄弟四人，按大排行是四、七、八、十一。八叔腿瘫了，十一叔刚结婚一年就死了。十一叔、婶都属虎，才20岁，我刚1岁，就把我抱过来过继给了十一婶。只有四伯到东北做了科长，我父亲老七能力不行，老实得很，不会扒钱，家里就破落了。从我记事时，家里就破落了。

具体地说，我们这个家是个破落的封建官僚家庭。没土地，只有房子，也不出租。

说实话，二十七岁的我，还是第一次听说我们周家是个这么庞大的家族。伯伯喝口水润润嗓子，又接着自己的思路说下去：

我外祖父姓万，江西人张勋的参谋长与我外祖父是一家人。我外祖父万青选在淮阴（清河）县做知事及淮安知府30年，没有出过错，没有被裁下来，一般人都称赞他。他只有一个姨太太，共生有18个儿子，14个女儿。他身体非常好，活到90多岁，他最喜欢我们的妈妈——第十二个女儿，人称万十二姑，小名叫冬儿。她从小开朗活泼，虽身为贵族小姐，却不像大家闺秀，不肯缠足，她一直到十一二岁才缠足。外公经常带着她到处走，参加各种活动、礼仪、排解纠纷等，所以她以后很会处事，很会应酬。

万家在淮阴河北石板十里长街有所大房子，有 90 间房子、几进院子。

我的父母两方面都是封建官僚家庭，我生下来时，两家生活都在下降、破落。

我上一代的四个兄弟中，十一叔死得早，我父亲和四伯父到外边去做事，家里的男人只有八叔一个，但他腿瘸，不管事。我 7 岁时，四妈死了。我 9 岁时，我妈和十一婶也死了，只有一个八妈带着我们这一辈兄弟四人，家中生活靠把房子押出去，到当铺去当东西，或者借钱过日子，有时四伯寄钱回来还一笔账。但就是这样，还要装门面。吃都困难，每年仍按期给各家亲戚送寿礼！我痛恨这虚荣！

小时候在家里，有两件事我最看不惯，一是破落下来还要装门面；二是搞彩票。彩票太坏了，助长人的侥幸心理和不劳而获的思想，一提彩票我就烦，所以现在我把彩票废了，我要报复旧社会的彩票。

我父亲和十八舅舅合起来买了一张彩票，头彩是一万元，彩票摆在我母亲手里，号码被一个亲戚知道了，开彩号码登出来后，他知道父亲他们得了头彩，想骗过去，对我父亲说他要帮助查号，要把彩票拿过去。我母亲精明，不肯给那个亲戚，怕他给调了包，一定要自己对，一对，正得头彩！真是高兴得头都昏了，首先想到玩，要大讲排场。彩票在武汉，要坐船去兑，一路上到处玩。我母亲就要给这个送东西，给那个送礼物，又要买皮衣，又要买留声机，她是从小看惯了讲排场，爱面子的，这五千块钱，光是玩、送东西就不在一半以下。债主们听说，又都来讨债，亲友们又纷纷来祝贺，住下来要吃要喝还要拿，母亲压力沉重，想躲一躲，决定暂时搬到她的娘家淮阴。只有父亲、母亲、我们兄弟三人和十一婶我们六人搬去了，是住在外祖母家（我刚出生时外祖父就去世了）。但人家人多，我们刚发了财，长住人家也不好，就搬到西头的陈家花园住了一年多。这所房子有 14 间屋子，但父亲做事一个月只有 16 元，钱很快就花完了，别人给他介绍到湖北做事，家里就借钱过日子。

母亲又劳累，又愁闷，得了肺结核，半年就死了，父亲都没来得及见上她一面。她死后，十一婶对我说："我也活不长了。"不久她也死了。在一年内死了两个母亲，给我打击太大，印象深刻。当时我只有 9 岁，母亲死时，棺材是借钱买的，是楠木的，已经很好了，但外祖母还一定要搞什么七层漆，五层麻，逼得我 9 岁时就要拼命想办法再去借钱。后来十一婶死时，人家问我怎么办，因是我的过继母亲，外祖母当然不会要求什么，由我做主，我只说买了棺材运回淮安与父亲（注：指十一叔）合埋。

得彩票，完全是昙花一现，我小时看到这状况就想，为什么前后有这么大的变化，所以我最反对彩票了。

两个母亲死后，我带着博宇和同宇从淮阴搬回淮安。一屁股债，常有人到家来要账，要利息，我就到处典当、借钱，典当时还常被人家嘲弄，所以我是从小就尝到了人间的世态炎凉。从 10 岁到 12 岁，我当了两年家，在墙上有张纸，要把亲戚们的生日、祭日都记下来，到时候还要借钱去送礼，东家西家都要去，还要到处磕头。到外婆家要走 30 里地，还要坐船过河，连吃饭都困难，还要搞这种虚排场，就想这家真难当！

我 12 岁，四伯把我接到东北去读书了。12 岁以前我受的完全是封建教育，家里请了先生教书，也是借钱请的，他只为自己考秀才，对我们根本不负责任。我的知识许多都是从看小说得来的。我母亲，就是十一婶，认字，会写诗，她总教我读诗，还让我看小说。小时，博宇很顽皮，虽然比我小一岁，我常受他欺负。一次他玩刀子，掉在我眼睛下面，险些伤我眼睛。母亲就把我关在屋子里看书、背诗，我总跟着她，所以娇生惯养，身体不好。

我身体好，是到东北以后跟四伯父住在一起。到东北有两个好处：上学，冬天夏天每天都要有室外的体育锻炼，把身体锻炼好了；吃高粱米，生活习惯改变了。另外学会了交朋友，我由南方到了东北，说话口音重，同学们骂我是"南蛮子"，每天打我，欺负我，大同学还扒下我的裤子打我。我被打了两个月，被逼得想出办法，我就交朋友，他们再打我，我们就对打，他们就不敢再打我了。东北的几年对我很有好处呢！

我是经过封建教育、资产阶级教育的。对封建教育我是反感的，那时代，到处讲面子，不劳而食，借钱过日子，还死要面子，完全是一派虚假，现在看来，封建家庭一无是处。只有母亲养育我，还是有感情的。另外是四伯接我出来念书，念中学时，先供我一年，后来因我成绩好，就公费了。到"五四"时，对家庭有认识了，想脱离家庭。后来到日本、法国去学习，都靠同学、老师的帮助和自己的奋斗。以后加入了党，与家不通信，怕我加入了党连累家庭。所以1928年去莫斯科参加六大路过大连被日本宪兵盘查时，我就说来东北是去吉林找舅父周曼青的，没说是伯父。

我在24岁（按：经中央批准的周恩来于1921年入党的文件，应为23岁）入党以前，是受资产阶级教育的爱国思想，知道旧家庭是没法奋斗出来，对家庭没有留恋，但我对伯伯没有反感，对父亲也很同情。所以我敢去吉林找四伯，相信他不会出卖我。我对家庭这样的认识，是一步步来的。①

伯伯满怀深情地款款道来，使得我们这些晚辈真正了解到周家的家世，对这个封建大家庭有了更多的认识，也对伯伯惊人的记忆力深表钦佩。

---

① 本篇讲话为笔者当年根据自己的认识程度记录，未经周恩来审阅。

第 2 节　母子情浓——伯伯与生母、嗣母

伯伯出生于封建官僚之家，当时正处在逐渐破落衰败之中。他做官的祖父除了留下驸马巷的房产和一块坟地外，没有给后人留下一分田地。伯伯的生父周贻能忠厚朴实，为养家糊口，常年漂泊在外，周家这个衰落的官宦之家的生计就落在了伯伯的母亲万氏肩上。

万氏是我的祖母，清河知县万青选的第十二个女儿，小名冬儿，娘家人称十二姑。她读过五六年家塾，文化水平不高，但性格开朗，爽直豪放，办事精明能干，她在周、万两家都有着很高的威信。祖母嫁到周家一年就生了周家长孙，即我的大伯周恩来。她识大体、顾大局，在伯伯不到一岁的时候，为了给家族中最小的叔叔周贻淦冲喜消灾，尽管是头胎长子，还是遵照公婆的决定，将伯伯过继给了小叔叔。不幸的是，周贻淦不久还是去世了。

平日里，周家由处事干练的祖母主持家务。从小跟着自己父亲出入官场的她，历经过比较大的场面，见多识广，考虑问题也是细致周到。处理这些家务时，祖母常常带着伯伯。家中缺钱少粮，为了维持周家的排场，到处借钱或典当。祖母处理烦琐家事，排解纠纷，负责调解大家庭内部的矛盾等方面的才干，给伯伯留下了深刻的印象。1904 年，6 岁的伯伯

随同他的父亲、生母、嗣母和弟弟，一起搬到淮安清河县清江浦他外祖父家居住，并在家塾中读书。万家人多事多，家族间发生了纠纷时，常邀请我祖母去调解。她是伯伯学习如何待人接物的引导者。

伯伯在过继给陈氏之时，称嗣母陈氏为"娘"，改称生母为"干妈"。

陈氏，1878年出生在宝应县一个书香门第。她的父亲陈源，饱读经书，很有学问，因为没有儿子，就把女儿当作自己的文化继承人培养，所以陈氏擅长诗文书画，具有一定的文学素养。伯伯过继后不久，陈氏的丈夫还是去世了，陈氏就把幼年的他作为自己唯一的精神寄托和生活希望。她没有再嫁，也不怎么出门，只是一心教养嗣子。伯伯4岁时，陈氏就教他识字，5岁时，送他进私塾读书。陈氏对他要求很严格，每天黎明时刻，就叫他起来，亲自在窗前教他读书。陈氏很少允许伯伯出去，整天把他关在屋里念书。空暇时，还教他背唐诗，给他讲故事，如《天雨花》《再生缘》等。幼年的伯伯聪明活泼，并具有惊人的记忆力。为帮助伯伯学习，陈氏专门请人给他做了一只盛字块的小柳斗，并让他与其他同龄的小朋友做益智游戏——就是把古诗一个字一个字地写在方块厚纸片上，然后打乱，看谁最先准确地拼好一首完整的诗词。每次，伯伯总是最先拼好，得到了长辈和同辈的一致赞赏。她还经常给伯伯讲历代英雄人物如岳飞、梁红玉、关天培的故事。这一切，都给伯伯做了最初的文化和思想启蒙教育。

后来，伯伯在南开学校上学时写过一篇《射阳忆旧》，回忆了这段短暂的美好时光，"幼时喜闻故事，凡有人能语余以奇闻怪事者，辄绕膝不去，终日听之不倦"。

由于家里的经济境况每况愈下，经常要靠借钱过日子，伯伯的生母万氏劳累愁闷，在1907年上半年就一病不起，不久就去世了。1908年7月，陈氏也因患肺结核而去世，年仅10岁的伯伯挑起了全家生活的重担。

对嗣母陈氏，伯伯怀有特别深厚的感情，他写过一篇《念娘文》，可惜没有保存下来。1918 年 1 月 2 日，他在日本留学时，写过一篇日记："我把带来的母亲亲笔写的诗本打开来念了几遍，焚好了香，静坐一会儿，觉得心里非常地难受，那眼泪忍不住的要流下来。计算母亲写诗的年月，离现在整整的二十六年，那时候母亲才十五岁，还在外婆家呢。想起来时光容易，墨迹还有，母亲已去世十年了，不知还想着有我这儿子没有。"表达了对母亲的思念之情。

抗战胜利后，国民政府于 1946 年 5 月还都南京，伯伯也率领中共代表团移居南京的梅园新村。远在重庆时，他就想到了千里之外的家乡，在重庆的送别会上，他充满深情地对记者说："三十八年了，我没有回过家，母亲墓前想来已白杨萧萧，而我却痛悔亲恩未报！""直到今天，我还得感谢母亲的启发。没有她的爱护，我不会走上好学的道路。"（见曾敏之的《十年谈判老了周恩来》一文，时为香港《大公报》记者的曾敏之 1946 年 4 月 28 日在重庆访问伯伯后写了此文。）

前文记载的伯伯给我们讲家世时，他虽批判"封建家庭一无是处"，但也说："只有母亲养育我，还是有感情的。"

第 3 节　父子情深——老父仙逝，迁怒爱妻

伯伯 1976 年 1 月 8 日去世后，我总是尽量多些时间去西花厅看望七妈邓颖超。5 月 24 日，我下班后没有回家，乘 103 路电车到府右街，去西花厅看望七妈。

七妈坐在屋里，手里拿着一个黑色的皮夹子在沉思。见我进来，伸出双手拉着我，挨在我身边坐下。好一会儿，她才缓缓地说："秉德，这是你伯伯的一件遗物。抗战时期，我们在国统区工作，你伯伯如果拿公文包上街的话目标太大，只好把党的重要文件放在这个小皮夹里。那时工作环境险恶，特务横行，所以这个小皮夹你伯伯一直贴身放着，十几年如一日。进城后，它就一直放在你伯伯的保险箱里。现在我把它交给你，做个纪念吧。"

七妈从皮夹子里掏出伯伯三十多年前写给她的三封亲笔信，一封一封给我解释信的背景和内容：这是你伯伯在莫斯科治疗手臂时写的，这两封是转战陕北的途中写的……然后，把那个边已经被磨损了的旧皮夹子递给了我。

我郑重地接过皮夹子，心想：伯伯的皮夹子里没有一分钱，可是对于我来说，却是无以估价的珍宝。我打开皮夹子，意外地发现里面还夹着

一张发黄的照片，不觉脱口而出："这不是我爷爷的照片吗？"

我轻轻地抽出来看看背面，发现伯伯亲笔写的"爹爹遗像"四个字，仍然清晰可见。

伯伯为什么天天贴身放着爷爷的照片？我的心在颤动，我相信，伯伯的这一举动，一定内含着父子情深的动人故事。我多想更多地了解爷爷和伯伯的感情世界！

后来，我找过当时在重庆工作时见过我爷爷的同志，也从许多文献资料中了解了那些往事。

下面的两个小故事，充分体现了"父子情深"。

一、跟着伯伯到重庆的爷爷晚年也很孤独。伯伯、七妈总是忙，尤其是伯伯，为处理国共合作中不断出现的摩擦而夜以继日，连睡觉的时间都挤到最少最少，即便是钻防空洞躲敌机，他也要在副官挂起的马灯旁，专注地看文件、看电报，爷爷就常常坐在很近的灯影里看着自己的儿子。伯伯虽然知道爷爷的寂寞，但没时间、没心境陪他聊家常，也觉着心里很不安。

一次，伯伯委托因身体不好在重庆红岩村休息的工作人员张颖，请她帮忙陪爷爷聊聊天："小张啊，我有件私事想麻烦你一下。我工作忙，没空陪老父亲，他一个人一定很闷，你到红岩村如果身体许可，就帮我多陪陪老爷子。"

正巧一天上午，爷爷独自在红岩村的小果园里散步，张颖就主动和爷爷打招呼，陪着老人边走边聊。终于有人陪着聊天，爷爷两眼有神，满脸春风，开心极了，闷在肚里的话像开闸的洪水。他与姑娘吟诵唐诗，朗朗上口；说起家常，有滋有味，久违的笑容一直挂在眉梢。

当他知道这位姑娘是儿子委托来抽空陪他的，爷爷立即生出许多感慨："恩来那么忙，还能想到我，这就不易了。想我这个当父亲的，对他也没有尽到自己的责任，心觉有愧。他是工作忙不能来看我，我也不会怪他的……就帮我带个话，我都好，让他别担心。"

二、1942年6月下旬，伯伯因病住在重庆歌乐山医院手术。大家怕爷爷着急，没敢告诉他。7月5日，爷爷高烧不止，住进了另一家医院。七妈去看他，老人反复只问一句话："我儿子为什么不来看我？"

丈夫和公公先后都住进了医院，七妈很是着急。起初，她并没有把爷爷生病的消息告诉伯伯，而是一直守在爷爷身边照顾。伯伯托办事处同志从医院带回了一封写给七妈的亲笔信：

本星期六出院的计划打破了，因为开刀起19天，应该是7号或11号，再过两三天出院，也须是下星期三了。所以我请你和爹爹商量一下，如果他愿意二十八号（指阴历，阳历就为7月11日）当天请人吃面，那就不必等我回来，免得他老人家不高兴。如果他希望我在家补做，那就等我回来。不过据我所知，他的思想是很迷信的，过生日总愿当天过，儿子在不在跟前倒是次要问题呢。因此，希望你还是将就他一点罢！

伯伯在医院还惦着爷爷的生日，而爷爷的病情也日见恶化，七妈决定不再瞒着伯伯，她在爷爷床边写了封信，告知爷爷先发冷，继之发热，体温四日未退，医生诊断为疟疾。这里有她照顾，让伯伯放心。

谁能料到，十日那天，爷爷永远闭上了眼睛，恰在当日，七妈又收到了伯伯的一封来信，读着来信，一向十分坚强的七妈也再忍不住呜咽出声。

董必武同志接过信，轻轻念道：

我对他的病，不很放心，望你转禀他好好精养。我在这里默祷他的康宁。爹爹的病状，除疟疾外，还宜注意他的年事已高，体力虽好，但他过分喜欢饮酒，难免没有内亏。所以主治他的办法，必须先清内火，消积食，安睡眠。东西愈少吃愈好，吃的东西亦须注意消化与营养，如牛乳、豆浆、米汤、饼干之类，挂面万不可吃。假如热再不退，大便又不通，则宜进行清胃灌肠，勿专当疟疾医。

董老含泪仰天长叹，与大家商量说：恩来对父亲一向很孝敬，他又极重感情，如让他现在知道老人病故，精神受刺激，对养病不利。于是大家一致同意，暂时不告诉伯伯他父亲去世的消息，等他出院后再说。老人家的灵柩暂停在红岩沟内，待伯伯回来再出殡。

要瞒住细心的伯伯真是不易，爷爷去世的消息只瞒了三天。当伯伯在医院知道自己的父亲已经去世三日，顿时惊得脸色苍白，术后虚弱的病体不支，一下跌坐在地上泪如雨下，恸哭不已，决定立即出院。他是在大家的搀扶下回到办事处的，他泪流满面，完全不能控制自己悲痛欲绝的心情，大声责问办事处处长钱之光为什么不通知他，钱之光不敢回答。伯伯转而向七妈大发雷霆："老爷子过世这么大的事你为什么要瞒着我？你跟我这么多年还不知道我？"责问得七妈直掉眼泪，无言以对。这一夜，谁劝也不行，伯伯执意单独坐在灵堂，为父亲守灵，直到东方欲晓、鸡叫天明……

1942 年 7 月 15 日，在重庆出版的《新华日报》的广告栏中有一则伯伯为其父亲去世登载的讣告。全文如下：

讣 告

显考懋臣公讳劭纲府君，痛于中华民国三十一年七月十日骤因数日微恙突患心脏衰弱，脾胃涨大急症，经医治无效，延至当晚十一时逝世，享年六十九岁。男恩来适因病割治于中央医院，仅闻先父患症，比于昨（十三日）日遄归，方知已弃养三日。悲痛之极，抱恨终天。媳颖超随侍在侧，亲视含殓。兹业于今（十四）日清晨安葬于陪都小龙坎之阳，哀此讣告。至一切奠礼赙仪概不敢受。伏乞矜鉴。

男　周恩来、媳　邓颖超泣启

中华民国三十一年七月十四日于重庆

2013 年初，我还收到了台湾的李敖先生来信，信中评述道：

《周恩来年谱》中只提到"守灵至拂晓"的事，表示周恩来遵守旧道德规范，不知重庆《新华日报》别有"讣告"。从 1942.7.15 到 1942.7.19，共产党党报上头版连登 5 天"讣告"。"讣告"中"显考""讳""府君""男恩来""弃养""抱恨终天""媳颖超""随侍在侧，亲视含殓""安葬……之阳""哀此讣告""伏乞矜鉴"等等，全是对旧道德规范的遵守，一点都不革命党呢。

爷爷的丧事在报上公布后，蒋介石等国民党政要也致函或到红岩村吊唁。伯伯在给毛泽东主席拍电报时，仍不能克制自己悲痛的心情："归后始知我父已病故，悲痛之极，抱恨终天，当于次日安葬。"毛主席立即复电："尊翁逝世，政治局同人均深切哀悼，尚望节哀，重病新愈，望多休息，并注意以后在工作中节劳为盼。"表达了对伯伯的战友深情和对爷爷的真情哀悼。

我在后来通过走访当时在场的童小鹏、张颖等人，读了当时伯伯写的信和电报，才真正清楚并且体味到，共产党的高级领导人在为革命工作辛勤付出的同时，也有着对长辈的一片孝心。伯伯把"爹爹遗像"装在贴身衣袋，天天随身而行，一定是想用行动告诉爷爷，虽然生离死别之时他们父子未能见上最后一面，但儿子心里是永远想念爹爹的，这份思念是由衷的。

1974 年 5 月底，伯伯已患癌症，医生要求他要有些许的休息。大弟秉钧到北京出差，抽空去西花厅看望伯伯、七妈。秉钧并不知情，见到伯伯穿着那件补丁摞补丁的睡袍，不像平时衣着整齐、忙于公务，能够与他坐下来谈天，也感到很意外。伯伯在这次谈话中主动谈起了自己对父亲的思念之情："我对你爷爷是很同情的。他本事不大，为人老实，一生的月工资没有超过 30 块钱。但是他一辈子没做过一件坏事，而且他还掩护过我。"这些话，秉钧至今记忆犹新，这是伯伯在不久于人世前的肺腑之言。

许多外国友人回忆起与伯伯的交往，都难忘他"吃水不忘挖井人"，从不过河拆桥，从不忘老朋友的真诚交友之道。其实在家事上，在为人子侄上，伯伯又何尝不是这样呢？对自己的长辈，他永远是滴水之恩、涌泉相报，把给长辈养老送终当成自己天经地义的责任。

第4节　恩情难忘——与四伯父、四伯母的往事

我的四爷爷周贻赓，是父亲和伯伯的四伯父。伯伯12岁那年被四爷爷接到东北读书后，从铁岭银冈书院到沈阳东关模范学校再到天津南开学校，一直跟着他的四伯父、四伯母生活，也非常感念他们的养育之恩。1933年，四爷爷在天津过世。

1943年，我们家搬到天津和四奶奶住在一起。第二年，四奶奶去世了。那时妈妈刚生了妹妹秉宜，还在月子里，就由我这个长孙女替妈妈为四奶奶守灵。记得在小院子里，我和爸爸并排跪在四奶奶的棺木边，亲戚朋友街坊四邻上门来吊唁时，我和爸爸就磕头还礼。7岁的我跪在爸爸身边，偷眼看到爸爸眼泪不断。我是第一次看见爸爸哭，我真没想到失去四奶奶，他会哭得那么伤心！四奶奶去世后，爸爸写信到重庆告诉了伯伯，由于是抗战时期，伯伯未能赶到天津吊唁，这让他十分遗憾。毕竟父亲和伯伯在天津南开学校上学时，得到了四奶奶多年的照顾。

1952年8月的一天，我在陪爸爸、妈妈去西花厅看望伯伯后回家的路上，得知了一件四爷爷和爸爸智救伯伯、七妈脱险的故事。

原以为伯伯、七妈参加革命后，一直在广州、上海和瑞金，后来长征到了陕北，没到过东北。可听爸爸说长期生活在东北的四奶奶在世时，就

常夸奖伯伯孝顺、七妈知礼。这是怎么回事呢？

原来那是当年伯伯和七妈去莫斯科参加中共六大遇险的故事。1928年，中共中央决定召开中国共产党第六次全国代表大会，可由于国内白色恐怖严重，中央决定会议在苏联的莫斯科召开，各位代表各自秘密前往参会。5月上旬，伯伯和七妈化装成一对古董商人，在上海登上一艘前往大连的日本轮船，准备经过哈尔滨再去莫斯科参加六大。伯伯脸颊粘上了胡须，七妈穿着体面，两人从容儒雅的风度并没有引起船上特务的怀疑。船到青岛停靠时，伯伯为了在白区了解到各地的时政、敌人动向和共产党组织有否被破坏等情况，上岸买回了厚厚一叠报纸。这一举动引起了特务的怀疑，他们认为商人历来奉行"莫谈国事"的信条，怎么会对这么多报纸感兴趣？特务立即盘查伯伯，还拿出他在黄埔军校身穿军装的照片左比右看。经过一番斗智斗勇的对话，伯伯以他的从容镇定应付了特务的盘查，终究没有被识破。

为防止敌人搜查，七妈机敏地将去苏联接头的证件撕碎，用抽水马桶冲掉了。为了减少特务的怀疑，伯伯特意买了两张当天下午去长春的火车票。在从大连向北去的火车上，伯伯、七妈很快发现，依然有特务尾随的身影。他们心里明白，敌人并没有完全相信他们！带着"尾巴"绝不能与同志接头，何况又毁掉了去苏联接头的证件！怎么办？伯伯此刻想到了住在吉林的四爷爷和我爸爸，便决定在吉林下车，住进旅馆后，再设法联系。

那天爸爸在家，有个旅馆差役模样的青年送来一封信。看着信封上熟悉的字体，爸爸急忙展开信。信中写道："舅父大人：特意来看舅父，不知家中住宿是否方便？"落款则是"大鸾"。大鸾是伯伯的乳名，爸爸立即明白是自己的哥哥到了吉林，立刻将信交予四爷爷，四爷爷看到信中没称他伯父而是称他舅父，便猜出是伯伯遇到了麻烦，没一点犹豫，让爸爸立即去旅馆将伯伯和七妈接回家中。当时那种环境下，这可是冒着杀头的危险的!

伯伯和七妈在四爷爷家里住了两天，头一夜，他们屋里的灯一直亮到天明。七妈作为周家的媳妇，是第一次见老人，与四爷爷、四奶奶说话时一直是恭恭敬敬地站在一边，微笑着回答老人提出的每一个问题。四奶奶很喜欢这个侄媳妇，心想，这是个知书达礼的贤惠媳妇，怎么会联想到她是报上成天骂的"赤匪"共产党？甩掉了"尾巴"后，伯伯先去哈尔滨找组织。七妈则留了下来，对老人家说："我是作为媳妇第一次见周家的长辈，理应多陪侍伯父、伯母一两天。"两天后，爸爸陪七妈也到了哈尔滨的二伯家。因为在哈尔滨接头的证件已经销毁无法接头，只能等下一批代表一道走。爸爸又陪七妈连续七天到火车站接头，直到见到李立三，爸爸才送他们一同乘车前往莫斯科参加中共六大。

这段鲜为人知的故事，在 1974 年我大弟秉钧回京休假时又被谈起。伯伯约见他，专门向他谈了自己对爸爸的看法："虽然你们父亲那时脱了党，但我相信，他不会出卖我们，所以在 1928 年我和你七妈去苏联参加六大途中遇险时，我们断然去吉林找了你父亲和四爷爷，甩掉了特务的跟踪，实际上他还掩护了我们。"

四爷爷一生心地善良，处事严谨。一家人从沈阳搬到天津，从天津又搬回吉林，堂屋里始终挂着这样一副对联：上联是"事能知足心常泰"，下联是"人到无求品自高"。他对伯伯及晚辈的治家格言是：孔子儿孙不知骂，曾子儿孙不知怒，周家儿孙不知求。要求我们晚辈勤俭奋进，严于律己，宽以待人，刻苦学习，助人为乐。在天津上学时，伯伯和爸爸每天放学回家，都要先向伯父大人行礼、鞠大躬。他老人家常提醒他们：不要和有钱人家的孩子比，要自己努力刻苦学习，要本分；要节约，不要浪费粮食，吃饭时米饭掉在桌上要捡起来吃了；看见大姑娘、小媳妇，不可抬头看。在吉林那会儿，他和四奶奶单独租了一个小院，平时深居简出，和亲戚朋友很少来往。这也难怪，那时伯伯在上海闹革命，是当局重金悬赏的"赤匪"，四爷爷不愿意牵累别人。

1933年四爷爷在天津去世，爷爷让爸爸为四爷爷披麻戴孝当孝子。爷爷还觉不安心，一定要替伯伯有个表示，想来想去，就在讣告上加上了伯伯的小名——大鸾。

第5节　接六伯父进京，亲自下厨做家乡菜
为其祝寿

　　如果不是留下了这张有我在场的照片，如果不是看见照片上我坐在伯伯身边用筷子夹起长长的面条在"埋头苦干"，为六爷爷庆八十大寿这件事，我已经完全淡忘了。那个年代，我们与伯伯虽然朝夕相处，也是难得拍张照片的。当时如果不是伯伯的警卫秘书何谦，就不会有这样一张照片。当然，这一定是伯伯、七妈事先安排让拍的。可以想见，对这次宴请，他们是很当回事的！看着照片，往事一幕接着一幕浮上心头……

　　我上师大女附中的那几年，周六回到中南海，有时自己碰见，有时听工作人员说，伯伯又接我六爷爷（我伯伯的六伯父）到西花厅来了。

　　伯伯与六爷爷坐在客厅里，总有说不完的话。我注意过，他们谈话，时常谈及清末民初政府各级机构的建制、各级官吏工资安排等问题。六爷爷讲解得十分仔细，伯伯也听得十分认真、专注，还不时用纸笔记下什么，像一名求知欲极强的学生。我心里常想，六爷爷讲的那些东西，伯伯并不是非要向老人家请教才会知道的，平时他是没空，可是只要他开口，请哪位秘书查一查，都是非常方便的事。伯伯之所以如此认真地请教六爷爷，当然有他"处处留心皆学问""三人行，必有我师焉"的好学的一面，但

是不是也可从某种意义上说，他是在抚慰六爷爷的心，让六爷爷感到自己老有所为而非老朽。果然，后来听华章哥哥说，每回六爷爷到西花厅与伯伯谈过一次话，回去都要高兴好几天，直说自己真想不到临老临老，还能为当总理的侄儿出点力。

1952年4月的一个周六傍晚，我从学校回来，刚进西花厅大门，就被院内的那几株海棠树迷住了。满树海棠花怒放，在火红的夕阳中如霞似云，春风摇动着花枝，一只只蜜蜂在花丛中哼唱着飞舞。正巧遇到伯伯下汽车进门，我便像往常一样陪他在院里海棠树下散步。

望着满树满枝花姿正艳的海棠，我忍不住唱起在学校刚学会的苏联歌曲《红莓花儿开》，伯伯也神情轻松地随着旋律哼唱起来，右手还微微抬起打着拍子。我心里开心，又说开傻话："伯伯，这么美的花，要是永远开不败该多好呀！"

"花开便有花落时，这是不可违抗的自然规律嘛！人不也是一样嘛，有风华正茂的青年时代，也有无法抗拒的老年时代的到来。"伯伯顿了一下，转移了话题，"对了，你明天去看你爸爸妈妈，记得给我带句话。"

"什么话呀？"我一向是直言快语。

"你对爸爸妈妈说，就说我说的，六爷爷年纪大了，他们有空常去看看他，陪他说说话，人老了，太冷清就更想老家了。"

我点点头，忍不住问道："伯伯，是不是六爷爷又想回扬州啦？"

"不是。在扬州的恩夔是你六爷爷的独生子，他已经去世了，六爷爷到扬州只能看到几个孙子。"

"这倒是。"我知道心细的伯伯担心六爷爷难以承受老年丧子的打击，早已征求过六爷爷的意见，除了孙子华章外，又把他的曾孙周国镇从扬州接到北京，一边上学一边陪伴老人家，而国镇的一切开销，包括吃穿及上学的费用，由伯伯和国镇的五叔、在北京工作的周华章共同承担。"伯伯，是不是六爷爷又向你提出想去绍兴故居看看？"因为我听爸爸说过，去年六爷爷曾向我伯伯提出过，这里生活虽然有人照顾，吃住不愁，但是人老了总是念旧，他想趁绍兴老家还有些故旧亲朋健在时，回到离开许久的故乡看一看。

有一回伯伯又把我六爷爷接进西花厅，爸爸一旁作陪，伯伯话语婉转，只是原则依旧："我派人送您老人家回绍兴这并不难，可是，只要知道您回去了，绍兴县政府能不出面吗？他们一定会给您特殊的接待和照顾。这样就无形中给当地政府增加负担，也影响人家的正常工作，对不对？再说，我作为国家的总理，是为人民服务的，我一向反对'衣锦还乡'的旧习俗，希望在全党、全国树立起四海为家的新风尚，您老人家看，我如果这样要求别人，是不是就应该首先从自己家里人要求起？否则我再说什么也没有力量，对不对？"

六爷爷当然有些失落，但他毕竟是位见过世面且很有自制力的老人，他不愿让当总理的侄儿太为难，便不再坚持回故乡省亲的事。不过，思乡之情，并不易解脱，所以我猜想六爷爷现在又提出想回绍兴了。

伯伯摇摇头，话说得十分动情："没有！你六爷爷真是位识大体顾大局的人，这一年多来，他再没向我提出回故乡的事。其实，我心里明白，老人家到了风烛残年，只会越来越想念家乡和家中的亲人！我工作太忙无法分身，没法经常陪陪你六爷爷，只有请你爸爸妈妈多尽点心了！"

第二天，我把伯伯的话转述给爸爸，爸爸眼里顿时浮起理解的目光，急忙收拾几样食品，招呼我："秉德，走，咱爷俩这就去看你六爷爷！"坐在公共汽车上，与我挨肩坐的爸爸轻声跟我说了一路："你伯伯这么忙，心里还总惦着你六爷爷，接他到西花厅，请他去颐和园，送票让老人家去听越剧。他对老人家的一片孝心、一片真情，具体实在。只可惜你爷爷奶奶去世早，如果他们能够活到今天，还不知会多高兴多安慰呢！"

1952 年 8 月的一天，西花厅里热闹非凡，那天是伯伯亲自安排的，让我们一家和六爷爷的孙子华章、曾孙国镇，都到西花厅里参加家宴，为六爷爷做八十大寿。

我开始真有点百思不得其解：六爷爷今年明明是 79 岁嘛，怎么说是做八十大寿呢？我看伯伯与六爷爷谈兴正浓，便悄悄问坐在一边的爸爸是不是算错了年份。爸爸耐心地告诉我，你这个实心眼也没错，六爷爷今年确实是 79 岁，但是按照我们家乡的习俗，做寿都是"做九不做十"。我还有点想不通，心里暗暗嘀咕：现在是在北京呀，伯伯不是最提倡新风尚的嘛，怎么在这件事上却循着旧习俗呢？ 15 岁的我，还不懂得伯伯对长辈的那种尊重和孝心。

吃饭前，伯伯招呼我们小辈的孩子，挨着个儿去向六爷爷鞠躬祝寿，他拍着巴掌，点名让我们给六爷爷唱歌、表演节目。歌声笑声中，我突然注意到伯伯不见了。我也不觉奇怪，伯伯是个大忙人，一定又去办公室处理什么重要的事情了吧！

"可以吃饭了！"听见伯伯的招呼声，客厅里的人抬头一看，不觉都有些意外，刚才还穿着洁白短袖衣的伯伯，此刻腰间扎上了一条白布围裙，手里还端着一个热气腾腾的菜碟，他动作利落地往桌上一放，大声说："秉德、华章快扶六爷爷入席，大家一起入席，今天是为了给六爷爷祝寿，我特意做了两道家乡菜：绍兴梅干菜烧肉、淮安清炖狮子头。味道地道不地道，要请六伯您老人家打分了。"

六爷爷满面笑容地先夹了一筷子梅干菜，放进嘴里就连连点头。

反正我们孩子都没吃过家乡菜，只要是荤菜都好吃，我也记不清六爷爷当时怎样评价伯伯做菜的手艺，只记得伯伯做的那两道菜都吃得底朝天，只记得六爷爷那天总在呵呵地笑，白胡须不停地颤抖，那满意幸福的模样，让人无法忘怀！

第二年的 9 月 2 日，六爷爷患老年性气管炎在北京去世了。伯伯、七妈带了我们全家，一块儿去北京厂桥路北的殡仪馆嘉兴寺向六爷爷的遗体三鞠躬，是伯伯主持的入殓仪式。过了四天，为六爷爷出殡时，伯伯太忙，实在无法亲自来，由七妈带着我们全家老小，亲自送灵到北京东郊第一人民公墓，并为六爷爷的墓地铲下了第一锹土。伯伯、七妈悲痛肃穆的神情，简洁又不失庄重的仪式，让 16 岁的我记了一辈子。

第6节　不忘养育之恩，为八婶母养老送终

1950 年秋，在西山枫叶红遍的日子里，伯伯把淮安老家的八奶奶接到了北京。八奶奶宽宽的脸膛，慈眉善目，常常是话没开口脸上便浮起浅浅的笑意。她虔诚地信奉观音菩萨，长年吃斋念佛，还问过伯伯要不要改掉这个习惯，因为是总理的亲属，怕人说闲话，影响不好。伯伯和七妈都非常孝顺，很了解老人的心理。伯伯哈哈大笑说："宗教信仰自由嘛，是公民的权利，你老人家也有这个权利，想烧香就烧吧，你已经这样大年纪了，还能烧几年？"

看得出，伯伯、七妈对八奶奶特别尊重、关心，安排她在惠中饭店住下，常接她和她的孙子周尔辉到西花厅来玩，还陪她去游过一次颐和园呢！只要是接八奶奶到西花厅的那天，伯伯无论多忙，也常利用饭后那一会儿工夫，陪八奶奶聊聊家常，问问家乡的人和事。

可是在北京没住几个月，八奶奶执意要回淮安，伯伯、七妈再三挽留，还是九头牛也拉不回来，八奶奶非走不可，而且坚持要一个人走，把陪她来的孙子周尔辉留在北京读书。尔辉哥哥很孝顺，要送八奶奶回家再回来念书，八奶奶又是固执地直摇头：读书是大事，不能耽误！

伯伯能指挥千军万马，却当不了一个老太太的家，只好在春节前，让

八奶奶回淮安去了。八奶奶临走前，伯伯也让爸爸妈妈和我们全家到西花厅聚餐为老人送行。瞧着喜气洋洋的八奶奶，我真有点想不通：北京是大城市，淮安是个小地方，八奶奶在北京吃有现成的，穿也不用愁，伯伯、七妈又总是特别地关照，她何必有福不享呢？

1953年夏，八奶奶又来了一次北京，还是住在惠中饭店。她来京一是为了治病，二来主要是看看她从小带大、从未离开过的孙子周尔辉，看看他在北京上学能否过得习惯。她住了一个多月，感到放心了，又要返回淮安去。临走时，她向我伯伯反映，街坊邻居都提醒她，驸马巷的房子和祖坟都太破旧了，都该重新修整一下。伯伯是完全反对这样做的，就派了中央警卫局的干部王雨波护送八奶奶回淮安，并让他转告淮安县政府三点意见：

一、八婶的生活今后由我来照顾，县政府不要再管了（刚进城时，伯伯是供给制，他赡养的亲戚只好由当地县政府给予适当的补贴，但到1953年国家各级干部都实行了薪金制，伯伯决不肯再给当地政府增加负担）；

二、驸马巷的房子不准修，不准让人参观，更不准宣扬我出生的那间房子，凡已有住户者，不准让人搬家；

三、祖坟要深埋，平掉，把土地交生产队使用。

为这第三条意见，伯伯事先还找了我父母去西花厅商议过，因为这坟中埋着他们共同的祖父、祖母和母亲。伯伯说，这是家里事，他不能一个人说了算。我父母对伯伯的提议表示理解与支持。

1956年，八奶奶病重了，在淮安县医院治疗，她自知不久于人世，说什么也不肯离开自己的家乡。为了感谢当地政府对八奶奶在治疗上的关心与照顾，特别是医疗费用和善后费用，伯伯请秘书以他的名义给县政府寄了三封信，汇了两次款，直到 1956 年底八奶奶去世，事实上一直是伯伯为她养老送终的。

伯伯幼年时，他的母亲早亡，父亲在外地艰难谋生，9 岁的他带领两个年幼的弟弟恩溥、恩寿，从清江浦（今淮安市城区）外婆家回到淮安（现为淮安市淮安区）驸马巷老家，与八叔及八婶共同艰难度日，所以伯伯对他的八婶很有感情。

记得有一次，我和伯伯去颐和园看望七妈。我们坐上一条带篷的游船，船工用篙往水中一点，小船便平稳地离开岸边，穿行在亭亭玉立的荷花和托着水珠的荷叶之间。晚风迎面，清香扑鼻，让人心旷神怡。

我把手顺着船沿伸到水中，一边玩着水，一边好奇地问伯伯："您在淮安老家有没有划过船？"

"怎么没划过！"伯伯不假思索地回答道，然后就回忆起了往事，"我们老家门前有条小河，叫文渠，小时候，家里几个男孩子常常在文渠里划船打水仗，那时真没少让你八奶奶担心。真快，八奶奶回淮安大半年了，也不知近来身体怎样。"伯伯最后两句话仿佛是自语，但从他的眼神中，我读懂了他对八奶奶的惦念……

还有一点我印象也特别深，颐和园东部有一个园中之园——谐趣园，每次去颐和园看七妈，伯伯都一定要去那里走一走。当然，那里的景致的确美，它仿佛浓缩了整座颐和园的秀丽，像一座精致的盆景：中间是开满荷花、睡莲的静池，四周环绕着亭台长廊等。伯伯、七妈领着我们漫步其间，仿佛置身一幅精美的山水画中。一次伯伯招呼七妈和我们："来来来，就在这里拍张照片吧！"

于是，潇洒的伯伯、微笑的七妈和我们三姐弟，与身后高挺出水面盛开的荷花、满池翠绿的荷叶和亭台水榭瞬间化为了永恒。

　　而直到三十七年后的 1988 年，我第一次踏上淮安故土后，对那种情景才有了更深的理解。

　　走进家乡的勺湖公园和又一勺公园，立刻觉得那样亲切、眼熟，陡然记起谐趣园，怪不得伯伯对谐趣园那么情有独钟！是呀，谐趣园虽说比淮安的又一勺公园精致得多，纤巧得多，却也内含了江南园林那种秀美的神韵。当年伯伯沿着谐趣园的曲径中行走欣赏风景，是不是也在排解自己平时无暇念及的思乡之情？

　　当我第一次听淮安的老领导讲出伯伯亲口对他们说过的自己小时候划船的故事，我才真正理解了伯伯内心深处的那片真情。

　　原淮安县副县长王汝祥是 1958 年 7 月到西花厅见伯伯的，那一天，伯伯与他谈了四五个小时，问及故乡淮安的变化十分仔细。在谈到自己童年的往事时，伯伯动情的神态和深情的回忆，给他留下了永远无法抹去的记忆：

　　"小时候，我和小伙伴常常在文渠划船打水仗，大人怕出事，把小船锁起来，我们就悄悄把锁敲掉，划船远游，吓得家长们敲起大锣，满街巷吆喝寻找。"

　　"一天中午，我和几个小伙伴偷偷把船从文渠划到河下去，我的婶娘守在码头左盼右望了好长时间，担心我们出事，直到太阳落山，才见我们船影。她急忙跑步相迎，身子晃动一下，差点跌倒。我很怕，心想，这回免不了要挨罚！可婶娘半句也没责备，相反，一把紧紧地搂住我，眼泪刷刷往下淌，这比挨了一顿打还使我难受，我也忍不住哭了……"

　　那晚，在县委招待所里，王汝祥副县长向我回忆伯伯这段谈话时不断感叹，伯伯身为国家总理，却从没遗忘上一辈老人的点滴养育之恩！

　　那一夜，我想了许多。我恨自己那时太小、太木、太浅，守在伯伯身边，却无从听到伯伯发自心底的声音。我从来没想过战争年代多少次与死神擦肩而过的伯伯，多少次亲眼看着身边最亲爱的战友倒下去牺牲了的伯伯，新中国成立后又有成千上万件国家大事要张罗、要操心的伯伯，心底还牢记着八婶娘当年紧紧搂住自己、眼泪刷刷往下淌的那一幕，还向家乡人坦言自己从怕受罚到情愿挨一顿打的惭愧眼泪和内心震动！要知道，伯伯讲这些事时，那一幕，那份情，已经是五十多年前发生的事！这漫长的半个世纪，本可以淹没洗刷掉多少往事，筛去淡忘多少感情，可是流逝的岁月没有动摇，更没夺去伯伯那段记忆和那片真情！只有这时候，我才真正明白为什么伯伯在 1953 年又一次接八奶奶到北京看病，并从开始实行工薪制后，一直负担起八奶奶的生活、医疗乃至最后的全部安葬费用。伯伯一生一世从没忘怀八奶奶在他童年时代的养育之恩啊！

第7节 省吃俭用，用工资补贴有困难的亲属

伯伯对我家的补助最多最重

在伯伯的要求下，我父亲因病提前退休后，工资明显减少，可是家中六个孩子，除了我和当飞行学员的秉钧外，四个孩子都上学，负担很重。

一个星期天的中午，我回到西花厅，工作了一夜的伯伯正好起床，在客厅他对我说："秉德，你爸爸退休手续办了吗？"

见我点点头，伯伯继续问："我坚持让他提前退休，你爸爸想得通吗？"

对伯伯，我历来是实话实说："爸爸还好，倒是妈妈有点想法。"

伯伯"喔"了一声道："说给我听听。"

"反正，爸爸的一贯态度就是这样：'我一切听哥哥的，哥哥怎么说，我就照办。'妈妈却想到实际问题，她说，如果征求她的意见，她就要说说自己的想法，现在四个孩子读书，正是需要用钱的时候。"

"秉德，你有没有补贴你妈妈？"

"我每月 62 块钱，交给妈妈 20 块，这不是你和七妈交代我这样做的嘛！"

"你这样做是对的，儿女应该从小懂得为爸爸妈妈分忧。我让你爸爸退休，你想得通吗？"

"当然想得通，你不是常说，封建主义时代是一人做官、全家享福，一人得道、鸡犬升天。我们是共产党，是人民的勤务员，是人民的公仆，决不能延续封建主义的那一套。正因为爸爸是你的亲弟弟，所以应该更严格，不能坚持正常工作，就不应该从人民那里拿全额工资。你是总理，如果连自己的亲弟弟都管不了，又怎么能去管理别人？爸爸退休后工资是减少了，可是这么多年来，不都是伯伯供给我们学费的嘛。如果没有伯伯的帮助，就是爸爸工作，我们六姐弟上学早就要向学校申请助学金了。伯伯帮了我们这么大忙，妈妈真不该有什么想不通了！"

"话不能这样说。"伯伯摇摇头，若有所思地说，"秉德，你现在已经是共产党员了，我们共产党人，应该凡事都要站在党性的立场上考虑问题，越是亲近的人，要求越严格，尤其我当总理，只有人正，才不怕影子斜！不过，从一个家庭来说，你妈妈有看法，这也是正常的、合乎情理的。她是个很自立、很自尊的女性。你爸爸就不一样了，他是我弟弟，我们从小也是依靠伯伯养大，当然他从我这儿拿钱去养你们，他不会觉得心里有什么不安。而你妈妈却不同，从她的角度上看，当然应该你爸爸自立，顶家过日子，总拿我的钱，她心里就觉得不踏实、不自在。"

伯伯说着，表情有些激动起来："秉德，你给你爸爸妈妈带个信，下星期天，让他们一起来吃饭，我再和他们谈谈我的心里话。其实，我让你爸爸退休还有一层想法。我们原本兄弟三人，你二伯伯早逝，现在只剩下我们两个。你奶奶去世那年，我9岁，你二伯8岁，你爸爸只有3岁。你奶奶临去世前，握着我的手，喘着粗气，断断续续地叮嘱我：你的两个弟弟还小，答应娘，一定好好照顾他们……我当时泪流满面，一句话也说不出来，只是拼命点头。我答应你奶奶的话，从来也没有忘记。你奶奶去世后，我突然感到自己长大了，还想到了中国的一句古话'长兄如父'。当时父亲在外谋生，顾不上我们，我就承担起了对两个弟弟的抚养责任。我们相依为命两年多，直到我去东北。如今，我自己选定了这条路，就只能向前，不能退却，只能鞠躬尽瘁、死而后已。而你爸爸不同，他身体不好，早点退休也能平安地度过下半生，也算我对你奶奶的承诺有个交代。"

我真没想到奶奶在伯伯的心里有这么重要的位置，也没想到伯伯除了有严格的党性，对爸爸还有如海深的兄弟之情，而且对我的妈妈、他的弟媳的心境也那么体谅，那么尊重！

"秉德，我会交代成元功他们从现在起，每月从我工资里拿出 200 元，还是由你拿回去给爸爸妈妈。"

"伯伯，不要给那么多！我和秉钧都工作了嘛！"

"多给你们一些，这是让给你爸爸吃些补养品，他胃不好，体质也太弱了。"

"不要那么多！"

"怎么？我这伯伯的钱不要，你准备让你爸爸妈妈向组织申请补助吗？如果是这样，我心里能安吗？用我的钱就可以少花人民的钱啊！"伯伯仿佛看穿了我的心思，"秉德，你千万不要觉得用我的钱心里愧疚，你要记住，我和你二伯、你爸爸都是你们的四爷爷养大的，我养你们也只是在尽我应尽的责任，这是我们周家上辈的好传统，希望你们这一辈、下一辈和后世子孙们，也都能这样有困难互相帮助，而不给国家增添负担，好不好？"

我除了点头，还能说什么呢？

从 1954 年到 1968 年，几乎每个月都是由我从卫士长成元功叔叔那儿签字领钱，每个孩子 20 元，后期还有给爸爸的营养费。从每月 105 元到 120 元，再到每月 200 元，一直到 1968 年，我们六个孩子全部参加工作为止。

我每每拿着这些钱送回家，心里总觉着是捧着伯伯沉甸甸的爱！日久天长，伯伯这份真挚的亲情，对亲人尽责的用心良苦，像人类不可或缺的阳光，温暖如春，滋润着我的心扉。

直到伯伯去世后，从卫士的回忆中，我才知道伯伯对我们家的经济补助，占到了他工资收入的三分之一，有时甚至是二分之一！他对我们一家，恩重如山！这个生活补助费，我不在北京时，因为弟弟妹妹还小，就由他的卫士送到我家。后来，卫士同志回忆说，总理有一次在办公室工作时，忽然抬起头来问了一句："秉德不在北京，同宇家这个月的生活费，你们别忘了送过去。"伯伯对我们的生活抚育，是多么的亲切周到、体贴入微啊！

但是，在伯伯去世后我才知道，他们自己生活简朴之甚！伯伯在世时，我看他着装总是整洁、笔挺，哪知他的内衣、睡衣是补了又补啊！作为纪念，我分到了这样的衣服，拿在手里，心灵受到极大的震撼：一方面，懊悔自己家不该接受他们那么大的恩惠，心疼他穿了那么旧的衣服；另一方面，更加深了对伯伯的崇敬之情。不难想象，以他那么高的权位，为亲兄弟安排个美差，应该是很简单的事；就是他不去阻拦，总理亲兄弟的工作，由组织上安排，职位、收入也都不会差，他自己在生活上也不必那么过于简朴，甚至窘迫！但他没有，他要自己和自己的亲属，与全国老百姓一道过简朴的日子。

这就是我们共和国的总理！哪个国家有这样难得的好总理呀？哪个家庭又有这样难得的好兄长、好长辈啊？！什么叫"廉洁奉公"？什么叫"廉政"？这就是榜样！

我年轻时不懂事，以为反正他们是国家领导人，收入一定多得很（当然我从来不问他们的收入是多少）。我都工作了，想滑冰，想买冰鞋，向他们开口；想买自行车，又向他们开口。伯父从不拒绝，但又不能完全满足我，他出一半，让我自己也得出一半。我接受了，但当时并不理解。成年之后，才逐步琢磨出伯伯当年的良苦用心：既不让我失望，又使我逐步克服对家庭的依赖，同时让我拿出自己的劳动所得去购买物品，就会懂得爱惜东西。他对孩子的教育，就是这样潜移默化，润物细无声！

对其他亲属和身边工作人员的补助

1959 年初秋，堂兄周华章和他的母亲来北京，伯伯听说后，便约了时间请他们到西花厅做客。吃的是二米饭，席间上了一道红烧肘子，是淮安菜。伯伯看到后，惊讶地说："喔，今天还有烧肘子！"七妈连忙说："四嫂难得来，今天的菜差不多用了我们一个月肉食定量。"当时正是困难时期，为了招待故乡来的亲戚，两位老人竟然把他们一个月的肉食定量都贡献出来了。

伯伯吃着饭，又忽然想起什么，对七妈说："华章刚有了小孩子，还有四嫂来，家里一下多了三口人，给华章点钱吧。"七妈答应着，回过头来问华章哥有没有存款。他说："我有 90 元储蓄。"随后，七妈去书房拿出 100 元交给华章哥哥，对他说："这 100 元你拿去用，你自己的钱就不要动了，平时还是应当有点储蓄的。"华章哥哥看看伯伯，又望望七妈，心里感动，但有些嘴拙，不知说什么，只答应着收下了钱。

吃过饭，伯伯有事，和大家打个招呼，匆匆走了。这时，华章哥哥看七妈还在向工作人员交代："这吃剩下的菜晚上还可以接着吃。"

1963 年，华章哥哥有了第二个孩子，正巧我们的堂哥荣庆到北京出差，伯伯特意让他去看望华章一家，又给带去了 40 元钱，荣庆哥还对华章哥传达了伯伯的嘱咐："你告诉华章，两个孩子可以了，不准再要了。"

从伯伯身边工作人员做的一个统计中，我才知道经我手拿去补贴我们家用的那些钱的分量：伯伯的工资是每月 400.80 元，七妈的工资是 347.50 元。从 1958 年算起来，到伯伯去世的 1976 年中，工资累计不足 17 万元，伯伯、七妈拿出他们两个人工资的近四分之一，即 4 万多元用来补助亲属和身边工作人员。这 4 万多元，由我送到爸爸妈妈手中的恐怕是其中的大头！我记得特清楚，伯伯、七妈在世时经常讲，他们之所以用自己的工资来补助亲属和部下，是不愿他们因困难向国家申请补助，是为了减轻国家的负担！

伯伯对自己生活上的衣、食、住、行都不在意，不追求讲究，更反对奢侈，自己的工资还经常用在公事上。中国乒乓球队在国际比赛上夺得了冠军，伯伯为表示鼓励，自费宴请他们。电影《霓虹灯下的哨兵》宣传部队艰苦朴素的作风，在社会上影响很好，伯伯要宴请剧组的同志们，高兴地与他们边走边说："我请你们吃饭。"七妈在旁提醒说："恩来，这月你只剩下几毛钱了，还请客？"伯伯立即改口："是邓大姐请你们吃饭！"类似这样的情况，发生过何止几次啊！

像伯伯这样把自己的工资既用来补助亲友和身边工作人员，又用于公事，有时还需要动用七妈的工资，平心而论，有哪个妻子能够接受得了呢？但七妈就接受了，并且自己也拿出工资来像伯伯一样做贡献。可以说，七妈对伯伯的理解与支持，无与伦比！古今中外何处寻？

本书的下一章，就将为大家讲述伯伯和七妈的相濡以沫。

【章末语】

家风是一个家庭的精神内核。一个家庭能否做到源远流长、薪火相传，其关键性的因素就是这个家庭里的家风传承问题。在家风的传承问题上，家训、家规和家教起着至关重要的作用，尤其是家教的作用更不可替代。因此，家长尤其是父母应该担负起教育好后代的责任。他们对子女的影响很大，往往可以影响一个人的一生。

2016年12月12日，习近平总书记在会见第一届全国文明家庭代表时指出："家庭是人生的第一个课堂，父母是孩子的第一任老师。孩子们从牙牙学语起就开始接受家教，有什么样的家教，就有什么样的人。家庭教育涉及很多方面，但最重要的是品德教育，是如何做人的教育。也就是古人说的'爱子，教之以义方'，'爱之不以道，适所以害之也'。"

2017年6月23日，在深度贫困地区脱贫攻坚座谈会上，习近平总书记指出："要弘扬中华民族传统美德，勤劳致富，勤俭持家。要发扬中华民族孝亲敬老的传统美德，引导人们自觉承担家庭责任、树立良好家风，强化家庭成员赡养、扶养老年人的责任意识，促进家庭老少和顺。"

诚如习近平总书记所言，周恩来同志就是从小在家中受到了家长良好的培养和教育，后来他又对亲属们言传身教，带头孝敬长辈，关爱教育晚辈，这种美德让我们受益终身。

第二章

革命伴侣　志同道合

第1节　一起投身五四运动，结下战友深情

1987年9月30日，七妈在西花厅宴请来访的竹入义胜等日本客人，席间首次向日本客人谈到了她早年与伯伯相识、相知、相爱的经过。七妈回忆说：

1919年我在天津女子师范学校读书，恩来同志在日本留学。《雨中岚山》那首诗就是恩来同志那个时候作的。五四运动后，五六月间恩来回国。当时女同学中间都说有一位青年叫周恩来，大家都很喜欢他。有一天召开群众大会，抗议山东军阀杀害一名爱国志士。大会主席台上坐着一位戴鸭舌帽的青年，穿一身绿不绿黄不黄的衣服和一双白色皮鞋。有人告诉我，这个人就是周恩来。这是我第一次见到他。

我心想周恩来原来就是这样，觉得这个人不错。恩来同志也知道我，但彼此都没有进一步接触。后来天津成立了觉悟社，恩来和我都是这个组织里的成员。恩来是学生会机关的负责人，我搞学生运动，彼此开始有接触。那时，我看恩来同别人谈话，谈的时间很长。我是一个少女，他找我谈话不多。偶尔谈谈，时间也不长。那个时代封建习俗很重，反对男女接触，男女授受不亲。我们组织也有规定，相约从事学生运动期间

彼此不谈恋爱，不结婚。当时组织成员二十几个人都这样约束自己。

1919 年春，伯伯从日本"返国图他兴"，免试入读南开学校新成立的大学部。

五四运动爆发后，伯伯全力以赴地投入其中，很快成为天津爱国学生运动的主要领导者之一。七妈和郭隆真、刘清扬、张若名等女师的学生们，也都积极地投身这场运动中，并创建了天津女界爱国同志会，七妈被推选为讲演队队长。不久，七妈又被推举为天津各界联合会干事。

为抗议北京的爱国学生被捕，天津学联的学生们准备到省公署请愿，遭到军警阻拦。七妈和女师的学生们先找到教育厅厅长，请其引谒省长，但遭到敷衍，随后其慑于七妈的据理力争而答应。省长的答复不尽如人意，学生们仍齐聚到省公署请愿。这时省长仍假意应酬，遭到七妈严词质问而不能答，只好口头同意学生们的要求。为唤醒民众，七妈等人走向各个街头、胡同和商铺进行爱国讲演和宣传，受到热烈欢迎，取得了良好的社会效果，有力地促进了五四运动的最终胜利。

有一天，七妈到南开礼堂作讲演。伯伯恰巧也在，并从其他学生那里打听出了她的身份。伯伯听着七妈声泪俱下的讲演，望着她那双炯炯有神的大眼睛，不禁失神了。七妈讲演完要离开时，伯伯主动追上去打招呼，并作了自我介绍，二人由此相识。

后来，伯伯应七妈之请指导女师的学生排练新剧，使她们尤其是主演七妈的演技大为提高，而他们对彼此的印象也由此更加深刻。正式演出十分成功，门票收入使平民女校的经费有了着落。

为抗议山东戒严司令马良屠杀爱国人士，京津和全国学生代表三四千人在京请愿，要求惩办杀人凶手，却遭到军警镇压。于是，伯伯同天津学生界组团再次赴京，连日在总统府外露宿请愿，全国各地纷纷声援，被捕代表终于获释。在回天津的火车上，伯伯和郭隆真、张若名等人决定成立"觉悟社"，男女社员人数相等，以示男女平等。张若名负责挑选十名女社员，她和郭隆真都首先想到了吸收七妈入社。觉悟社正式成立后，经伯伯提议，邀请北京大学教授李大钊前来讲演与指导。

为抗议北洋政府镇压学生和民众的爱国运动，伯伯组织和参与了多次请愿和抗议示威活动。他带领觉悟社和各界爱国人士并肩作战，与当局斗智斗勇。七妈决心要让敌人在示威活动中尝尝苦头，她带领学生和童子军手拿用坚固的竹竿制成的小旗，用旗杆掀翻反动军警的帽子，令他们狼狈不堪。在各界的强大压力下，北洋政府不得不释放了请愿代表。随后，天津新学联成立，伯伯、七妈和郭隆真、张若名等都成为骨干成员。由于当局对爱国运动加强镇压，觉悟社被迫转入地下。为联络安全，社员在觉悟社成立时就抓阄拟定了代号，伯伯代号"伍豪"，七妈代号"逸豪"。

伯伯主持觉悟社会议，决定发动更大规模的游行示威，由伯伯、郭隆真出面领导，七妈负责留守。伯伯和于方舟、郭隆真、张若名四人被推选为请愿代表进见省长，旋即被捕。在省公署门外的请愿学生亦遭武装军警镇压，多人重伤，造成流血惨案。

伯伯等人被捕后，在狱中同反动当局进行了针锋相对的斗争。七妈四处奔走呼吁，并请来著名律师刘崇佑为他们作辩护，还背着铺盖到警察厅要求替伯伯等人坐牢。半年后，迫于强大的社会压力，伯伯等人全部获释。在这一时期的并肩战斗中，伯伯和七妈首先结下了深厚的战友情谊，但尚未上升到爱情。

七妈告诉日本客人：

那时，恩来同志宣传独身主义，还发表过论文。这篇文章现在找不到了。当时我想，我们都来帮助他实现他的独身主义。那时我自己也未确立结婚观。十几岁时受封建社会的压抑，对封建社会男尊女卑、限制妇女那套清规戒律十分反感。看到坐花轿的妇女，我就想，这个女子这下子算完了，所以我也未想结婚。后来又觉得一个人生活总不是个办法，想来想去还是应该结婚才对。不过对终身大事一定要慎重，不能草率行事，同时组织上有规定。那时我并未恋爱。到了 1920 年，有点唯物主义的思想了，看大家都结婚，觉得自己也应该结婚。找个什么样的对象？对理想对象的形象，心里应该有个描画，具体的就省略不说了，在恩来同志身上，有几点是合乎条件的，但还没有产生要相爱的想法。

1920 年冬，伯伯和郭隆真、张若名、李福景等人同船赴法勤工俭学。七妈没能去法国，到了京师国立高等师范附属小学执教。

第 2 节 "一起上断头台"——
因共同革命理想而结合

关于伯伯旅欧期间的情况，七妈是这样追忆的：

不久，恩来同志去法国留学，我在天津当教员，彼此常通信。来信中，话里话外也有含义。不过我未动心，不相信他的话。因为我有一位女同学和恩来很熟，很要好，也在法国。我判断恩来同志会和我这位女同学好，所以一直未考虑他的意见。但是，恩来同志继续不断来信，提出进一步要求，说和那位女同学政治上合不来，已经不来往了。来信写得越来越明确，要和我明确关系。我倒不那么急，回信也不快，我想还需要和母亲商量商量，而恩来同志则书信频繁，信越来越多、越来越快，催我表态。1923 年我们明确了恋爱关系。从 1923 年到 1925 年之间，我们通信就很少谈爱情方面的事了，主要是谈思想，谈国家的命运，谈革命工作。1925 年恩来同志从法国回到广东工作（**注：这里是七妈的口误，实际上伯伯是 1924 年 9 月初从法国回到广州**）。我去广东同恩来同志结了婚，没有举行结婚仪式……

在欧洲，经张申府、刘清扬介绍，伯伯加入了中国共产党八个发起组之一的巴黎共产主义小组。此后，他奔走于欧洲各国进行考察和学习。七妈应马千里校长之邀，回到天津达仁女校任教。其后，她组织和参与了多项妇女运动。

在欧洲期间，伯伯多次与七妈通信，并从欧洲寄明信片给她。1922年秋，伯伯把印有德国革命家李卜克内西和卢森堡肖像的明信片寄给七妈，并写下"希望我们两人，将来也像他们两个人那样，一同上断头台"这样特别的话语。1922年底，李维汉从欧洲回国后到达天津，又捎来了伯伯给七妈的新年贺卡，并自诩是他们的"红娘"。

1923年春，伯伯又从巴黎寄给七妈一张明信片。明信片上，芳草如茵，鲜花盛开，春光明媚，三个披散着金色秀发的美丽女郎正迎风奔跑。明信片背后，是伯伯手写的三句话："奔向自由自在的春天！打破一向的束缚！勇敢地奔啊奔！"

七妈收到明信片后，首先在回信中针对她和友人要建立一个进步的妇女组织向伯伯征求意见，信末才含蓄地问他："你不是一向抱独身主义的吗？现在有什么新的想法？"

伯伯的回信很快来了，非常赞同她们组织该团体；笔锋一转，回答了她的疑问，倾诉了他对她的热烈深沉的感情。他说，自己到欧洲后认识到革命和恋爱并非对立，"独身主义"的主张已经改变。马克思和燕妮，列宁和克鲁普斯卡娅，都是理想的革命伴侣。在法国，他的好友蔡和森和向警予、李富春和蔡畅都恋爱结婚了。朋友们也希望他能选择一个志同道合的终身伴侣。在信中，伯伯明确地表示，他已决定一生献给革命，唯有勇敢坚强的小超才能和他终身共患难、同奋斗！希望尽早得到她的明确答复。

七妈被伯伯诚挚的来信深深打动了，她对他长期纯洁的友谊陡然升华为美妙热烈的爱情：伯伯确实是她理想的终身伴侣。于是，她在回信里给了肯定的答复：我们思想相通，心心相印，愿相依相伴，共同为共产主义理想奋斗终身！

就这样，在伯伯明确表白后，七妈没有听从母亲杨振德让她等他回国后再做决定的劝告，毅然同伯伯确定了恋爱关系。此后，他们频繁互通书信，交流革命思想。

第一次国共合作开始后，伯伯和七妈一起投身到轰轰烈烈的大革命之中。伯伯奉命回国到黄埔军校任教，未等路费汇到，他就登上了开往中国的轮船。很长一段时间，七妈都没有收到伯伯的信，心中十分着急。

1924 年冬，孙中山先生抱病北上，伯伯也在这一时期成为黄埔军校政治部主任，很快使军校的精神面貌焕然一新，受到广大师生的热烈拥护。蒋介石也有意将伯伯收为己用，以所谓的同乡名义进行拉拢，还提出让自己当时的夫人陈洁如为他介绍女朋友，伯伯则巧答妙对。

七妈同马千里等人迎接孙中山抵达天津，又为他去北京送行。高君宇在参加中共四大期间与周恩来会面，会议结束后，为七妈带来了伯伯的书信。这时，七妈才知道是马千里校长因为疏忽，忘了把之前伯伯寄来的信转交给她。随后，国民会议促成会全国代表大会在京召开，七妈作为天津代表出席并作发言。

1925 年，"五卅惨案"发生后，七妈率领天津各界妇女声援，并当选天津各界联合会主席团主席，成为天津革命运动的主要干将。天津反动当局对她又恨又怕，悍然下令通缉。七妈奉命转移，化装离开天津，取道上海前往广州，调任中共广东区委委员兼妇女部长，与伯伯团聚并秘密结婚。

此后，伯伯和七妈忙于各自的革命工作，很少在一起，但彼此毫无怨言。廖仲恺先生遇刺后，七妈作为廖夫人何香凝的秘书，同伯伯一起前往医院慰问。当时，广州全城戒严，蒋介石临时将戒严时间提前并更改口令，却没有通知伯伯。伯伯前往卫戍司令部公干时，因口令不对，座车遭到卫兵们的射击。伯伯的司机和警卫中弹身亡，他自报身份才得以脱险。满身血迹的伯伯回家后，没有将详情告诉七妈，七妈也没有深究。他们都早已将生死置之度外，一起商量着如何继续革命。

国民政府决定第二次东征，伯伯告别七妈，与蒋介石率军出征。七妈因身体不适到医院检查，意外发现自己怀孕了。为了专心工作，她就自作主张买了堕胎药，服药后却引发大出血。七妈母亲杨振德从天津赶到广州，悉心照顾她，使她逐渐康复起来。

第二次东征胜利结束后，伯伯率部进驻汕头，七妈出任潮汕特派员也到达汕头，与他重逢。得知七妈私自打胎之事，性情一向温和的伯伯忍不住大发雷霆，但在七妈真诚地认错和道歉后，伯伯很快原谅了她。在汕头期间，伯伯和七妈各司其职，有力地促进了国民革命。他们联袂出席汕头市妇女联欢大会，并分别在会上发表演说，受到热烈欢迎。

1926年3月，"中山舰"事件爆发后，在复杂微妙的局势下，伯伯、七妈并肩战斗，与蒋介石以及国民党右派进行巧妙周旋。这期间，七妈再次怀孕，她母亲杨振德辞去工作在家照顾她。北伐开始后，伯伯奉中央命令离开广州，秘密到上海任职。他只告诉七妈要去外地，余下只字未提，七妈也没多问。

北伐军势如破竹，为响应其进攻，伯伯临危受命，负责领导和指挥上海第三次工人武装起义并取得了胜利。七妈从报纸上得知伯伯在上海的情况，期待着北伐成功后腹中的胎儿就可以见到父亲。

1927年4月，"四一二"反革命政变爆发，上海陷入白色恐怖，伯伯遭通缉，但他凭借在黄埔军校和国民党内积累的威望和人脉成功脱险。他转移到安全地点，继续坚持斗争。在蒋介石密令下，广州也开始了血腥的"清共"，身体还未复原的七妈陷入险境，被通知尽快转移。军警冲进医院搜查，在主治医生的掩护下，七妈幸未暴露。伯伯得知广州政变后，立即发密电要七妈速到上海。

七妈和母亲杨振德经香港乘船前往上海。抵沪后，她们却住进了已暴露的旅社。杨振德在报纸刊登寻人启事，伯伯见后大惊，连忙派人将她们转移到安全地点。这件事显示了伯伯高超、丰富的敌后斗争经验，同时也反映出了伯伯对七妈极其深厚感人的夫妻之情。伯伯和七妈劫后重逢，得知孩子没保住而且七妈以后可能无法再怀孕，伯伯并未责怪她，还加以宽慰。他们也无法更多地顾及私人感情，就又积极投身到革命斗争之中，先后转移至武汉。

不久，伯伯奉中央之命前往南昌，和七妈深情告别，只说了要去九江，严守组织纪律的七妈什么也没有问。1927年8月1日，伯伯领导的南昌起义爆发，打响了武装反抗国民党反动派的第一枪。

七妈后来回忆说：

继上海"四一二"大屠杀后，广州也发生了"四一五"事变。当时我正临产，住在医院里。开始有广东区委军委三个同志照料，后来他们都被捕牺牲了。亏了医院的医生和护士把我藏了起来，才没有被捕。家被查封了，但没有把门封死，我就叫保姆回去取衣服。看到了恩来从上海打来的电报，叫我赶快离开广州到上海登报找他。好心的医生把我和母亲送上由广州到上海的轮船，到上海正是1927年5月1日。我以母亲的名字在报上登广告，找伍豪（伯伯当时的化名）。说你长期不回家，现在我带着女儿来找你了，见报后马上到旅馆来找我们，等等。恩来见报以后马上就过来把我们接走了。后来到了武汉，汪精卫叛变革命以后，党中央就发动南昌起义，恩来奉命去了南昌。那次离家，恩来并没有说到哪儿去，我也没有问他到哪儿去，双方都恪守组织纪律，不知是生离还是死别。后来报纸报道了南昌起义，我才知道恩来他在南昌。

起义部队成功占领南昌，后因斗争形势复杂，南下失败。最后，重病昏迷的伯伯被战友紧急转移到香港，广东省委派范桂霞作为特别护士照顾他，三天三夜之后，他才慢慢苏醒过来。大病初愈的伯伯亲切地向范桂霞问长问短，并问她知不知道邓颖超同志在哪里。范桂霞说："在上海，人人都这样说。"

伯伯又问，确不确实？范桂霞知道他和七妈分开工作已经很长时间，心里一定非常想念她，就安慰地说："这是真的，秘书处也这样说的，你不用担心。"伯伯又问范桂霞认不认识七妈，范桂霞说早在广州妇女解放协会工作时已认识。

在那样最危难的时刻，伯伯第一时间就追问七妈的情况，足见他对七妈的感情之深。不久，伯伯的身体康复了，他又奉命赶赴上海参加紧急会议，与七妈再次会合。这对九死一生的革命伴侣，又开始了并肩战斗。

第3节 战争岁月，风雨同舟

轰轰烈烈的大革命失败后，中国共产党走向了武装反抗国民党反动派和建立革命政权的道路。伯伯、七妈又开始了"风雨同舟，安危与共"的新征途，在上海坚持地下斗争和生活。

1928年5月初，伯伯、七妈奉命去苏联参加在莫斯科召开的中国共产党第六次全国代表大会。他们乘一艘日本客轮从上海港启航，驶往大连码头，准备经大连转道哈尔滨赴苏联。当船在青岛码头停靠时，他们上岸买了各种报纸，想了解5月3日日军在山东制造的"济南惨案"。这一举动引起了隐蔽在船上的日本特务的注意。客轮停靠大连码头后，伯伯与七妈正准备上岸，日本水上警察署的几个警察就来到船上进行盘问。不过，他们什么也没有问出来，最后只得释放了伯伯。当天下午，伯伯和七妈乘坐火车前往长春。车上仍有一名日本特务跟踪，考查了伯伯的考古知识，也没有发现任何破绽。为甩掉敌人，伯伯决定暂到自己在吉林的四伯父周贻赓家中躲避，他相信那里是安全可靠的。果然，在周贻赓精心的安排与掩护下，伯伯、七妈终于摆脱了敌人，顺利地踏上了赴苏联的旅途。（详见本书第一章的《恩情难忘——与四伯父四伯母的往事》）

参加完党的六大后，伯伯和七妈很快回了国。而此时的国内环境十分险恶，很多同志先后被捕牺牲了。在白色恐怖下，伯伯当时实际主持着党中央的工作，日理万机，在许多重要历史时刻发挥了关键作用。顾顺章、向忠发相继叛变后，形势万分紧张，值此生死存亡之际，伯伯在七妈严谨细心的协助下，带领中央机关化险为夷。

但随着环境的日益恶化，上海已非久留之地，伯伯和七妈分别于1931年底和1932年4月前往中央苏区。到中央苏区后，七妈负责中央委员会的妇女工作部。在中央苏区中央局驻地瑞金叶坪村，伯伯和七妈住了一段时间。1933年4月，他们随中央局一起迁往沙洲坝下肖村，后搬至设在乌石垅村的中央军委机关内。

在伯伯、朱德等的领导下，红军取得了第四次反"围剿"的胜利。之后，由于"左"倾冒险主义的错误领导，第五次反"围剿"遭受了惨重失败，红军被迫开始长征。出发前，七妈正患肺结核病，想到漫漫征途之中自己会成为部队的拖累，她曾向组织提出要留下来，最后还是由组织决定让她随军行动。长征的道路艰险无比，前有堵截，后有追兵，几乎每天都在行军中。七妈顽强地支撑着病体，在休养连的队伍里艰难行进着。不幸的是，长征后期她的肺结核病加重了，不得不被担架抬着行军。尽管如此，她还是坚持下来了，成为中央红军参加过长征的30多名女红军之一。而伯伯则随中革军委行动，他和七妈虽同在长征队伍里，但平时很难见面，只是在遵义时曾有过短暂相聚和偶尔打个照面。

到了毛儿盖时，伯伯得了肝脓疡，只好躺在担架上由战友抬着行军。这次他的病势十分危险凶猛，持续几天高烧，肝区肿大，不能进食。七妈闻讯急忙赶到伯伯身边，焦急地守候着他。她俯身看着病势沉重的伯伯，心情格外沉重。经医生检查，伯伯被确诊为阿米巴肝脓肿，急需排脓。可是当时的条件无法消毒，不能开刀或穿刺，只能用治痢疾的易米丁，并用冰块冷敷的办法，控制炎症的发展。于是，七妈在伯伯的担架边苦苦守候了三天三夜。终于，有一天早晨，伯伯醒了过来，呻吟着嚷肚子痛，然后就排出了半盆绿色的脓，高烧就这样慢慢地退去了，伯伯从鬼门关被拉了回来。我想，这也许就是爱情的伟大力量吧！七妈的精心呵护，奇迹般地挽救了伯伯的生命。随后，自己身体也不好的七妈又回到了干部休养连。

1936 年 12 月，在伯伯斡旋下，西安事变和平解决，抗日民族统一战线开始逐渐形成。全民族抗战爆发后，七妈随伯伯到了武汉。1938 年，针对当时难童无家可归的情况，作为中共长江局妇女委员会负责人的邓颖超等决定组织中国战时儿童保育会。为使工作顺利开展，伯伯、七妈亲自到冯玉祥家，商请由冯夫人李德全出面，请宋美龄出来主持保育会工作。宋美龄欣然应邀。3 月 10 日，在汉口圣罗易女中举行了成立大会。大家踊跃捐款，伯伯和七妈各捐了一个月工资。后来，保育会共成立了 53 个分会，救助难童近 4 万人。

伯伯、七妈十分关心在革命斗争中牺牲的烈士子弟。当时，为了抗日工作的需要，中共中央在武汉设立了相关机构。一批烈士的遗孤乞讨来到武汉，七妈成了孩子们眼中的"邓妈妈"。虽然伯伯和七妈自己没有孩子，但都很喜欢孩子，十分关爱他们，认真地教育他们，细心地帮助他们。

1938 年 10 月，武汉沦陷，八路军办事处迁往成为战时首都的重庆，最初设在闹市区的机房街 30 号。1939 年 5 月，日本飞机对重庆进行两次大轰炸后，原来的房屋被炸毁了，就迁到红岩村。后来，南方局在重庆的公开活动阵地，主要是红岩嘴、曾家岩和新华日报社。伯伯和七妈还曾在日机轰炸后的八路军办事处前留影，展现了他们大无畏的革命乐观主义精神。

当时，南方局组织部秘书荣高棠的大儿子荣伟民刚刚一岁多，不仅长得眉清目秀，而且特别爱笑。他牙牙学语，蹒跚学步，有许多小把戏，一笑就露出一对小门牙，整天逗得大家心花怒放。七妈特别喜欢伟民，一有空就来看他、抱他，逗他玩。这几乎成了她繁重紧张工作之余的唯一放松方式。

有一天，伯伯也来看小伟民，看他笑嘻嘻的样子，就说："这孩子真是个乐天派，噢，小乐天！小乐天！"七妈就对小伟民说："我看你就叫小乐天吧！"伯伯立即说："那你就是大乐天啰！"七妈反问了一句："那你是什么？""那我就是赛乐天啰！"伯伯这话逗得大家哈哈大笑，从此"小乐天"的名字就传开了。而这，也是伯伯和七妈在国统区工作生活中极为难得的乐趣了。

在重庆时，伯伯和七妈首先是严守纪律，然后才是互相照顾。有一天晚上十点半，在伯伯单线领导下、从事党的地下工作和对国民党上层有关人员进行统战工作的陈乃昌到周公馆汇报并请示工作。谈话近午夜时分，忽听到七妈前来叩门，陈乃昌此时还不认识七妈，心想这是相识的好机会，立即起立等待。哪知伯伯只是半启房门，并用身子堵住门口和她说话，陈乃昌和七妈互相看不见身影。

1943 年 8 月，伯伯回到阔别三年的延安，同七妈一起工作和生活了一段时间，这是他们短暂而值得留恋的甜蜜岁月。不过，伯伯还要主持南方局的工作，处理国共谈判的诸多事宜，不得不经常奔波于延安和重庆之间。两个人不是你去就是我走，聚少离多，让他们又多出了一种别样的相思。1944 年 11 月，七妈在给伯伯的信里，深情地写道："窑内暖融融的，愿你能快回来享受一些温暖啊！祝福你，热吻你！"

抗战胜利后，伯伯、七妈和中共代表团由重庆迁到南京，继续同国民党政府进行和平谈判。在此期间，七妈有力地协助和配合了伯伯的工作。但随着全面内战的爆发，他们最后被迫撤离，回到了延安。

1947 年春，伯伯留在陕北协助毛主席指挥全国各战场的人民解放战争。身为中央后委委员、中央妇委副书记的七妈随后委转移，先后参加阜平县农村的土改工作和全国土地会议。夫妻二人分别一年有余，其间只能通过书信联系，互诉相思之情。转战陕北时，伯伯在中秋节给七妈写信说："对月怀人，不知滹沱河畔有无月色可览，有无人在感想？"七妈则在给伯伯的信中，关心他的过冬："不知冰天雪地中的征人，御寒的衣着可曾备好了？"

随着解放战争的节节胜利，1948年春，伯伯和七妈在河北平山县西柏坡重逢团聚。1949年6月，由毛主席亲自点将，七妈带上了毛主席和伯伯给宋庆龄先生的亲笔信，专程到上海迎请孙夫人去北京共商国是。因为北京是孙中山先生病逝的地方，所以宋庆龄不愿再回这个伤心之地。但经过耐心细致的努力，七妈圆满地完成了这个艰巨而光荣的任务。

第 4 节　相濡以沫，携手终生

自 1925 年 8 月 8 日伯伯、七妈在广州结婚，到 1976 年 1 月 8 日伯伯去世，他们的婚姻整整持续了五十年零五个月！他们这五十年的生活轨迹，始终与我们国家、中华民族的命运同步，他们是千千万万革命伴侣的光辉典范。五十年来，他们始终恩爱如初，伯伯对七妈一直称"小超"，对别人或晚辈，则称"小超大姐""小超妈妈"。在伯伯去世时，七妈所献的花圈上，写的就是"小超哀献"。

在他们的许多张两人合影中，我发现好几张是在 8 月份所拍，刚好是他们结婚逢五逢十周年，1940 年、1950 年、1955 年、1965 年等。我想，这只是自己心中有数罢了！而我们可从中体会到他们的内心世界是如何的心心相印！

在几十年的共同生活中，他们精心总结出了以"平等"为核心的"八互"原则，即互敬、互爱、互信、互勉、互助、互让、互谅、互慰。他们在实践中身体力行，不断总结经验，不断栽培爱情之花，使之盛开不败。他们的结合是基于共同的理想、共同的信念。

1964 年的端午节，七妈曾赋诗给伯伯：

夫妻庆幸能到老

无限深情在险中

相偎相伴机缘少

革命情谊万年长

恩来留念

颖超书赠

伯伯和七妈的感情极为深厚、纯洁、诚挚，婚姻生活非常和谐、美满，令人羡慕。伯伯工作太忙，七妈总是想方设法提醒他注意休息，注意运动。我们放寒暑假期间，当七妈知道伯伯快要回家时，就把我们这些孩子派到二道门车库旁，等伯伯到了，请他下车，我们陪他走回去，这几百米的散步、聊天、唱歌，总算是给他一个休息、运动的机会。每逢周末，七妈又提醒伯伯去跳舞，活动活动筋骨。

1969年，越南的胡志明主席逝世，我国由伯伯率团去吊唁。当时正值越南战争时期，美国飞机经常轰炸，伯伯一行能正常返回，大家都很庆幸。时任伯伯秘书的纪东将军在其出版的《难忘的八年》一书中，讲到当时他所看到的场面，给人印象极为深刻：

邓大姐的担心更是可想而知，但她仍表现出惊人的平静。得知总理的专机已进入我国领空，并安全降落在首都机场时，她心里的一块石头才落了地。那天我们所有在家的人都聚集在客厅迎接总理归来。总理一进门，大姐就急匆匆地从沙发上站起来，快步上前，边走边说道："哎呀，老头子，你可回来了！你得亲我一下，我在电视上看见你在越南亲吻了那么多漂亮的女孩子，你得同我拥抱，同我亲吻！"大姐的话，让我这个年轻人顿时目瞪口呆。

总理哈哈地笑着，他把大姐揽在怀里，两人温柔而又有风度地紧紧地拥抱在一起，总理深深地在大姐的脸上吻了一下。那么自然，那么亲热，那么旁若无人……大家为总理平安归来而欣喜，对大姐以这种方式迎接总理既感到惊奇，又兴高采烈。

平时，伯伯总是通宵地工作，起来又常常出去开会、接见外宾。七妈有时见不到伯伯，她就想办法，给他留字条，叮嘱他休息、运动、吃药等。在最后的十年，伯伯工作更忙，除了开会、接见外宾等正常工作外，还要不断地与各派群众组织谈话，连吃饭时间都没有，七妈就想办法，用鸡汤熬玉米糊当作茶喝，来维持一点营养。

而事实上，七妈的身体也不好。由于长期的艰苦斗争和紧张工作，患了不少慢性病，经常需要疗养。多年来她同疾病做着顽强的斗争，用革命的乐观主义精神对待疾病，摸索出了一套治病、养病的规律和方法，使身体曾经在一段时间有所好转。

1952年夏，七妈病了，身体十分虚弱，住在颐和园听鹂馆后面的一个院落里养病。那时伯伯虽然很忙，但也常常忙里偷闲，抽空去看七妈，去时常常带上我们几个侄子侄女，显然是想给七妈添点天伦之乐。当然，这一回回的探望，也得益于伯伯身边工作人员们的催促和安排。因为去颐和园看病人，在湖边绿荫中走走，坐船在湖上看看，正是给整天忙碌的伯伯一个最好的、也是难得的休息。话说回来，如果不是七妈在颐和园养病，大家想请伯伯去颐和园游玩，恐怕也是绝难办到的，因为伯伯只要在西花厅，办公室就是他最喜爱的地方。那时，我时常想，莫不是伯伯那张宽大的但又普普通通的办公桌有极大的魔力？否则，为啥他往那一坐，就两眼放光，特有精神！

　　许多事情我都是长大后，特别是"文革"以后才知道的。那个年代，伯伯既要管国内经济恢复，又要管国际交往，还实际负责着抗美援朝志愿军的作战指挥和全部后勤保障工作。他夜以继日地工作，一天工作十六七个小时是家常便饭，曾经累得昏倒过。可是当年，我们竟一点都不知道！因为伯伯在我们面前永远是腰背挺直，衣装整洁，思维敏捷，目光炯炯。每回面对伯伯，当年我这个初中生的脑海中，立即浮现出的是斯大林的那句名言：共产党人是特殊材料制成的人！现在回想起来，当时安排七妈到颐和园休养的医生，恐怕真有"一箭双雕"的美意呢！

　　汽车停在颐和园的东门口，我们跟在伯伯身后走进公园。进门前，伯伯从不忘提醒工作人员：一定要买门票。伯伯仿佛不会漫步，他步履总是轻快有力，到公园又总是轻车简行。他常穿着一身灰布中山装，身边除了几个孩子，仅一两个随行的卫士，走在湖边长廊里，与公园里的普通游客没有什么区别。有人迎面与伯伯擦肩而过，丝毫没有察觉；有人分明觉得眼熟，擦身过去后又恍然大悟，惊喜地回过头来；也有少数人走到对面认了出来，就快步迎上来，欣喜地与伯伯握手，亲热地聊上几句，一切都极为自然、和谐。

　　弟弟秉钧到底是男孩子，他拉着上幼儿园大班的妹妹秉宜，又蹦又跳地跑在前边；我毕竟上初三了，十四五岁已经有些少女的成熟，便文文静静地跟在伯伯身边。这时的伯伯显得比平时更轻松些，他浓眉舒展，面带微笑，和着脚步，嘴里很有节奏地唱着"雄赳赳，气昂昂，跨过鸭绿江"，那只放在胸前的右手，也有力地打着拍子，我便跟着他一起唱。伯伯唱这首歌，曲谱咬得特准，歌词也一句不错。有时，伯伯指着长廊上的一幅幅画，边欣赏边给我讲解，告诉我说长廊上的这么多画都不重复，而且每幅画都是一个动人的故事。

　　每次我们一进院子，"七妈好"的问候声立即给这个安静的小院平添了家的温馨。伯伯在七妈屋里坐会儿，没说两句话，七妈便笑着提议："既然到了颐和园了，就别闷坐屋里，辜负了大好的湖光山色，走，一块到外面转转。"有时也会说："我天天到湖边散步，今天就不陪你们了。恩来，你带孩子们一块去划划船吧。"当时我只是顺着七妈的意思办了，直到以后长大了，才体会出身为病人的七妈的良苦用心。她体质很弱，照理希望丈夫在屋里陪她坐坐，她出去陪着走那么多路，其实是很辛苦的。可是，她更心疼丈夫太忙太累，她宁可自己累点，也要陪丈夫在湖边走走，自己实在吃不消时，宁可丈夫少陪自己一会儿，也要让丈夫在大自然里活动活动，换换脑子。

我每每回忆起伯伯和七妈的这些往事，就能品味到"相濡以沫"的滋味。

在西花厅，伯伯和七妈在工作上严守纪律，彼此绝不越界。伯伯不让七妈在政府内任职，压低她的职级待遇，她都坦然接受，毫无怨言。七妈无微不至地照顾着伯伯的生活，伯伯尽管总是忙得不可开交，也会时刻关心着七妈。据伯伯的觉悟社战友潘述庵、李愚如夫妇的女儿潘琪华回忆："总理特别细心，我们到总理家，叫我们从这走（比画着），'请不要走那个门（我们看到那个门关上了），小超身体不好，不要让风进来'。这么细的东西，他就是这样关心。"

类似这样的情节，我就听说过多次。而伯伯和七妈的故事还有好多好多，在本书中就不再多展开了。

附:《从西花厅海棠花忆起》

下面，附上 1988 年七妈在 84 岁高龄时怀念伯伯深情地口述的《从西花厅海棠花忆起》一文:

春天到了，百花竞放，西花厅的海棠花又盛开了。看花的主人已经走了，走了十二年了，离开了我们，他不再回来了。

你不是喜爱海棠花吗? 解放初期你偶然看到这个海棠花盛开的院落，就爱上了海棠花，也就爱上了这个院落，选定这个院落，到这个盛开着海棠花的院落来居住。你住了整整二十六年，我比你住得还长，到现在已经是三十八年了。

海棠花现在依旧开得鲜艳，开得漂亮，招人喜爱。它结的果实味美，又甜又酸，开白花的结红海棠，开红花的结黄海棠，果实累累，挂满枝头，真像花果山。秋后在海棠成熟的时候，大家就把它摘下来吃，有的把它做成果子酱，吃起来非常可口。你在的时候，海棠花开，你白天常常在繁忙的工作之中，抽几分钟散步观赏; 夜间你工作劳累了，有时散步站在甬道旁的海棠树前，总是抬着头看了又看，从它那里得到一些花的美色和花的芬芳，得以稍稍休息，然后又去继续工作。你散步的时候，有时约我一起，有时和你身边工作的同志们一起。你看花的背影，仿佛就在昨天，就在我的眼前。我们在并肩欣赏我们共同喜爱的海棠花，但不是昨天，而是在十二年以前。十二年已经过去了，这十二年本来是短暂的，但是，偶尔我感到是漫长漫长的。

海棠花开的时候，叫人那么喜爱，但是花落的时候，它又是静悄悄的，花瓣落满地。有人说，落花比开花更好看。龚自珍在《己亥杂诗》里说："落红不是无情物，化作春泥更护花。"你喜欢海棠花，我也喜欢海棠花。你在参加日内瓦会议的时候，我们家里的海棠花正在盛开，因为你不能看到那年盛开着的美好的花朵，我就特意地剪了一枝，把它压在书本里头，经过鸿雁带到日内瓦给你。我想你在那样繁忙的工作中间，看一眼海棠花，可能使你有些回味和得以休息，这样也是一种享受。

你不在了，可是每到海棠花开放的时候，常常有爱花的人来看花。在花下树前，大家一边赏花，一边缅怀你，想念你，仿佛你仍在我们中间。你离开了这个院落，离开它们，离开我们，你不会再来。你到哪里去了啊？我认为你一定随着春天温暖的风，又踏着严寒冬天的雪，你经过春风的吹送和踏雪的足迹，已经深入到祖国的高山、平原，也飘进了黄河、长江，经过黄河、长江的运移，你进入了无边无际的海洋。你，不仅是为我们的国家，为我们国家的人民服务，而且你为全人类的进步事业，为世界的和平，一直在那里跟人民并肩战斗。

当你告别人间的时候，我了解你。你是忧党、忧国、忧民，把满腹忧恨埋藏在你的心里，跟你一起走了。但是，你没有想到，人民的力量，人民的觉醒，我们党的中坚优秀领导人，很快就一举粉碎了"四人帮"。"四人帮"粉碎之后，祖国的今天，正在开着改革开放之花，越开越好、越大、越茁壮，正在结着丰硕的果实，使我们的国家繁荣昌盛，给我们的人民带来幸福。

　　曾记否？遥想当年，我们之间经过鸿雁传书，我们之间的鸿雁飞过欧亚大陆，越过了海洋，从名城巴黎，到渤海之滨的天津。感谢绿衣使者把书信送到我们的手里。有一次，我突然接到你寄给我的印有李卜克内西和卢森堡像的明信片，你在明信片上写了"希望我们两个人，将来也像他们两个人那样，一同上断头台"这样英勇的革命的誓言。那时我们都加入了无产阶级先锋队的行列。宣誓的时候，我们都下定决心，愿为革命而死，洒热血、抛头颅，在所不惜。我们之间的书信，可以说是情书，也可以说不是情书，我们信里谈的是革命，是相互的共勉。我们的爱情总是和革命交织在一起，因此，我们革命几十年，出生入死，艰险困苦，患难与共，悲喜分担，有时战斗在一起，有时分散两地，无畏无私。在我们的革命生涯里，总是坚定地、泰然地、沉着地奋斗下去。我们的爱情，经历了几十年也没有任何消减。

　　革命的前进，建设的发展，将是无限光明的、美好的。一百多年来，特别是中国共产党成立以后，我们无数的英雄儿女和爱国革命志士，为了挽救祖国，建设新中国，被敌人的屠刀、枪弹杀害。他们的忠骨埋在祖国一处处青山下，他们的鲜血染红了祖国的大地山河。在我们党的鲜艳的镰刀斧头红旗上，在我们的五星国旗上，有他们血染的风采。无数的战士倒下了，我们这些幸存者，为继承他们没有完成的事业，双肩上的任务很重很重。恩来同志，有外宾问你，你哪里来的这么充沛的精力去工作？你说：一想到我们死去的那些烈士，我们亲密的战友们，就有使不完的劲，要加倍地努力工作，全心全意地为人民服务。这也激励着我，使我无限振奋。我要老骥伏枥，志在千里，烈士暮年，壮心不已，把我有生的余力和余热，更好地为人民多服一点务。

　　你和我原不相识，姓名不知。1919年，在我国掀起了五四爱国运动，反帝、反封建、反卖国贼，要救亡图存。这是以学生为中心的包括工农商的举国上下的最广泛的一次伟大爱国运动，反对签订《凡尔赛和约》。就在这次运动高潮中，我们相见，彼此都有印象，是很淡淡的。在运动中，我们这批比较进步的学生，组织了"觉悟社"。这时候，我们接触得比较多一点。但是，我们那时都要做带头人。我们"觉悟社"相约，在整个运动时期，不谈恋爱，更谈不到结婚了。那个时候，我听说你主张独身主义，我还有个天真的想法，觉得我们这批朋友能帮助你实现你的愿望。我是站在这样一种立场上对待你的。而我那时对婚姻抱着一种悲观厌恶的想法：在那个年代，一个妇女结了婚，一生就完了。所以在我上学的时候，路上遇到结婚的花轿，觉得这个妇女完了，当时就没有考虑结婚的问题。这样，我们彼此之间，都是非常自然的，没有任何别的目的，只是为着我们共同的斗争，发扬爱国主义，追求新思潮，追求进步。就是这样的，没有任何个人的意思，没有任何个人目的的交往，发展起来。我们建立起来的友情，是非常纯正的。我不曾想到，在我们分别后，在欧亚两个大陆上，在通信之间，我们增进了了解，增进了感情，特别是我们都建立了共同的革命理想，要为共产主义奋斗。三年过去，虽然你寄给我的信比过去来得勤了，信里的语意，我满没有在心，一直到你在来信中，把你对我的要求明确地提出来，从友谊发展到相爱，这时我在意了，考虑了。经过考虑，于是我们就定约了。但是，我们定约后的通信，还是以革命的活动、彼此的学习、革命的道理、今后的事业为主要内容，找不出"我爱你""你爱我"的字眼。你加入了党，我加入了共产主义青年团，我们遵守党的秘密，互相没有通报。我们的思想受了国际、国内新思潮的影响，我们彼此走上了共同的道路，这使我们的感情不只是个人的相爱，而是上升到为革命、为理想共同奋斗，这是我们能够相爱的最可靠的基础；而且，我们一直是坚持把革命的利益、国家的利益、党的利益放在第一位，而把个人的事情、个人的利益放在第二位。我们在革命征途上是坚定的，不屈不挠的，不管遇到任何艰难险阻，都是勇往直前地去奋斗，不计个人的得失，不计个人的流血牺牲，不计夫妇的分离。

我们是经过这三年时间，有选择地确定了我们的相爱关系。又经历了三年的考验，一直等到党中央调你回国，才在我们两地党的组织的同意下，我从天津到广州，于1925年的8月结婚了。当时我们要求民主，要求革新，要求革命，对旧社会一切的封建束缚、一切旧风习，都要彻底消除。我们那时没有可以登记的地方，也不需要什么证婚人、介绍人，更没有讲排场、讲阔气，我们就很简单地，没有举行什么仪式，住在一起。在革命之花开放的时候，我们的爱情之花并开了。

你的侄辈让你讲你我的恋爱故事，你曾说，就是看到我能坚持革命。我也看到你这一点。所以，我们之间谁也没有计较谁的相貌，计较性格有什么差异，为共产主义的理想奋斗，这是最可靠的长期的相爱的基石和保证。我与你是萍水相逢，不是一见倾心，更不是恋爱至上。我们是经过无意的发展，两地相互通信的了解，到有意的、经过考验的结婚，又经过几十年的战斗，结成这样一种战友的、伴侣的、相爱始终的、共同生活的夫妇。把我们的相爱溶化在人民中间，溶化在同志之间，溶化在朋友之间，溶化在青年儿童一代。因此，我们的爱情生活不是简单的，不是为爱情而爱情，我们的爱情是深长的，是永恒的。我们从来没有感觉彼此有什么隔阂。我们是根据我们的革命事业、我们的共同理想相爱的，以后又发现我们有许多相同的爱好，这也是我们生活协调、内容活跃的一个条件。

每当我遥想过去，浮想联翩，好像又回到我们的青年时代，并肩战斗的生活中去，心潮澎湃，久久不能平静。我现在老了，但是我要人老心红，志更坚，生命不息，战斗不止，努力为人民服务。

同志、战友、伴侣，听了这些你会含笑九泉的。

我写的这一篇，既不是诗，又不是散文，就作为一篇纪念战友、伴侣的偶作和随想吧。

邓颖超

1988 年 4 月

【章末语】

我的伯伯周恩来和七妈邓颖超是举世公认的中国共产党内的模范夫妻。

他们的一生，是为了民族独立复兴、人民自由幸福、社会公正进步不懈探索、奋斗的一生；是一经共同选择了共产主义信仰，便矢志不渝、鞠躬尽瘁的一生；同时，也是坚守清白自律的准则，在生活中相濡以沫、相伴永远的一生。由于残酷的斗争环境，摧残了身体，他们没能留下自己的子女。但是，他们收养、抚育同志和战友的子女，体现出对人民、对同志的大爱！他们相约，在自己身后，将骨灰撒向祖国的江河大地，却在全国人民心中留下了最深切的思念！他们的斗争经历，是为崇高理想艰辛探索、鞠躬尽瘁、死而后已的精神的最集中体现！他们的情操风范，是共产主义理想与中华优秀传统文化相结合，形成的中国共产党人的品格、境界的最闪光的楷模！他们这对革命情侣的一生，光辉灿烂而温暖，是对习近平总书记所言的"清清白白做人，干干净净做事，坦坦荡荡为官"最好的诠释。

在革命事业中，在家庭生活中，他们都堪称中国人民尤其是中国共产党人的典范！

第三章

家风严谨　清白做人

第 1 节 伯伯让我父亲提前退休

我在师大女附中上学时，每周六会先回中南海西花厅看伯伯、七妈，向他们谈谈学校里的事，第二天早饭后再去东城遂安伯胡同和后来的西城区机织卫胡同自己的家看望爸爸妈妈。1955 年工作以后，我还是保持这个习惯。可能是因为我最大，父母之间的一些谈话常常也不避讳我。

那是 1959 年的一个星期天，我跟爸爸前后脚回到家里，立即发现爸爸平常紧皱着的眉头舒展了，满脸春风喜气。我忍不住说道："爸，一定有什么事让你高兴。"

"到底是我的大女儿，一眼看穿了爸爸的心！"爸爸笑着说，"我刚想告诉你妈妈呢！我调动工作的命令已经下了，下周就去内务部上班！"

"好呀！"妈妈也显得挺高兴，可我依然一头雾水。

"秉德，你爸爸身体不太好，当那个仓库管理科科长又太忙，他也吃不消，现在调到内务部机关，离家近些，工作轻松，这不好吗？"妈妈一边整理手边学生的作业本一边说。

"内务部是管什么的？"我奇怪地问，"爸爸你能干什么工作呢？"

"这是你陈赓伯伯出的点子！"爸爸一边翻着报纸一边解释，"他找了内务部的曾山部长说，'周同宇对革命是有过贡献的，身体又不太好，把他调到内务部，你给他安排个合适的工作吧'"。

"爸爸，你不是 1927 年就脱离了革命嘛，还有什么贡献可言？"我那时还不了解爸爸当年脱离革命的真实情况，话说得不客气。那时我已经入党，在我的入党申请志愿书上，我曾写道："爸爸当年离开革命脱离共产党的原因是对革命缺乏信心，有小资产阶级的动摇性，找借口离开革命。说句心里话，我思想上宁肯爸爸能坚持革命，为革命多做贡献，哪怕因此这个世界上没有我！"

"秉德，你怎么这样和爸爸说话？"妈妈提高了声音，"你陈赓伯伯都说，不是只有在党内才能对革命做贡献的。1928 年，你伯伯和七妈去莫斯科参加党的六大，乘轮船到青岛、大连被特务跟踪，是你爸爸在吉林和哈尔滨掩护才脱险的。能保护住你伯伯，保住中国共产党的重要领导人，就如同保护了革命的灵魂和火种，这不是对革命的很大贡献吗？再说，在天津时，你爸爸开的那家货栈，是叶剑英元帅让地下党拨给经费，由你爸爸经营，专门为地下党采购药品货物的。为此，你爸爸还被国民党抓去关了半年牢，他除了承认自己是周恩来的弟弟，没有出卖过一个地下党员。因为敌人抓不到证据，又有你伯伯的同学常策欧等人奔走营救，你爸爸才被放出来。出来后，他没有犹豫，立即又找地下党接上关系……"

其实，只要伯伯不干预，我相信按爸爸的资历和能力，在内务部安排个好一点的职务，不说高官，干一些轻松的、级别高点的工作，恐怕不会有什么问题。但是伯伯决不会容许这样的事发生。伯伯去世后，一位知情人告诉我，当时伯伯对曾山部长再三明确交代："周同宇的工作，要安排得职务尽量低，待遇尽量低，因为他是我亲弟弟。"于是，换到内务部工作的爸爸，职务仍然是很一般的。

20 世纪 60 年代初，爸爸的胃溃疡越来越厉害，伯伯和七妈都劝他开刀，他就是不干。因为胃痛时常发作，爸爸经常请假在家休息，伯伯安排他到外地疗养了几次，还请七妈联系当时协和医院的外科名医吴蔚然大夫为他开刀，希望他的病尽快好起来，但他的病仍不能正常上班。当然，像他这样身体不好需要治疗休息的也大有人在，但是在伯伯那里，只有他成了问题。1963 年一次开会后，伯伯留下了曾山部长，向他交代说：我弟弟身体不好，请你让他提前退休，不能拿着全额工资，还不能坚持正常上班！

曾山部长开始只是口头答应着，并没有去办。因为按照正常情况，退休后，工资要减少，而且再没有机会调整，许多在职时的待遇都会取消，一般人都不愿意退休，有些到了退休年龄的尚且希望推迟办理手续，何况爸爸还没到退休年龄。他猜想着伯伯工作忙，一定不会老记着这件事。

然而，只要爸爸与伯伯是亲兄弟的关系不变，伯伯就不会忘记这件事。还是在伯伯的办公室里，伯伯表情十分严肃，语气十分认真地问曾山："曾山同志，我弟弟退休手续的事我已经交代你几次了，为什么还不办？""总理，最近比较忙……""不要找理由！你回去立即办，你再拖着不办，我就要给你处分了。他是我的弟弟，怎么能拿着全工资不上班呢？！"

于是，1963 年 6 月，爸爸在五十九岁零两个月时就提前办理了退休手续。

第 2 节　因是总理亲弟，父亲没能回乡怀旧

作为伯伯的亲弟弟，为了哥哥，我的爸爸也心甘情愿地作出了自己感情上的一些牺牲，留下了无法补偿的遗憾。树高千尺，叶落归根。爸爸也是个十分怀念家乡的人，尤其是到了老年，特别是他退休以后，我经常听他在念叨："14 岁离开淮安老家，转眼已经四五十年了，真想回家看看！"

新中国成立后，爸爸也不止一次地向伯伯提出回家看看的愿望。有一回，是个西花厅海棠花盛开的日子，我们一家被伯伯叫到西花厅看花。那天春风拂面，阳光灿烂，伯伯兴致很高，一家人在院子里合影后，妈妈和七妈在廊前说话。伯伯和爸爸在前庭的花间散步，我牵着小妹妹秉建的手紧随其后。

爸爸说："哥哥，听尔辉来信说，驸马巷老家的房子太破旧了，尤其是你住过的房子，再不修就要倒塌了。淮安县委已经说了，要帮着把房子修葺一次，先把住在里面的几户人家搬出来，要不要我回去一次，看看怎么修？"

"不用了，淮安县委来人，我已给他们讲过了，院子里的住户不许搬迁，我们的房子，尤其是我出生和住过的房子，要塌就让它塌掉，塌平了最好，不许翻盖维修，更不允许搞什么纪念馆组织群众参观，我平生

最恨的就是封建主义的那一套：衣锦还乡，光宗耀祖。只要我活着，就不许搞。"伯伯讲得十分坚决，毫无商量的余地。

"唉，人生苦短，屈指一算，我 14 岁离开老家，到今天已经快 40 年了，哥哥你比我早离开八年，没回故土已近 50 年了，你难道一点不想家吗？"爸爸的声音有些发颤，听得出，他有些动情了。

"故土难离，我也是人，我也有感情，怎么会不想老家！那里还埋着我们的爷爷、奶奶、娘和十一婶，几十年没回去了，也不知坟头的那几棵树长得多高了！"

"哥哥，那你就不打算回家看看？"

"没打算！"伯伯的回答依然斩钉截铁，"一个是忙，再一个是不愿打扰地方的同志。前些天淮安县委书记来，我们谈了好久。他告诉我，老家前面的文渠还在，现在还能划船呢！"

"哥哥，你是总理，你回去有光宗耀祖之嫌，我平民百姓一个，难道也不能回家去看看吗？"爸爸的声音已经有点哽咽。

"就因为你是周恩来的弟弟！"伯伯语气十分肯定地说，"你想想，如果你回去，县委能不派人接待你、陪同你吗？明摆着要给地方同志增加负担、添麻烦的事，你又何必去做呢？"

爸爸点点头，深深地叹了口气，话语无奈且有些凄凉："可能真是老了，我总是想起老家，总爱回忆当年我们兄弟三人一块苦熬的日子，也真想给妈妈坟上添把土。唉，看来，只有等我死了以后，把骨灰送回去，埋在我们老家后院小时候种过菜的地方，以了却思乡之情了……"

伯伯没有再接茬，爸爸也没再坚持。

现在回忆起来，若说遗憾，爸爸最大的遗憾之一，就是有生之年没能回淮安老家看看。伯伯在时，是伯伯不愿；伯伯去世后，在"文革"时坐过八年牢的爸爸身体不好，也无法再回淮安。

第3节　入读师大女附中，七妈对我耳提面命

1949 年 9 月，我就要到北京师大女附中读书了。在开学前，七妈很严肃地和我谈了一次话，其中的几句话，让我记了一辈子："共产党干部与历朝历代当官的有一个最大的不同，就是全心全意为人民服务，当人民的勤务兵，而绝不允许'一人得道，鸡犬升天'的封建意识抬头！在成长的道路上，你不要想靠伯伯的任何关系，事事要靠自己的努力！现在你就是一名普通学生，将来到社会上就是普通老百姓，要自食其力。"

12 岁的我，第一次感受到点头承诺时的那份庄重！

入学时，因为家长都是供给制，没有能力交学费，因此我被分在干部子弟班。那时的干部子弟，大多是从延安等革命老区刚进城的孩子，年龄有大有小，她们说话带有些许陕北口音或河北口音，穿着相似，都是供给制的藏青色列宁装。聂力、刘松林、任远志等几位姐姐都比我高一年级。

师大女附中的住校条件比较简陋，但在当时的条件下，已算是不错了，吃、穿、住都不用家里安排。吃饭都是大灶，一个月的伙食费 7 万元（币制改革后的 7 元）。吃的主要是清水白菜、茄子、豆角，偶尔有肉片，同学们都吃得很开心！大水房每天只供应喝的开水。一年四季洗脸洗脚都是用冷水，只有来例假时，才能凭木牌到大水房里打点热水洗。

　　我们班里有许多从老解放区来的同学，他们更能吃苦，遵守纪律，互相关心，好学上进。在宿舍里，谁的牙粉、肥皂用完了，旁边的同学立即拿出自己的递过去；谁要是生病了，不用摊派，大家都抢着去给她送病号饭。一种我从来没有体验过的不是姐妹却胜似姐妹的亲情，使我每每走进宿舍，都有走进自己家的亲切感。

　　第一次从学校回到西花厅，我便兴致勃勃地谈起自己的感受。伯伯听了笑着点头，七妈则鼓励我说："她们身上有许多老区的光荣传统，你过去缺少这方面的学习和锻炼，现在能发现，就是进步的开始，要努力向她们看齐！"

第 4 节 "你就是一名普通学生，长大了就是普通老百姓"

在西花厅生活的日子里，我印象中伯伯平时总是通宵达旦地工作。

有一天清晨，忙了一夜的伯伯还没睡，可能是手头的工作初步告一段落，可以休息一下了，他就从办公室出来到院子里透透气。那时读初中的我正放暑假，已经起床在院子里看书，伯伯的一些警卫战士在打扫庭院。伯伯走到我跟前，看见我在看书，立刻厉声训斥道："秉德，你怎么还在这看书？"

当时我挺不解的，坐在那儿扬着头也没说话，意思是怎么了，我不知道怎么回事。伯伯接着说道："你没看见那些叔叔们都在打扫院子吗？你怎么可以一人在这里看书？"

这下我明白了，原来如此！伯伯的这一席话是在提醒我，我虽然只是初中学生，但也必须承担力所能及的劳动；我虽然是国家总理的侄女，但与这些普通战士是平等的，不能有任何特殊。我至今都清楚地记得，伯伯经常教育我说："你必须时刻牢记，你就是一名普通学生，长大了就是普通老百姓。我当总理是为全国人民服务的，不能为周家谋私利。"

伯伯是这么说的，更是这么做的。他永远都是同广大人民群众打成一片，从来没有因为自己位高权重就觉得高人一等。

第 5 节　两次"是因为我周某人吗"的质问

　　一直以来，因为受到伯伯、七妈的教育和影响较深，严格遵守共产党员一切服从党和国家需要的党性原则，所以，连自己选定的乡村女教师的工作，我也只做了三个月，便被调到朝阳区委——因为那时候中小学老师中的共产党员确实太少了。

　　伯伯听说我离开小学被调到区委机关，很不以为然，他总是希望我们都在最基层、最艰苦的单位工作，经受锻炼，磨炼意志。他问我："你调到区委机关，离城近了，条件好了，是不是因为我周某人的关系？"当他知道我的工作调动是由于是中小学教师中党员太少的原因，他无奈地对我说："那有什么办法？我也不能干涉你们区委的事，只能服从组织吧！"

　　显然，如果他让区委把我调回小学工作，必然暴露了我与他的关系，我就可能反而被区委特殊照顾，这是违背他意愿的，因此，他只好作罢。

　　一年后，组织安排我去东北搞外调，因为找不到青年党员同行，便让我带一个女团员出差。

　　临行前的一个中午，我到西花厅，正巧碰上伯伯刚从外面回来，他有点奇怪地问："秉德，今天不是星期六，你怎么有空回来？"

　　"我明天要带人去东北搞外调，今天特地来看看您和七妈，星期六就不来了。"

"什么什么？"伯伯两手叉在腰间，浓眉往上一挑，瞪大眼睛反问道，"秉德你再说一遍，你明天要带人去东北干什么？"

"带人到东北搞外调啊！"我大声重复一遍。

伯伯仰头爽朗地放声大笑，对七妈说："小超，你瞧秉德，自己还是个孩子呢，明天还带人出去搞外调呢！"

"你也别小瞧人家秉德。"七妈带着笑反驳说，"她已经是快两年党龄的共产党员了！想想当年，你我在天津觉悟社那会才多大？我15岁，你也不过21岁吧。"

"就是嘛！"我乐得直拍巴掌。

"好！秉德要记住，外调工作是极严肃的事，要仔细、谨慎、实事求是！"伯伯嘱咐道，我连连点头。

伯伯非常忙，我有什么事，多数时间都是向七妈讲，如果他们在外地，我的信也是写给七妈的。当然，往往是我去两三封信，七妈能回一封信。我从来也没有什么埋怨，因为给他们写信，对于我来说，主要是汇报自己的思想和工作情况，当然也盼望得到他们的来信指导，但我似乎从小就养成了宽厚待人、善解人意的习惯，我知道伯伯、七妈工作忙，七妈身体也不太好，他们是高级干部，是长辈，不能及时回信，实在是很正常的事。

有一回，我陪伯伯散步，正闲聊着，他冷不丁问了我一句："秉德，你工作几年了？"

"三年了。"

"有没有当科长啊？"

"当科长？怎么可能呢！"我心态平衡极了，心安理得地说，"我们的部长处级是十四级，副部长是十六级干部，下面的干事有十八九级的、二十级的，我才是二十二级，我怎么可能当科长呢？"

　　确实，我就在不设科的区委宣传部，没有任何干部职务地干了整整十年，工作一直受好评，但级别职务从来没有动。伯伯、七妈从没为我说过一句话，我也从来没有动过脑子，从没想过要提个职，当个"长"，更不会想到要求伯伯或七妈帮我找人打个招呼，或者调到伯伯管辖的国务院系统工作，可以动一动自己的职务。伯伯、七妈也从未因为我没有提升职务而批评我进步不快，相反，他们常为我能够扎扎实实在基层工作，而且表现还挺好而感到欣慰。

　　后来，我同爱人沈人骅到了西安工作，"文革"中又去了贵州山沟沟里的兵工厂工作。直到1974年，人骅被调回北京，我才随他回到北京工作。

　　我们去西花厅看望伯伯和七妈时，一见面，伯伯听说我调回北京了，眼睛一瞪，很严肃地问："秉德，你在外地工作了九年，现在怎么回来了？是不是因为我周某人的关系？！"

　　"你放心，不是的！"七妈提醒伯伯说，"恩来，你不要忘了，秉德不光是你的侄女，还是军人家属，她是随军调动的。"

　　就这样，伯伯才没有继续质问我。

第 6 节　小孩子不能享受伯伯工作用的汽车

在我读中学的时候，二弟秉钧、三妹秉宜都在八一学校读小学，他们平时周末都是乘公交车回家。夏天，他们放学后想买个冰棍吃，就要步行好长一段路，省下坐公交的钱才能买。平时，他们是从海淀坐 32 路公交车到动物园，再换 7 路公交车到家。家里只给来回的车费，没有多余的钱。不过，那个时候小学生们差不多都没有什么零花钱。秉钧为了能省出点零花钱买零食，常常带着妹妹步行走到中关村去乘车，这样每人就可以省五分钱。再大一点后，他们就干脆从学校一直走到动物园。

有一年，八一学校放寒假，他们要把被褥带回去拆洗，当时同学们都收拾好自己的行李，在各自的宿舍里焦急地等着，广播里通知谁家大人来了，孩子就兴高采烈提起行李冲出门。那时秉钧上三年级，秉宜刚读二年级。第一天在焦急的等待中过去了，第二天又过去了，只有同学减少，仍不见有人来接。

秉钧着急了，刚十岁的他找老师要了一个信封一张纸，趴在桌上写了一封短信：

　　七妈：

　　　学校放假了，请派个车来接，因为有行李。

秉钧

　　然后，秉钧在信封上写"中南海邓颖超收"，贴了张邮票，往邮筒里一扔。

　　那时信送得也快，当天下午，七妈就让一位卫士叔叔骑自行车赶到学校接他们，在门口雇了两辆三轮车，一个孩子一辆车，行李放在脚下，他骑自行车跟着。

　　一回到西花厅，七妈就迎了出来，她搂过秉宜，拉着秉钧，连声道："上周你们回来只顾着玩，也没说是哪天放假，好让我安排人去接你们和行李。哎呀！孩子们，让你们多等了两天。不过，你口气还挺大，要派车。我可不能给你们派汽车，汽车是国家给你们伯伯工作用的，你们小孩子不该享受，懂不懂？"

　　听明白了七妈的教诲，秉钧点了点头。

第7节 响应国家政策，我离京工作

"孩子一定要从小严格教育，不能宠！"

1964 年"十一"，我和沈人骅结婚。1965 年春，沈人骅调到西安工作。5 月份，中央下了文件通知：要精减北京市人口，在北京工作的夫妇双方，只要有一方不在北京，另一方不论男女，都跟着调离北京，到对方的工作地点重新安排工作。当领导通知我时，我立即表态：我一定按中央的指示办，等 8 月份生下孩子休完产假，立即调到西安去。

去西安前，我向伯伯、七妈辞行，两位老人请我一块吃顿饭。不知是碰巧还是有意安排，四样菜中唯一的一盘荤菜便是胡萝卜红烧羊肉。过去我嫌羊肉膻气，从来不伸筷子，今天却伸出筷子拣了一大块，有滋有味地吃起来。七妈特明白，她笑着打趣说："秉德有进步了，西北牛羊肉多，入乡随俗，现在就练着吃牛羊肉啦！"

正吃着饭的伯伯关心的却是另一件事，停下筷子问："你去西安，孩子怎么办？"

"留在北京爷爷奶奶家里。"

"为什么不带孩子到西安去自己抚养？"

"前几个月，我到西安休假过一次，人骅部队驻在郊区，离城还有38公里，我每周要挤郊区公共汽车进城上班，平时只能住机关集体宿舍。偏偏现在人骅又被派出去参加地方'四清'，不在部队，我一个人又要带孩子又要上班，实在忙不过来，孩子是爷爷奶奶的长孙，疼得不行，留在这里，他们会精心照顾的。"

"精心照顾这一点是没有疑问的，老话不是常说'隔代亲'嘛！我只担心孩子跟着老人，会因为照顾得太周到，娇生惯养给宠坏了。"

"伯伯你放心，我和人骅已经商量好了，等我工作环境熟悉，孩子能上托儿所时，就立即把他接过西安去。"

"这样就好！"伯伯面露满意的微笑，"孩子一定要从小严格教育，不能宠！"

确实，伯伯、七妈对我随丈夫调离北京之事，丝毫没感到奇怪，更不会有一点干预，因为在他们看来，按党的政策办事，是每个共产党员的义务，没有什么人可以例外的，作为伯伯的亲属更要带头。伯伯压根没担心我去西安人生地不熟，更没想过要不要托熟人照顾，相反，他只担心留在北京的孩子会太受老人宠爱，娇惯坏了！是呀，在伯伯、七妈的人生字典中，只有奋斗和磨炼。他们对人民，对党的事业，可以说是全心全意地付出；但对身边的人，越是亲近的人，似乎越严大于爱，或者说爱往往是密封在严格的要求之中，只有等你真正勇敢、成熟了，才能真正体会到严格才是真正的爱！

1965年10月，我调到西安，分配在西安市轻工业局人事科当干事。当时，我住在机关的集体宿舍里，周末乘公共汽车回到离城38公里的空军工程学院的营房，每周一的一大早起床就像冲锋，急匆匆吃点饭就往郊区公共汽车站赶，只能提前，不能有片刻的耽误，郊区车少，如果赶不上头班车，进城转车再顺利也要迟到！那时我还年轻，身边也没有孩子，这种早起晚归的日子，并没有让我觉得辛苦，相反，与在北京相比，反而还多了许多乐趣。

只可惜，好景不长。"文革"一开始，我作为人事科的干部，很快就成了造反派揪斗的对象——他们要我交出局长们安排的接班人的名单，我当然坚决不给。他们要我凭自己的记忆，揭发举报领导干部的历史问题，我坚持不讲。作为党的干部，怎么能做违反组织原则的事情！于是，我被骂成"死老保"，不断被造反派拉去问话、批斗。有一回，造反派想抓科长没抓着，竟把我抓去当反省的"替身"，关在中共中央西北局一间办公室里。办公室四壁空空，只有水泥地上铺了几层稻草。在这样的地方，我一连被关了三天，好在那时天还不太冷，否则事后难免会落下一身病！

因为我毕竟不是官，又找不到什么过硬的"罪行"，三天后，终于把我放了。办公室里，科长见到替他受过的我，心里很过意不去，感慨地说："秉德，你如果讲出你是周总理的亲侄女，造反派一定不敢关你了！"

我坚决地摇摇头。在我的档案里，只在入党志愿书上填过伯伯是周恩来，其他的简历从未提过与他的亲戚关系。在人事科里，也只有科长看过我的档案，知道这层关系，其他人一概不知。我也从不在外面说。

不过，在工作上，我永远不忘记自己对伯伯、七妈的承诺，一定要做得最认真、最棒！所以，不管那时候单位里有没有人、上不上班，也不管郊区汽车通不通、城里街上有没有发生武斗，我都坚持每周星期一雷打不动地去上班。

"在工作和生活上不能提任何特殊要求"

我的堂兄周尔辉，他的父亲周恩硕在抗战期间被日本鬼子和汉奸杀害了。新中国成立初期，他随奶奶等人在淮安生活，并曾在扬州念中学。

1952 年，八奶奶（伯伯的八婶母）两次带尔辉去北京看望伯伯，后来把尔辉留在北京读书。

当时，北京有干部子弟学校，也有许多条件好的重点中学。伯伯没有送他进这类学校，而是把他送到刚由私立改为公办、条件较差的二十六中。该校就读的学生多数是附近的劳动人民子女。二十六中住校生有两种伙食标准：一种每月 9 元，一种每月 7 元。尔辉住校以后，伯伯就让他吃每月 7 元的伙食。入学之前，伯伯一再叮嘱他："不论是填表或谈话，都不许透露和我的关系，否则人家知道你是总理的侄儿，就会处处照顾你、迁就你；你也会产生优越感，那样，你的进步就慢了。"

尔辉记住了伯伯的话，对自己与伯伯的关系守口如瓶，一直没让人知道他是周总理的侄子。1955 年，他毕业后考入了北京钢铁学院（现北京科技大学）。上大学后，他表现很好，组织上准备发展他入党，为调查他的家庭出身和社会关系而到淮安去了解情况，这才知道了他与伯伯的关系。

大学毕业后，尔辉留在北京工作。1961 年，他和家乡淮安的一位小学教师孙桂云结婚。单位为照顾他们夫妻俩，准备把孙桂云从淮安调到北京工作。有一天，尔辉带着桂云一道去看伯伯，在谈话中提起了工作调动的事。伯伯完全不知道这件事，惊讶地问："噢！那么容易呀！要是人家不接收呢？"尔辉他们心想，人都来了，还能不接收吗？就回答说："不接收再回去。"

事后，伯伯就这件事严肃地批评了有关单位："照顾夫妇关系，为什么不能从大城市往小城市调，偏偏要调到北京呢？"有关单位接受了批评，没有接纳孙桂云的户口。

为做好尔辉两口子的工作，七妈专门找了他们谈话："伯伯是抓压缩城市人口工作的，他要带头执行这项政策。"经过伯伯、七妈的说服教育，尔辉夫妇非常理解伯伯的做法。在桂云回淮安后不久，尔辉响应伯伯的号召，也准备调回淮安工作。临走之前，伯伯又嘱咐他："到淮安后，在工作和生活上不能提任何特殊要求，一切要听从当地组织上的安排。"

　　尔辉夫妇牢记伯伯、七妈的教导，回到淮安后，都努力做好本职工作。

第8节　不为私亲使用公权力

伯伯亲笔批示逮捕我父亲

1968 年，红卫兵向江青报告，说我父亲周同宇参加了"反革命组织"的"聚餐会"。江青将案卷送到了总理办公室，伯伯亲笔批示逮捕了自己的亲弟弟。当然，直到"文革"结束后，我们一家人才辗转从逮捕父亲的王金岭口中得知真正的内情。当年，王金岭从野战部队调到北京卫戍区，接到的第一个任务，就是逮捕周同宇。那天，王金岭奉命先来到谢富治的办公室。谢富治没开口，先递给他一份文件。他一看，是我伯伯亲笔批示的逮捕令：立即逮捕周同宇。伯伯还在旁边用蝇头小楷注明其家庭成员和住址。

得知父亲被捕的消息后，我的心里五味杂陈。我爱我的爸爸，也相信他。他为人忠厚、热情，身体不好，退休也已多年，说他反党反社会主义，我是坚决不相信的！但是，他现在是被卫戍区解放军逮捕的，我只有相信组织、相信党，可能爸爸确实有什么严重问题没向组织讲清楚。我没问题，一定要经受住这次考验，如果爸爸果真自绝于人民自绝于党，我当然要与他划清界限，就像伯伯当年与封建家庭决裂那样，坚决跟党走，做党的忠实好女儿!

如果按一些人的逻辑,出了什么事,要赶紧找自己能说得上话的亲戚,谁的职位越高,找谁越有希望;谁手中的权力越实在,找谁越管用。一些人很自然的想法是,你有个伯伯在当总理,找他说句话,别说卫戍区,就是到了最高人民法院,一个电话过去,那院长还不得手下留情!

可在那时,我怎么可能这样想呢?我从 12 岁进中南海,跟着伯伯、七妈这么多年,太了解他们了!伯伯首先是党和国家的领导人,其次才是我的伯伯,处理一切事情,他从来都是带头为人民服务,视人民的利益高于一切!任何想利用职权为自己谋利的做法,哪怕只是想法,都是很可耻的!

父亲被关押了七年半之后才放出来,我见到他时,他头发铺了一层白霜,人瘦得很厉害,但因为打过激素,脸显得浮肿。更让人心痛的是,他两眼似乎呆滞无光,神情也仿佛麻木迟钝,再也不是过去那个眼睛明亮有神的爸爸!我忍不住抱着他失声痛哭。"秉德,别哭,快别哭!"爸爸两眼含泪道,"你知道我和什么人关在一起,都是部长以上的大人物!多亏有你伯伯,把我这小舟拴在了大船上,这才闯过险滩,要不早就翻船沉没了!被关的这七年中,我天天对自己讲,我是个小人物,真是微不足道,他们整我,目的就是为了整你伯伯,所以,天大的压力,我也要坚强地活下去。"

我心里很明白,在当年那种特殊形势下,伯伯自然不能、更不会利用职权为亲弟弟开脱,只能让卫戍区的人逮捕看管我父亲,避免其落入"造反派"手里,用这种办法变相保护无辜的他。同理,伯伯也用类似方法保护过一批老干部及各界贤达。

我没敢为姑父范长江转信给伯伯

1967年，我爱人沈人骅的姑父、时任中国科委副主任的范长江被以"反革命分子"的罪名关押起来，这成了他厄运的开始。1969年，被长期关押的范长江随同首批劳动改造和批判的人员，被押送到了中国科学院确山县瓦岗乡芦庄五七干校。由于当时范长江背负着"反革命"身份，他在干校白天要进行劳动，晚上还要接受批斗。而且他是重犯，每天都有专人监管，任何时候都不准与外界接触，不能自由活动。据当地的老百姓后来回忆，第一批来五七干校的人员分成两组，范长江被分在基建队，主要是盖房子。有一次，因为干活较慢，60多岁的他被监管员一脚从脚手架上踹到地上，可是他却只能一声不吭，艰难地从地上站起来，继续干活。

姑父范长江就在这样艰险的境遇中过了两年，他被关押期间，姑姑沈谱一直在想方设法营救自己的丈夫。由于我是沈钧儒的长孙媳，沈谱是我爱人沈人骅的亲姑姑，沈谱姑姑就找到了我，希望我能向伯伯转交一封信，救救姑父。可是伯伯有一条家训，任何亲属不得参与同自己本职工作无关的公事，所以我最终也没敢将此信转交给伯伯。这件事，后来让我抱憾终生。

1970年10月23日，姑父范长江不堪凌辱，跳入了五七干校门前菜园边的一口水井，不幸身亡。1972年10月12日，沈谱姑姑和子女们给毛主席写了一封信，要求解决范长江的问题，将信寄到了中南海。几天后，恰好是范长江的生日，那天（10月16日）毛主席在信上作了批示，认为范长江属于人民内部矛盾，应按革命干部对待。1978年12月27日，在八宝山革命公墓，举行了范长江追悼会，为范长江平反昭雪，胡耀邦亲自主持了追悼会。

【章末语】

伯伯经常语重心长地教导我们："千万不要因为自己是国家总理的亲属，而丧失立场、自恃特殊，要丝毫不搞特殊化，自觉抵制各种特权思想的侵蚀。"同样，对他和七妈抚养的烈士子女，他的要求也很严格，多次叮嘱他们"不能有丝毫的特殊化和优越感"，并指出："要说特殊的话，那只能在工作上做出突出的成绩来。"

除了我们在京的亲属，外地亲属顺道来北京看望伯伯、七妈，也是常有的事。伯伯和七妈都会热情招待，留他们在家里一起吃点家常便饭，并了解他们的工作和思想情况，有时也从他们口中了解当地的生产情况和群众生活水平。同时，总是告诫他们："要和群众打成一片，不能有丝毫的优越感，更不可搞特殊化。"

2017年12月25日至26日，习近平总书记在中央政治局召开民主生活会时的讲话中指出：不忘初心、牢记使命，首先要从中央政治局的同志做起。职位越高越要忠于人民，全心全意为人民服务。只有敬畏法律、敬畏纪律，自觉管住自己，在廉洁自律上作出表率，才能担起肩上的重任。中央政治局的同志都应该明史知理，不能颠倒了公私、混淆了是非、模糊了义利、放纵了亲情，要带头树好廉洁自律的"风向标"，推动形成清正廉洁的党风。要勤于检视心灵、洗涤灵魂，校准价值坐标，坚守理想信念。要增强政治定力、道德定力，构筑起不想腐的思想堤坝，清清白白做人、干干净净做事。要管好家属子女和身边工作人员，坚决反对特权现象，树立好的家风家规。

在其他场合，习近平总书记还曾指出："领导干部的家风，不仅关系自己的家庭，而且关系党风政风。各级领导干部特别是高级干部要继承和弘扬中华优秀传统文化，继承和弘扬革命前辈的红色家风……各级领导干部要保持高尚道德情操和健康生活情趣，严格要求亲属子女，过好亲情关，教育他们树立遵纪守法、艰苦朴素、自食其力的良好观念，明白见利忘义、贪赃枉法都是不道德的事情，要为全社会做表率。""领导干部要努力成为全社会的道德楷模，带头践行社会主义核心价值观，讲党性、重品行、作表率，带头注重家庭、家教、家风，保持共产党人的高尚品格和廉洁操守，以实际行动带动全社会崇德向善、尊法守法。""所有党员、干部都要戒贪止欲、克己奉公，切实把人民赋予的权力用来造福于人民。要把家风建设摆在重要位置，廉洁修身，廉洁齐家，防止'枕边风'成为贪腐的导火索，防止子女打着自己的旗号非法牟利，防止身边人把自己'拉下水'。"

习近平总书记上述所指出和总结的，我们回溯来看，伯伯都完全做到了。他谆谆教导我们这些晚辈，要摒弃封建的亲属关系，要有自信力和自信心，要不靠关系自奋起，做人生之路的开拓者；他特别叮嘱我们这些亲属、晚辈，在任何场合都不要说出同他的关系，都不许扛总理亲属的牌子，不要炫耀自己，更不能以此谋取私利；他身居高位，却没有留下任何个人财产，凡是要求其他党员干部和群众做到的，自己首先做到。"大贤秉高鉴，公烛无私光。"他无愧于习近平总书记高度评价的"六个杰出楷模"，无愧于人民群众对他的热爱！

第四章

以诚待人　关怀备至

第1节　西花厅一次家宴，
为年长的民主人士祝寿

1949 年底，伯伯和七妈在西花厅举行家宴，宴请中央人民政府副主席张澜、最高人民法院院长沈钧儒（我的先生沈人骅就是沈老的长孙，也正因有沈家这层关系，伯伯的卫士长成元功叔叔对我回忆过这场家宴），以及陈叔通、马叙伦、章士钊等知名民主人士。时任中央统战部副部长徐冰作陪。这是新中国成立后伯伯和七妈第一次举行家宴，也是他们搬进西花厅后第一次举行家宴。当然，虽然这也是服务于工作，但费用是伯伯承担的。

伯伯亲自安排了菜单，除了四例小菜外，还有红烧鲤鱼、宫保鸡丁、油焖大虾、栗子烧白菜等。菜单虽然普通，没有什么山珍海味，但在当时来说已算是够隆重的。这次家宴，是给一位民主人士做寿。应邀来的客人一律盛装，都穿着深色带"寿"字的长袍马褂和镶嵌着各色玉石的瓜皮小帽，只有章士钊戴的是礼帽。

当时，西花厅还未修缮，门窗、廊柱油漆有的已经脱落，有的柱子上裂着大口子。室内铺地的大方砖也不太平整，虽说铺有薄薄的红花地毯，但也只是铺在主要地方，桌椅、沙发也都是旧的。一进门，有一个板式旧屏风，屏风前后钉有两排衣帽钩，既是屏风又是衣帽架，可说是一物两用。

预定的时间到了，客人们陆续来到西花厅。一进门，先向早已等在客厅门口的伯伯和七妈行拱手礼。他们和客人握手致意，然后请客人落座，嘘寒问暖。每位客人一到，都是这样。就是这个一物两用的木屏风，这次却让工作人员吃尽了苦头，几乎闹出了笑话。木屏风上的铜挂钩很小，挂大衣、放帽子都没问题。可是，挂上大衣再挂瓜皮小帽，就不稳当了。第一位客人到了，工作人员接过大衣和瓜皮小帽挂上去，缎子的瓜皮小帽很滑，挂钩又小，很难挂稳。第二位客人来了，开门一震，帽子就滑到了地上，不得不捡起来重新挂好。谁知第三位客人一来，开门一震，前面两位客人的帽子又都滑到了地上。挂钩显然是挂不成了，只好将客人的帽子放到旁边的茶几上。这样一来，虽然不会再出现让客人的帽子滑到地上的事，但问题又来了，章士钊的是礼帽容易记住，走时往他手里一送就行了，可是别人就不同了，他们都是一色的瓜皮小帽，谁也记不准每个客人的帽子，很容易弄错。为了防止在客人告别的时候张冠李戴，有位同志出了个主意，用一个大茶盘铺一块毛巾，把瓜皮帽放在茶盘上。在客人告别时，就把放瓜皮小帽的茶盘托在手上，让客人自己取。正是这个主意，再加上来客不是很多，才解决了这个难题。

客人到齐后，宴会开始。由于是家宴，很是朴素，只有清茶和酒。因为来的都是老年人，酒也只有红葡萄酒。大家到餐桌落座后，开始上菜。当时上菜的分工是，先由厨房将菜送到卫士值班室，然后由招待员接过送上餐桌。

由于这是在西花厅第一次举行家宴，大家都没有经验，当天负责往餐桌上菜的招待员也是第一次做，而且来的又都是知名的民主人士，都是生人，他们不免有些紧张。在上宫保鸡丁、油焖大虾、红烧鲤鱼等几个菜时，还比较顺利，唯独上栗子烧白菜时出了问题。招待员左手端着栗子烧白菜，右手去挪桌上的其他菜，打算腾个地方，不想挪菜时手一滑，将一大盘栗子烧白菜正好扣在沈钧儒怀里。沈钧儒带"寿"字的长袍马褂，登时被白菜、栗子和汤水弄了个一塌糊涂。虽说是招待员一时失手，并不是出于故意，但这毕竟是对客人的大不敬。伯伯很生气，招待员也心慌。伯伯当即大声说："去，去把成元功叫来！"

招待员满头大汗，跑到值班室找成元功。成元功见他神色慌张，忙问："怎么回事？"他说："坏了，上菜时我一失手，把菜倒在沈老的身上了……总理叫你快去！"

成元功赶紧起身，快步来到餐厅，走近桌前一看，也傻了，整整一盘菜都扣到了沈钧儒的怀里。沈老两手托着长袍坐在椅子上，伯伯一脸愠怒。成元功连忙一边向沈老道歉，一边从地上捡起菜盘，请沈老站起来将怀里的菜抖到盘里。

这时，招待员又拿起一块抹布，朝沈老的长袍马褂上擦。伯伯一看急了："你拿什么给沈老擦？"招待员一时手足无措，不知怎么做才好。

成元功连忙从隔壁房间里取来几条新毛巾，小心翼翼地把一只手伸进沈老的长袍马褂里托着，一只手用毛巾擦衣服上的油污。擦拭干净后，为了不致把里面的衣服弄脏，又特意在沈老的腿上垫了一块新毛巾，请他坐好，并在衣服外面铺了一块新毛巾。

一切停当后，伯伯、七妈和客人们重新坐好进餐。这时新的菜又送来了，招待员战战兢兢地接过，又要往餐桌上送。伯伯还有些余怒未消，对成元功说："今天我要你来上菜！"招待员只好红着脸走开。成元功让他转告厨师，想办法重做一个素菜。于是，厨师另做了一个冬菇炒豆角补上了。

成元功虽然跟随了伯伯多年，但也只见过宴请客人，从未参与过这种事，所以也有些紧张，生怕再弄出什么纰漏，小心翼翼地上菜，给主客斟酒、倒茶水。他忙得满头大汗，不过没有再出纰漏。

尽管上菜时出了点问题，但一时的乌云很快就消散了，并没有影响主客双方的情绪，大家吃得津津有味，欢声笑语，互相敬酒，祝几位老人健康长寿。饭后，主客双方又叙谈了很长时间，是伯伯就政府任命人选方面，征求众人的意见。

谈完，客人们拱手告别，伯伯和七妈一直送出了西花厅，看着他们各自上了车离开，这才返回。随后，伯伯对成元功说："记住，以后再请客人要找有经验的人来招待，免得再出纰漏。"成元功连忙回答："好。"

成元功后来回忆说："我跟随周总理已经多年了，他对待身边的工作人员一向很温和、很体贴，就像长辈对自己的后辈一样，从未见他像那天那样发那么大的脾气。这也难怪，因为这些客人都是高级民主人士，又是新的中央政府里的重要人物，你给人家身上扣了一盘子菜，放在谁身上，谁的脸上都会挂不住，更何况是一个堂堂的新政府总理。后来，凡是有家宴，无论外客、内宾，都让中南海中办招待科，带上全套餐具及用品来西花厅，负责宴请招待工作。"

第 2 节 "三朝总理"欢聚一堂佳话传

朱启钤先生生于 1871 年，是中国现代市政建设的创始人之一，晚清时曾任北京外城巡警总厅厅丞、京师大学堂译学馆监督、津浦路北段总办。北洋政府时期，他任过交通部总长、内务部总长及代理国务总理。1919 年以后，在津沪一带经营实业，经办中兴煤矿公司、中兴轮船公司等企业，并在北京组织中国营造学社，从事古建筑方面的研究。解放前夕，朱启钤对共产党不了解，半信半疑，因而由居住了几十年的北京迁到上海。

新中国成立初，朱启钤的外孙章文晋夫妇准备从北京去上海探亲，伯伯知道后，把他们叫去，并对他们说："朱启钤是个实业家、建筑学家，他可以为新中国服务。请你们转告他，人民政府欢迎他回到北京来。"不久，朱启钤就回到了北京。

朱启钤到京后，伯伯对他关怀备至，首先在工作上发挥他的专长，安排他出任中央文史研究馆馆员，以后又安排他为北京市和全国政协委员。由于他对古建筑素有研究，又让他兼任古代建筑修整所的顾问。20 世纪50 年代初，人民政府决定扩建天安门广场，修建人民英雄纪念碑，伯伯特意指示有关部门去征求朱启钤的意见。朱启钤发表了以下几点意见：天安门广场的周围，不要修建高于天安门城楼的建筑；扩建广场，移动华表时，要注意保护，特别是西边的那座华表，庚子时被打坏过，底座有钢箍，移动时要注意；广场上东西两面的"三座门"，尽量不拆；东西"三座门"之间南面的花墙，是民国初年为了与东交民巷外国的练兵场隔绝，经朱启钤之手，在改建新华门的同时修建的，并非古迹，可以拆除。这些建议，有关部门大多采纳了。

在生活上，伯伯对朱启钤也是体贴入微。1957年深秋的一个傍晚，伯伯来到东四八条章士钊先生住处，看望了章老并向他了解香港的一些情况。随后，在章老陪同下，伯伯又去看望朱启钤，坐下寒暄一阵后，说他在北戴河看到一通碑文，上面有自己叔父周嘉琛的名字，问朱启钤知不知道。朱老回答道："民国二年，我任内务部总长，举办县知事训练班时，他是我的门生，当时他正在临榆县知事任内（北戴河属于临榆县治）。"伯伯打趣地说："那你比我大两辈，我和章文晋同辈了。"随后，伯伯仔细询问了朱老起居和生活上有什么困难，又问："送给你的《参考消息》收到了没有？"朱老回答说："他们每天都拿给我看，字太小，没法看清楚。"伯伯说："这些是专治我们老年人的，叫我们看不见。"当即指示秘书，转告新华社，以后给老人的文件一定要用大号字印刷。

朱启钤的长子朱泽农在和伯伯握手时说："我也是南开的学生。"伯伯问他叫什么名字，他说，朱沛（谱名朱沛，字泽农）。伯伯马上说道："五班的。"当听说他们兄弟子侄等多就读于南开中学时，伯伯便同他们及一同在场的朱老的女婿张学铭谈起了南开时代的一些往事。大家欢声笑语，谈得十分畅快。

朱老请伯伯抽烟时，伯伯回答说不吸烟，只是在同马歇尔谈判时偶尔抽过一些，因为太费脑筋。朱老出于待客的礼节和对伯伯这样一位贵客的敬意，执意要家人上茶。

伯伯随行的保卫人员为了执行当时的安全规定，便向朱老的家人摆手，示意不必送茶。出于对总理一片敬意，家人只得将茶杯和糖果放到了中间的桌子上。朱老年事已高，眼花耳聋，没有看清以上的情形，仍在不断催促家人"上茶""上茶"。

家人对此左右为难，他们既深知朱老的心意，也理解保卫人员的职责。没想到这时，伯伯却亲自走过去，端起茶杯，呷了一口，然后将茶杯放到了自己身旁的茶几上，并且还吃了送上来的糖果。这一举动，既解除了尴尬的局面，也领了朱老的情，使大家都很感动。

在谈话中，耳背的朱老先生经常听不清伯伯的话或是听错了，伯伯总是反复耐心地解释。谈到黎元洪时，朱老听不清，几次问伯伯，伯伯耐心地一次比一次提高声音回答，还笑着解释说："大总统嘛！"每当朱老打断伯伯的话时，家人就向他摆手，示意不要打断总理的话。伯伯看到后说："不要阻止他，让老先生说嘛！"

朱老对文字改革有些不理解，问："是不是改革以后，我们这些老头子都成文盲啦？"伯伯听后大笑，指着在座的章士钊说："他参加了会嘛！情况他都了解，以后请他详细介绍介绍。"

朱老又担心死后被火化，对总理说："国家不是说人民信仰自由吗？我不愿意火葬。我死了，把我埋在北戴河，那里有我继室于夫人的茔地。我怕将来办不到，所以才和你说，请你帮我办吧！"家人忙去阻拦，但是伯伯又一次制止了他们。等朱老说完后，伯伯对着他的助听器话筒说："我一定帮你办到，请相信我，放心吧！"朱老听到伯伯的回答，连连点头，脸上露出欣慰的神色。

伯伯告别离去时，朱老先生全家送到门口，伯伯和他们一家人及工友等一一握手，并幽默地说："你们朱家可以组成一个仪仗队了。"

1961年朱启钤90岁生日时，伯伯派人送给他一个大花篮祝贺。几天后他又在政协二楼小礼堂为朱启钤举行了一次小型祝寿宴会。参加宴会的除了朱老和家属外，还有章士钊，其他应邀作陪的都是 70 岁以上的在京全国政协委员。在祝酒时，伯伯说："今天在座的都是 70 以上的老人，我是个小弟弟（当时 63 岁）。我们今天不只是给朱桂老（朱启钤号桂辛）祝寿，而且也是给在座的各位老人祝寿。"

在朱启钤家属集体向伯伯敬酒时，伯伯半开玩笑地说："你们什么时候请我们吃饭？听说你们朱家的菜很好吃。"朱老说："好呀！那就请总理定个日子吧！"

在场者都看到了"三朝总理"（朱启钤，北洋政府代总理；翁文灏，国民党政府行政院长；周恩来，人民政府总理）欢聚一堂，其后传为统一战线的佳话。宴罢，大家尽兴而散。

1961 年 12 月 7 日，伯伯照约定到朱启钤家做客。朱老全家兴高采烈，特地从北京饭店订了两桌菜，家里又做了几样有贵州风味的家乡菜，另外还做了伯伯喜欢吃的"狮子头"。饭后，伯伯、七妈和朱老全家合影留念。朱老十分高兴，将手书的"松寿"缂丝小条幅亲手装裱，通过中央统战部送给伯伯作为纪念。

1964 年，朱启钤先生患感冒，不久并发肺炎，住进北京医院。当时伯伯正出访亚非各国，当中央统战部将朱老的病情向他做了汇报后，他立即打电报请北京医院的医护人员尽力医治。但朱老终因年老体衰，于当年 2 月 26 日病逝。临终前，他还时时惦念出访国外的伯伯。朱老生前鉴于火葬日益普及，而北戴河茔地又划作禁区，因此又在京郊万安公墓买了寿穴。他去世后，全国政协征求他的家属意见，是否仍照他的遗愿葬在北戴河茔地。家属们考虑后说"老人生前已另有准备"，没有坚持葬在北戴河。后来经伯伯批准，朱老的遗体被安葬在八宝山革命公墓。安葬后，在嘉兴寺举行了追悼会，伯伯送了一个用鲜茉莉花做成的花圈。中央统战部部长李维汉代表伯伯主持了追悼会。李维汉在同朱启钤继夫人许曼颐谈话时，一再表达了伯伯对朱启钤丧葬事宜的关怀。

朱老生前曾对家人说："总理是我在国内外所遇到的少有的杰出政治家，也是治理我们国家的好领导。可惜我生不逢时，早生了 30 年，如果那时遇到这样的好领导，我从前想做而做不到的事一定能办到。"

第 3 节　雨天迎外宾，三次嘱咐胡厥文撑伞

　　爱国实业家、杰出的社会活动家胡厥文，是民主建国会的主要创始人和领导人之一，他比伯伯年长三岁。一天，伯伯、胡厥文和一批干部在机场迎接外宾，天气突变，下起雨来，在场的一位同志赶忙给伯伯撑起一把伞。伯伯说，我不要撑伞，你也不要撑伞。他还要求带了伞的领导干部都不要撑伞。然而，伯伯却走到胡厥文的面前，对他说，你的年纪大了，一定要撑伞。胡厥文只好从命。随后，他看大家都不撑伞，就把伞也收了起来。伯伯发现后，又近前嘱咐他撑伞，这样反复了三次。这件事情虽然细小，却给胡厥文留下了终生难忘的深刻印象。

　　1973 年 5 月，中央统战部和全国政协组织一部分爱国民主人士到河南、广东、湖南三省进行参观，胡厥文也在其中。此次外出参观的安排以及吃、住、交通等，均是伯伯亲自过问。当时正处病中的伯伯在给统战部的批示中写道："爱国人士年纪大了，各方面应有所照顾……可让他们带秘书或家属照顾，一个人住一间房，要组织服务人员拿行李、搀扶，饭要软，菜要适应老年人的口味，参观、座谈不要安排得太紧。"后来，胡厥文得了肠癌，做了手术后，伯伯又专门打电话给他，关切地询问他的身体情况。

1975 年 5 月，在关于组织爱国人士外出参观的另一个文件上，已经重病在身、处境十分艰难的伯伯再次批示："……参观人员，如尚未与他们协商就突然宣布，似仍应分别约他们座谈一次，取得他们同意后再定，以示我们历来主张的民主协商精神。……统战部同志请多采取这种工作方式。不要通知一下了事。"

胡厥文生前曾对孙起孟说过："我这个人，秉性倔强，谁都不要想靠权势压我，我不吃这一套。所以我接受共产党的领导，不是平白无故的，可以说是我自己总结几十年亲身经历得出的结论。当然也有过困惑，解放初期我对共产党的领导，在理解上确有些简单化，以为党员个个高明，不犯错误，后来慢慢看到并非如此。这种情况在我心上引起矛盾，有时甚至痛苦不安。周恩来总理是我所接触的人中最为我敬重钦佩的一个共产党员。对他，我可以说是钦佩得五体投地。有一次和他交谈中说到了上述问题。完全出乎我的意料，他谈了他经历中犯过的这样那样的错误。他还告诉我，他出身于士大夫家庭，受过封建教育和资本主义教育，也曾沾上洋气，以为凡是新的都好，是在长期革命斗争中经过改正错误、改造思想的努力才逐渐转变过来的。周总理的谈话不仅没有使我对共产党的领导产生怀疑、发生动摇，反而使我的理解和信念更加扎实、更加坚定了。"

1976 年 1 月，当听到伯伯病逝的广播后，81 岁高龄的胡厥文饱含热泪在纸上悲痛地写下了一首悼诗："庸才我不死，俊杰尔先亡。恨不以身代，凄然为国伤。万民齐恸哭，千载永难忘。百战锋芒生，何乃折栋梁。"后来，他还在回忆文章中说："还有很多事情，你没有想到，或者想到而未讲出来的，他却为你想到了，而且安排得很周到。若论关心人特别是关心党外人士的细致与周到，真可谓无出其右！"

第4节　关照国民党有关人士和爱国台胞

关照黄埔系将领生活供应

1959 年底，中央特赦战犯后一个大雪纷飞的早晨，伯伯派秘书专程赶到崇内旅馆，到了后第一句话就问："大家有没有肥皂用？"在场的原国民党黄埔系将领、刚被特赦的邱行湘和其他被问者一样，感到奇怪，总理的秘书为什么会想到这个问题？随后，秘书的解释消除了众人的疑惑："这是总理想到的事情。他今日凌晨两点打电话给我，叫我来问问你们，而且希望大家多买一点带回去用。"秘书的第二句话是："请大家随我上街再买点衣物，总理希望你们每人能够添置一件大衣。"于是，他们一起来到王府井百货大楼选购衣物，邱行湘是穿着一件派克带风帽的大衣离开北京的。到了南京，他才明白伯伯为什么要他们买肥皂、大衣，因为国家处于困难时期，物资供应开始使用票证。

走楼梯上楼看望病中的傅作义

1974 年的一天，伯伯去北京医院看望傅作义。值班的韩宗琦一接到保卫科的电话，立即穿上白大褂向高干病房跑去。他看到座车已停在距离病房很远的地方，伯伯踮着脚从远处走来，便问伯伯为什么自己走过来，伯伯说："汽车的机器声会影响病人休息。"进入楼内，他又想引领伯伯乘电梯，伯伯却说："我们从楼梯走上去，电梯的动静很大。"

其实，这是伯伯的一贯作风，他去毛主席住所也是把车停在很远的地方，并踮着脚走路，怕惊动主席。进入傅作义的病房后，伯伯走向前去握住已不能说话的傅老的手，说："放心休养吧，台湾问题的解决不是我们这代人所能做成的，但是统一是早晚的事。"傅老颔首，伯伯又说了一些安慰的话，算是在其弥留之际给予可贵的宽慰吧。

最后，伯伯对韩宗琦说，不要影响他休息了。他们一同走出了病房，韩宗琦随手关门，伯伯又小声告诉他"轻点"。

请爱国台胞喝茅台酒

1973年，台湾著名人权律师、民选议员、"二二八"事件代表人物陈逸松来到祖国大陆。伯伯用茅台款待他。陈逸松兴奋地说："台湾许多人喜欢茅台，但买不到，只好仿制生产台湾茅台。"

伯伯高兴地问："你喝过台湾茅台吗？"

陈逸松回答："喝过。"

伯伯又问："你喝过贵州茅台吗？"

陈逸松回答："没喝过。台湾没有贵州茅台卖，但听人介绍贵州茅台是我们国家最好的酒。"

伯伯指着尚未开封的一瓶茅台说："我今天请你们喝的是贵州茅台。这酒好，醇厚，不上头。"

当陈逸松饮下第一杯茅台酒时，连声称赞："的确比台湾茅台好喝多了。"

伯伯一语双关地说。"贵州茅台和台湾茅台，谁好谁不好？亲身体验一下，结果就出来了嘛！"

席间，伯伯还仔细倾听了大家的意见，深入了解台湾的现状和台湾人民的想法，希望台湾更多爱国人士到大陆亲眼看看。

第 5 节　关照科学家

1961 年，伯伯率领中国党政代表团访问莫斯科，会议结束后，照例在大使馆接见全体留学生。当他进入礼宾大厅的那一刻，大家欢呼雀跃。伯伯满面笑容从人群中穿过，和每个人握手问候。突然，他的目光在一个人的面孔上停住了，说："你是王淦昌嘛！"

伯伯拉着王淦昌的手问："你们的研究进展如何？"

王淦昌大声回答："报告总理，我们通过联合所的加速器，已经发现了一个十分完整的反西格玛负超子，这是世界上第一次发现荷电反超子！"

"好！好！祝贺你们！"伯伯满面春风，紧握着王淦昌的手，用力摇动着。紧接着又问："在苏联还要待多久？"

"我们的工作已经完成了，过几天就回国。"

"准备怎么走？"

"坐飞机回国，使馆的同志已经买好机票了。"

伯伯的浓眉猛地一挑，立刻环顾四周，大声喊道："刘晓呢？刘晓大使在哪里？"随后，他紧紧盯着挤到身边的刘晓大使，表情严肃地说："你要安排王淦昌坐火车回国。飞机票退掉，你们使馆要派专人全程护送！"

1973 年 4 月的一天，伯伯在国务院会议厅专门听取了派驻中国科学院的总理联络员刘西尧（时任第二机械工业部副部长，被指定为驻中国科学院的总理联络员）的汇报。当刘西尧提到陈景润身体不好，得了肺结核病时，伯伯立即让人给总后勤部张宗逊部长打电话，请他安排军队的相关医院给予治疗，要尽最大努力治好陈景润的病。于是在 1973 年 4 月 26 日，陈景润住进了 309 医院。

当时，伯伯还指示中国科学院要积极支持陈景润的科研工作，改善科研工作条件，如住房问题要尽快解决。

作为一位杰出的数学家，陈景润把数学研究看得比自己的生命还重要。尽管他的科研成就得到伯伯的赞赏和重视，病情受到伯伯的关怀，但他在住院期间坚决不接受特殊照顾，仍然孜孜不倦地进行数学研究，病情一有好转，就坚决要求出院。

陈景润住院后，从院长、政委到医生、护士，都十分重视。他们表示，一定要把陈景润的病治好，绝不辜负周总理的重托。经过精心治疗和反复努力，陈景润终于恢复了健康。

第 6 节 心中装着国家大事，
也不忘师恩与同窗之谊

日理万机，心系曾经的师友

据伯伯的口腔医生韩宗琦回忆，每次他到北京见到我伯伯和七妈，伯伯第一句话就是询问在天津的老同学、老朋友的近况如何，不是笼统地询问，而是一个个点着姓名要他回答。每次问到的都有：黄钰生、冯文潜、杨石先，还有当年教过伯伯化学的伉乃如先生的几个孩子等。

其中有的人，韩宗琦不认识，有的甚至连听说都没听说过。后来他想出了一个方法，在即将去京前就直接或间接了解一下相关情况，见面时好回答。他和伯伯接触时间长了，已经了解到对于伯伯询问的事情如果不知道就如实回答"不知道"，伯伯是不会怪他的。但若是不知道还瞎说一通，则会引起伯伯很大的不满。

全民族抗战期间，伯伯在重庆工作了七八年。他在紧张的战斗里，仍然关怀南开师生，并多次到南开为全校师生做报告，鼓舞师生的斗志。他还经常到沙坪坝津南村南开中学去看望张伯苓校长、伉乃如老师和老同学、老朋友等。20 世纪 60 年代，伯伯在和韩宗琦提到伉乃如老师时，还学着当年伉乃如教他化学时用天津腔的英语讲"Carbon Dioxide"（二氧化碳）。这说明，伯伯当时虽年近古稀但还很念旧，而且记忆力还是那么好。

1950 年末，韩宗琦第一次见伯伯后即将返回天津时，伯伯就对他说："我真想和你一同回天津看看，回南开看看，看看老朋友们……可惜我身不由己啊！"以后韩宗琦到北京出诊，每次见伯伯后告别时，伯伯都说着同样的两句话，当时他那种无奈、那种期望和遗憾的表情让韩宗琦一直难以忘怀。

一生感念的启蒙老师高亦吾

1910 年秋，伯伯跟随他的四伯父周贻赓来到沈阳，转入东关模范学校读五年级。在教室内外、课堂上下，13 岁的伯伯很快结识了气宇轩昂、忧国忧民的高亦吾老师。高先生也发现从南方来的伯伯少有大志、机智聪慧、见地过人，是出类拔萃的英俊之才，对他分外亲切和关心。于是，志同道合的二人成为忘年之交。

每逢节假日，高亦吾常和伯伯结伴外出，借机讲述革命志士爱国事迹和英雄气概，直讲得伯伯热血沸腾。遇见飞扬跋扈的外国人时，他就指出"我们的大好河山任列强践踏，是千古的奇耻大辱"，在伯伯的心灵中点播革命火种，并且选送伯伯一些进步书刊。伯伯一遍又一遍地阅读邹容的《革命军》一书时，被书中的革命精神深深感动，激发起热心救国的远大抱负。

1911 年 4 月 27 日，同盟会发动的广州黄花岗起义失败，高亦吾满腔悲愤，慷慨激昂地向学生讲述了黄花岗七十二烈士壮烈殉国的情景，全体学生听了激动万分，伯伯更是热泪满腮，义愤填膺，决心循着烈士的足迹前进，立下了把一生奉献给革命事业的宏大志愿。此后，"立大志，不存大己"成为他的终身写照。

1913 年，伯伯随四爷爷搬到天津，准备报考南开中学。临行前，高亦吾老师执手送别，勉励他要像自己的字"翔宇"一样，如鲲鹏展翅，翱翔寰宇，奋勇直前，义无反顾。1919 年，五四运动前夕，伯伯提前结束在日本的留学生活，重返灾难深重的祖国，积极参加和领导了天津学生运动。这期间，他曾到北京两度探望在京尹兆署任科员的高亦吾。高先生激励他坚持斗争，并密嘱说："天津的'觉悟社'已轰动京畿，当局已严密注意，你要多当心。"对此，伯伯一直深怀感激。

1936 年 12 月，西安事变期间，伯伯见到担任西北剿总第四处处长的小学同学卢广绩，叙起同窗之谊，便急切打听高亦吾的行止，并说："我对高先生的印象最深，受他的影响最大，至今思念尤甚，一想起他那魁梧的身影和爽朗的笑貌，就如同见到他一样。"全民族抗战期间，伯伯在延安接见外宾时，有个外国记者向他提出这样的问题："周恩来将军，以你的家世和出身，你是如何走上无产阶级革命道路的？"伯伯缅怀往事，回答："少年时代，在沈阳读书时，得到山东高亦吾先生的教诲和鼓励，这对我是个很大的促进。"

可惜，伯伯投身革命后戎马为常，加之关山阻隔，直到 1941 年高亦吾先生病逝于济南，他再没能见到自己崇敬的恩师。

1949 年 7 月，高先生之子高肇甫遵父亲遗嘱给在京的伯伯写信，历数高先生与伯伯别后的情况和对他的怀思之情。伯伯这才得悉恩师病逝，十分悲痛。

1950 年，高肇甫和妹妹高肇申到北京时，伯伯将他们接到家中，以兄妹相叙，详细了解高先生晚年境况，问及病情、延医、服药等情况，并介绍高肇甫到国务院秘书处档案科工作。1961 年 7 月，伯伯再次邀请高肇甫一家到北京，由七妈热情款待，住了近一个月。临行时，伯伯同高肇甫全家合影留念，还给师母买了很多补养品。年底，伯伯又将珍藏 50 年的高先生的照片放大寄给师母，并致信问候。1962 年，师母身体不适，伯伯寄去 100 元及药品补品等。1963 年，伯伯得知师母病逝，又寄了 100 元以示悼慰。由此可见伯伯对自己恩师的深厚情谊。

与南开老校长张伯苓的情愫

伯伯在回忆起南开老校长张伯苓的时候多次说过："张校长是近百年来中国教育事业的一位伟大开创者。"

对于一名既非革命领袖、也不是共产党员的人士，伯伯为什么给予这么高的评价，上升到"伟大"，小时候我并不是很明白。伯伯在说起当年的往事时，却总是饱含着深沉的感情。在清末民初国家衰败贫弱、社会动荡不安的环境下，张校长仍心系国民教育和民族复兴，潜心用现代新式教育取代封建社会留存的落伍经书教育，通过培养人才来改变民族命运，伯伯对此是发自内心敬佩的。张校长教育、帮助过的这些学子，也从此改变了原本的命运，而这里面就包括伯伯。

张伯苓校长从最初受聘于严氏家馆开始，一步步办起了南开中学、南开大学。在旁人眼中已经桃李满天下功成名就之时，张校长却想着当时旧中国极度薄弱的基础教育，又兴办了南开小学。更可贵的是，张校长也没有遗忘在封建陋习影响下被剥夺了受教育权利的广大女性——他和严范孙先生力排社会偏见，开办了南开女中，让女孩有了同等的受教育机会。抗战期间，张校长表现出高洁的民族气节，为实现教育理想，开始筹谋学校内迁，开办了重庆南开中学。天津的南开校舍遭日军轰炸后，张校长带中学师生内迁重庆，大学部则与北大、清华于昆明组成西南联大。他一生致力于兴学、育人，为国家培育了不少人才。特别是张校长的教育思想，鼓励学有所用、学以致用，完全打破了封建社会留存下来"只需熟读经史子集"的旧式教育思想，他的教育实践和治学精神是我国现代教育史上的宝贵遗产。

然而，也有人议论张校长晚年曾走过一段短暂曲折的道路。有一次，我在外面听别人说起张伯苓"不革命"等一些议论，有些话甚至很重、很难听，深感震惊的我回家把这个疑问告诉了伯伯。

伯伯沉默了一会儿，才惋惜地讲，张校长没有早早认清蒋介石政府的黑暗腐朽，曾经对蒋介石政府抱有一些幻想。这时，伯伯突然抬起头，严肃地对我说：张校长作为他生活时代的知识分子的一个代表，不可避免地具有一定的历史局限性。但不应该对此苛求，更不应该因为他走过弯路就否定他是一位追求救国的教育家。张伯苓校长最后还是逐步看清了中国的前途，也看透了国民党政府的腐败和无能。重庆解放前，他毅然留守重庆南开迎接解放。在历史转折的关键时刻能够以国家民族的利益为重，表现出一个教育家的高风亮节。张伯苓校长的历史功绩，还是应该永远铭记的。

这些话，对于当时的我是振聋发聩的。

1951年，张伯苓校长猝然病逝。伯伯惊闻噩耗，第一时间乘车从北京赶到天津张宅吊唁，送老校长最后一程。慰问了师母后，一向以沉稳冷静著称的伯伯也思绪难平，走到客厅与校友们谈到了张校长的生平。他痛心地说："人民政府对张校长很关心，对他寄予希望，没想到他去了，很惋惜……"

谈到张伯苓的功过，伯伯讲："我们共产党对好的就承认是好的，但不掩盖他不好的地方，对不好的就说不好，但他有好的地方也不能一笔勾销。"伯伯还客观地着重说："看一个人应当依据他的历史背景和条件，万不可用现在的标准去评论过去的人，张校长的一生是进步的、爱国的，他办教育是有成绩的，有功于人民的。"在当时的社会情况下，在当时一切高度强调政治的思想潮流下，伯伯仍对张校长作出这样的评价，是实为不易的。

张校长去世后，追悼会在天津南开中学举行，伯伯、傅作义和天津市南开大学负责人组成治丧委员会。伯伯送了花圈，白色缎带上写着"伯苓师千古""学生周恩来敬挽"。几十年师生的深厚情谊，同样立志于救国而又在具体做法上曾有不同的遗憾，都于这最后相送的花圈上尽在不言中了。

张校长逝世后，师母王夫人于1953年冬突患中风，虽经治疗，但仍长期卧床。伯伯和七妈对师母也很关心，在三年困难时期，伯伯把自己的高干购物证送给了师母，并在经济上资助她，还叮嘱天津市政府和有关部门要多加关心，给予关照，直到1961年冬天师母去世。

小时候的我也曾经有点疑惑，伯伯和张伯苓老校长没有成为革命同志，也没有一起经历过战斗的生生死死，为什么却依然如此师生情深？这个话题可能要引起太多的回忆，不是一句两句就能说清。伯伯虽然似乎有所感悟，但作为国家总理，工作总是很忙，在一段时间里一直没有系统地给我讲过。还是七妈耐心地给我讲述了细节，才让我对此有了一个比较全面的了解。

一切要从伯伯的青少年时代说起。1913年，伯伯考入了以新式教育著称的南开学校。在南开，伯伯是个家境贫寒的孩子，此前几乎没有多少物理、化学、英语基础，社会活动经历最初也不多。在这个环境里，他各方面一开始并不是特别拔尖。但伯伯的努力、人品、生活态度很快引起了张校长的注意。张校长常邀请学生在周末到他家吃饭，一起畅谈。家境困难的伯伯，是这些师生中最常受邀的一个。

在南开学校开明的学风影响下，伯伯展现出了多才多艺的特长，锻炼出了敏捷超群的才智。他曾经多次讲过，南开的教育是让他终身受益的。
1917 年，伯伯中学毕业，同年赴日本留学。1919 年五四运动初起时，伯伯又回到天津，当时南开大学刚刚成立，品学兼优的伯伯获准免试入学。次年，为反对日本阴谋侵吞山东，伯伯带领爱国学生到直隶公署请愿被捕。张校长也曾亲往警察厅，看望伯伯等被捕同学。同年 7 月，在全国人民的爱国浪潮压力下，北洋政府被迫释放伯伯等爱国师生。张校长又再次推荐，严范孙先生出钱资助，让伯伯踏上了赴欧留学的道路。在那里，伯伯正式走上了共产主义的救国道路。

日本发动"九一八事变"后，东北三省全面沦陷，而国民党政府还在顽固坚持"攘外必先安内"，对日本一再退让畏缩，中国面临的民族危机不断加深。在这种情况下，1936 年伯伯写信给张校长，诚恳希望他能"一言为天下先"，共同促成全民族抗战的局面。西安事变和平解决后，中华民族共御外侮的局面初步形成。张校长非常高兴，认为"逢凶化吉"，并召开庆祝大会，在会上说："西安事变的解决，咱们的校友周恩来起了很大的作用，立了大功。"

全民族抗战爆发后，从 1938 年 12 月起，伯伯作为中共中央代表常驻重庆。他怀念母校，经常以学生或校友的身份到沙坪坝南开中学去看望老校长，也把母校作为开展统战工作的阵地。

1939 年，在一次南开校友聚会上，伯伯发表题为《抗战建国与南开精神》的讲话，鼓励校友为发扬南开精神、为抗战建国而努力。在这段时间里，张校长也利用自己的社会贤达身份，为维护抗日民族统一战线做了很多工作，保护了南开校区这一方净土不成为国民党特务盘踞的地盘。在国统区重庆复杂凶险的环境下，南开学校再一次成为伯伯回忆里难忘的温馨之地，张校长与伯伯的关系也是十分融洽的。

1948 年，解放战争正在进行中，一个消息让伯伯格外震惊：张校长受到蒋介石集团欺骗利用，在南京做了有名无实的考试院院长。伯伯对此深感失望，但他相信，老校长不会变成利欲熏心之人，不可能与腐朽黑暗的国民党反动派同流合污，一定会回到人民这一边。

果然，仅仅三个月过去，张校长就在实践中感到国民党政府的腐败无能早已病入膏肓，根本没有改良的希望，自己这个"官"除了为蒋介石集团装点门面，已经没有任何意义。他不恋栈权力，毅然返回了重庆，过着深居简出的生活，内心十分苦闷。对老校长这一举动，伯伯在毫不意外之余，也为其深感庆幸。

1949 年，三大战役先后胜利结束，北平和平解放，全国解放指日可待。国民党反动派裹挟一些知识分子慌忙逃往台湾，伯伯关心着自己的老校长，希望他不要再次被蒋介石集团裹挟利用。在准备成立中央人民政府的百忙之中，伯伯还不忘托傅作义带口信给张校长，请他不要去台湾。最后，这一口信由香港校友转到了，内容是："老同学飞飞不让老校长动。""飞飞"是伯伯就读南开时在校刊上发表文章常用的笔名。张校长收到这个口信后，心中顿时豁然开朗，明白这是他的学生周恩来对他的关心和爱护。于是，张校长毅然拒绝蒋介石多次要他同机飞往台湾的要求，留在了大陆，保护南开学校完好地移交到人民手中。

伯伯生前谈起张伯苓校长时曾说过，他最遗憾的是，老校长没等看到新中国的巨大成就，没能亲身验证当年他不去台湾的正确，就过早离世了。伯伯说到这一点的时候，我能感到有一种复杂、沉郁的情感蕴藏在他的话语中。

亦师亦友的伉乃如

伯伯早年在南开中学读书的时候，伉乃如曾是他的化学老师。但我看到很多资料上说伯伯在重庆搞统战工作时，伉乃如经常以兄弟相称。这引起了我很大好奇心，伯伯一向尊师重道，行事得体，老师怎么竟然对伯伯以兄弟相称呢？后来，伯伯谈起，伉乃如老师只比当学生的伯伯大七岁。20 世纪初，在旧中国受过新式教育，尤其是懂化学的教育人才真是凤毛麟角，所以 1911 年从直隶高等工业学堂毕业的伉乃如被南开学校聘为化学老师。伯伯说，1913 年伯伯进入南开学校时，伉乃如也刚执教鞭不久，富有朝气，教课生动，很受学生欢迎。而且两人都有共同的话剧爱好。

七妈告诉我，当时的南开，号称"中国北方话剧摇篮"，学校创办人严范孙、张伯苓均热心倡导。伯伯也是南开剧团活跃人物，由于长相俊秀、白净，在当时封建风气还不容许男女同台表演的情况下，伯伯常在剧中扮演女角，力图以新剧改造国民的精神世界。而伉乃如老师也多才多艺，既能扮演角色，又能导演、排练，在南开新剧团任演出部部长。

据南开大学教授梁吉生介绍，伉乃如和伯伯在剧团里，不仅一起编剧、互评稿本，还曾多次同台演出，一起在《仇大娘》《一元钱》等剧中扮演不同角色。中学四年里，伯伯与伉乃如成了亲密朋友。

1917 年夏，伯伯中学毕业，赴日本留学。据伉乃如家人回忆，伯伯从日本多有信函致伉乃如。1919 年，"五四"前夕，伯伯从日本回到天津，参加并领导天津学生反帝反封建爱国运动。这段时间里，他就住在南开中学里。9 月，南开大学创办开学，伯伯成为该校的第一届学生。这期间，同时工作在南开中学和南开大学的伉乃如同情伯伯和爱国师生们的主张，也为他们的斗争精神所感动。1920 年 1 月 29 日，伯伯因率领天津中等以上学校学生赴直隶省公署请愿，被北洋政府逮捕关押，伉乃如也曾去狱中看望。后来伯伯在旅欧期间写信给南开师友，也主要是给马千里、严范孙、张伯苓和伉乃如等人，直到国内大革命失败才不得不中断。

全民族抗日战争期间，伯伯作为中共中央代表和中共中央南方局书记常驻重庆。他经常以南开校友的身份到学校为师生做抗战形势报告，出席校内文艺演出，开展统一战线工作。伉乃如也深受伯伯的影响，对于反对内战、维护抗日民族统一战线的主张深以为然。伉乃如知道伯伯在重庆时时受到国民党特务的监视、跟踪，但他景仰伯伯的为人，同情共产党从事的抗日救国大业，客观上努力响应了中国共产党的统一战线。重庆南开中学校医王慈吾（张伯苓内侄）是留日学生，不满当时社会的黑暗，向往光明，伉乃如向伯伯引荐他，让他终于得以前往延安参加革命工作。

随着抗日战争的深入发展，国民党反动派对中国共产党的打压越来越强烈。1941 年 1 月，发生了震惊中外的"皖南事变"，国共斗争形势趋向危急。伯伯身在虎穴，在南方局内部做了充分的应对工作，以防不测，同时也对自己做了最坏的估计。伉乃如夫妇回忆，有一天晚上，七妈突然来到伉乃如家，说："我和恩来随时都可能被捕，我这里有一个小瓷盒交给你们，希望你们能给我保存好。"盒内有伯伯获得的勋章和七妈母亲的手表。伉乃如对此重托视为最大的信任，每次躲避日本飞机空袭警报，总是把小瓷盒小心翼翼地带在身上去钻防空洞，一直保存到天津解放以后。

1943 年春，国民党掀起第三次反共高潮，伯伯身上的担子更加沉重。6 月底，伯伯离开重庆，但他的进步思想给伉乃如留下的影响没有离开。伉乃如老师虽患严重胃病，几乎不能工作，也依然思念远方的朋友。伉乃如 1944 年的日记中写道："翔弟与余生日均为二月十三日。自余入川四年来，每逢是日均与翔弟同在一处欢聚终日。翔弟去岁七月间同颖超到延安，至今未归。"而伯伯和共产党人也始终关心着伉乃如。同样据伉乃如日记所载，林伯渠等曾邀伉乃如到曾家岩吃饭，并一同观看话剧。伉乃如对伯伯和我党团结各界人士、维护抗日民族统一战线的主张十分信服，始终没有中断与中国共产党方面的往来。

日本投降后，伯伯陪毛泽东飞抵重庆参加国共谈判。此时伉乃如忙于南开北迁的工作，难得有相见的机会。但据重庆南开中学大事记记载，1946年3月31日，伯伯还是在百忙之中与伉乃如老师见了一面，鼓励他坚持爱国民主思想。然而这次见面成了伯伯与亦师亦友的伉乃如老师的最后道别。1947年10月，伉乃如因胃穿孔逝世，享年57岁。而此时的伯伯，正日夜转战于千里之外的陕北战场上。国民党强加的内战硝烟，最终打断了伯伯与那位亦师亦友、持续了几十年友谊的老朋友的相知相交。

后来，在20世纪50年代末期，伯伯到天津视察，还曾把伉乃如先生的夫人及子女等十余人，都邀请到招待所聚会用餐。伯伯频频表扬伉乃如先生的治学精神和对南开的贡献，叮嘱伉老师的孩子们在教育战线上做出更多的成绩。当时，伉乃如先生去世已经十多年，伯伯还专程与他们聚会，伉乃如的子女们多年后说起仍十分感动，也在各自的工作岗位上更加受到激励。

与潘世纶、李愚如夫妇的故交情长

伯伯的南开同学潘世纶（字述庵）和夫人李愚如，跟伯伯、七妈之间的关系非同一般，他们都是当年觉悟社的社员和社友。伯伯和李愚如都曾在欧洲勤工俭学。1920年夏，因参加爱国学生运动被捕的伯伯在天津狱中为送别李愚如赴欧勤工俭学写了一首长诗《别李愚如并示述弟》（述弟，指潘世纶），诗后附有一封信，托人交给了她，并在信中让她将这首诗给潘述庵看看。同年，潘世纶赴美留学，其间与在法国勤工俭学的伯伯一直保持书信往来。伯伯到了法国留学后，也同李愚如保持着联系。所以，他们之间感情很深。而且，伯伯还让同为觉悟社社员的刘清扬送给李愚如两件衣服。潘世纶和李愚如的女儿潘琪华说：

> 那时候，刘清扬也跟他们在一块，后来我妈妈说，总理对刘清扬阿姨说：你这些衣服，给小李几件衣服吧。我妈妈她出国就带那么一点东西，我外公也不是挺多东西可以给她，我外婆（李愚如嫡母）也不会给她什么东西。所以总理对刘清扬表示，那你就给她两件衣服。就这样，大家都互相照顾一下。

新中国成立后，潘世纶、李愚如夫妇一直和伯伯、七妈保持着老同学、老战友之间的纯真友谊。1950年9月，南开老校长张伯苓回天津，伯伯、七妈在西花厅为其饯行，就找了南开同学潘世纶和李福景作陪。张伯苓在津逝世，伯伯赴张宅吊唁后，还专程到潘世纶家与南开老同学一叙。潘世纶到北京工作后住在帘子胡同，伯伯和七妈常到他家里聚会，有时还会边吃边叙旧。伯伯也多次邀请潘世纶夫妇到西花厅聚会，共叙友情。

1961年夏天，伯伯在审查梅兰芳先生治丧委员会成员名单时发现没有潘世纶，便立即拿起笔来添上他的名字说："怎能没了述庵呢？他和梅先生是至交。"伯伯还曾对潘世纶说："参加一点政治工作吧，帮一下我的忙。"由此可见，伯伯心里装着国家大事，也不忘同窗之间的友情。这让潘世纶非常感动，深感伯伯对老朋友的信任和深情厚谊。

相识既深，潘世纶夫妇非常敬佩伯伯和七妈，经常教育子女要努力向他们学习，并在很早以前就常常对亲友们说，"翔宇（伯伯的字）很不简单，有很高的人格魅力，而且最善于把友情变亲情，将来必是国家栋梁之材"。这个赞誉，后来得到许多人的认同。

第 7 节　战友情深

为毛主席、朱老总出行做安排

1945 年，在重庆举行国共谈判时，伯伯事先布置和检查毛主席到重庆后的安全保卫、生活等的准备工作。当他发现红岩八路军办事处门口山坡上有一棵大树枝叶下垂，考虑到毛主席身材高大，树枝可能妨碍其行走，就叫人给修剪了。

伯伯是朱德元帅的入党介绍人，但他十分尊重比自己年长的朱德，见面时总要亲热地称呼"朱老总"，还要赶着去搀扶。有一次，朱德打电话给伯伯，说准备去他那里商量工作。正当朱老总在穿衣服准备出门时，伯伯已经赶来了，一边往里走，一边说："应该我来，应该我来。"离开朱老总的房子时，伯伯发现走道上有一块石头，就弯下腰捡起来，认真地对朱老总的警卫员说："这些都应该捡干净，朱老总出来，绊倒怎么办？"

在国内外两救蔡畅

蔡畅在法国勤工俭学时，有几日突然胃疼得厉害，而且发起了高烧，一连三天滴水未进。昏昏沉沉中，她几次想出门求救，却无力站立。口渴的她连倒杯水的力气都没有。恰好这天，担任中共旅欧支部书记的伯伯到蔡畅住的这座楼办事。乘电梯时，他看到好几瓶牛奶摆在那里，便问开电梯的法国老太太："这是谁的牛奶？为什么一直没取？"法国老太太说出了房间号。伯伯一听，十分着急，他估计这可能是一位中国留学生。他快步走到房门前，敲了敲，里面却无人应答。

他设法弄开了门进去一看，这不是蔡畅吗？已经昏迷不醒。伯伯二话没说背起蔡畅走进电梯，将她送到最近的一家医院救治，并垫付了医疗费。等蔡畅苏醒过来，他才离开医院。

大革命时期的一个夜晚，蔡畅从一位女工家出来不久，胃病又发作了，浑身冒虚汗，两腿发软。她极力忍耐，终于还是力不从心地一头栽到了马路中央。一个巡逻的印度巡捕发现了她，用手摸摸鼻孔，还有点热气，便把她拖到马路边，扬长而去。这时，留着大胡子、化装成商人的伯伯路过这条马路，已经走过去几步，又折了回来。他发现地上似乎躺着一个人，上前蹲下仔细一看，差点叫了出来。他立即拦了一辆黄包车，同车夫一起把蔡畅抱上车，直奔医院。

经过一阵抢救，蔡畅苏醒过来，她立刻认出眼前的人是伯伯，但是他们两人没有说话，只是会心一笑。看到蔡畅已经好转，伯伯对护士小姐说："我是过路的，并不认识这位病人。现在这位病人已经脱离危险，我也该走了。但是我愿意替她付清药费。"几位护士顿时议论开了："天下还有这样的好人！这一定是位慈善家。"

捎王定国母子回延安

1940年3月，伯伯从苏联回国，途经兰州时停留了三四天。此时，兰州八路军办事处主任谢觉哉已奉命回延安，他的妻子王定国还留在兰州，等机会搭车去陕北。

在战争年代，这是件麻烦事。伯伯乘坐的卡车虽然还能坐下几个人，可是王定国不愿因为带两个小孩同行给他添麻烦。伯伯知道王定国的想法后就说，不会有什么困难，他和大家一路上会照看这两个小家伙。两个孩子中，年龄小的才几个月，还没长牙，爱咬大人的手，伯伯亲昵地叫他"小狗"。

回到延安后，伯伯把王定国母子送到党校，见到谢觉哉时，开玩笑地说："把你的老婆孩子都交给你了，我的任务完成啦。"

第8节 对妇、幼、青的亲切关怀

深夜安慰负仇女

1939年早春的一天，伯伯和叶剑英、警卫员邱南章等风尘仆仆地来到了南岳衡山。伯伯是以国民政府军事委员会政治部副部长和国际问题讲师的身份，来给南岳游击干部训练班讲课的。

当晚，他们住在南岳半山腰的磨镜台。就在这天深夜，伯伯正聚精会神地撰写讲义，突然窗外传来女人的啼哭声，时断时续，幽怨、凄厉。伯伯搁下笔，叫醒警卫员，打开门，两人一同循着哭声走去。

明月皎皎，青山隐隐，巍巍南岳笼罩着神秘的气氛。他们来到一株高大的松树下，只见一个十六七岁的少女伏在松树下哀哀哭泣，在她身旁的石板上，盘腿坐着一个年纪和她相差不大的和尚。

"姑娘，深更半夜，为何在这里痛哭？"伯伯关心地问道。和尚站起来，抬眼打量了一下目光炯炯、气度不凡的伯伯，稽首反问道："阿弥陀佛，敢问先生是……""我叫周恩来，住在附近，小师父宝刹何处？这位姑娘是谁？为何这么伤心？"

和尚见伯伯态度和善，便把事情的来龙去脉说了出来：他是南岳上封寺的执事僧，法名慧能。因家穷多病，10 岁那年他被送到上封寺。他身旁哭泣的姑娘是他的妹妹云芳，因为做挑夫的父亲在广东被日本鬼子活埋，特地寻来告诉哥哥的。他听后悲愤交加，恨不得立即下山，手执佛刀奔赴战场，痛杀鬼子。可跟住持僧巨赞法师一说，巨赞坚决不允他犯戒杀生。他的妹妹听后，见杀父大仇难报，故在此伤心痛哭。

伯伯听后安慰说："姑娘，你放心好了，过两天我抽空去上封寺拜会巨赞大师，把你们的事说说。我相信他会与众僧一道，组织起来，救国救难，上马杀贼的。"云芳惊讶地问道："真的？"伯伯微笑着，很有把握地点了点头。云芳"扑通"一声跪下道："小女子感谢先生的大恩大德！"伯伯连忙伸手拉起她说："快起来，我们不兴磕头作揖的。"

次日，伯伯便和国民党中央通讯社驻南岳办事处主任颜友民去上封寺拜会巨赞法师。在对谈中，伯伯以他的渊博学识巧释佛理，使巨赞为之倾倒，并接受了他"上马杀贼，下马学佛"的高论，愿意联合佛教界为抗日出力。

教年轻女学员跳舞，让她吃花生

一次，伯伯出席了在首都剧场三楼举行的春节联欢会。刚考进北京人民艺术剧院的年轻学员王志鸿也参加了联欢会，由于她不会跳交际舞，只好在一旁坐着。突然，伯伯走到她的面前说："小同志，为什么不跳舞啊？"王志鸿紧张得脑子都空白了，好长时间说不出话来，最后才吞吞吐吐地说："我不会跳。"伯伯笑了，说："来，我教你跳嘛！"于是，伯伯从应该怎么站，手放在哪儿，首先该出哪只脚，到如何跟上乐曲节奏，一招一式地教她跳舞，整整用了一支舞曲的时间。那样的热情、认真和耐心，真是不多见的。

当时正是经济困难时期，物资匮乏，粮食也不够吃。在联欢会上，剧院自制了冰糖葫芦，伯伯则带来了花生米供大家食用。当人们围坐在一起的时候，周恩来说："这是家里人团聚，没有什么上下级、领导人，特别是年轻人要热闹些才有过年的味道嘛！"

陈毅一边吃着冰糖葫芦，一边说："你们哪里搞到这样好吃的东西啊？"剧场经理回答："这是特批的白糖、红果，我们自己做的，演出休息时卖给观众，每张票可以买两串。"陈老总听了大笑说："是不是为了吃冰糖葫芦人家才来看戏啊？"大家都笑了起来。

伯伯一直环抱着双臂，不吃也不笑，轻声地说："这是粮食不够吃，群众饿啊！"于是，人们都沉寂无声了。这时，伯伯发现没有人吃盘子里的花生米，便说："来，来，大家吃一点花生米嘛。"王志鸿就顺手抓起了一把花生米，身旁的一位老演员赶紧用胳膊捅捅她，示意不妥。

王志鸿马上意识到领导同志还没有吃，便把花生米又送了回去。就在此刻，王志鸿的手被伯伯的手给挡住了，他笑着说："你年轻，正在长身体，要多吃一些嘛！"

事后，王志鸿才从工作人员那里得知——伯伯夜里办公时，工作人员送去夜宵，小盘子里的花生米被退回来了，他说："现在老百姓连饭都吃不饱，我能吃到一个馒头就很不错了，以后不要加其他东西，花生米留下来有机会大家一起吃嘛！"

关心京棉二厂的女工

有一次，伯伯在京棉二厂召集会议，见到一位女工，问起她家中的情况。听到这位女工的丈夫身体不好、生病在家，伯伯关切地询问，不断地安慰。后来，伯伯三次派人到这位女工家里探望，了解困难，帮助解决。

1960 年除夕，京棉二厂的女工在人民大会堂参加大合唱《跃进赞歌》演出。演出结束，伯伯和陈毅特地接见了京棉二厂的九位女工，大家有说有笑。有人提议和伯伯合个影，伯伯欣然答应。很快，大家站成两排，把中间位置留给了伯伯和陈毅。伯伯笑着对陈毅说："尊重工人阶级，工人阶级站中间，我们站两边。"于是，他和陈毅分别站在后排两侧。

请小提琴家俞丽拿跳舞

在一次舞会上，伯伯请来京演出的小提琴家俞丽拿跳舞。她不会跳，伯伯说没关系，你跟着我的脚步就行。俞丽拿不断地踩到他的脚，伯伯依旧耐心教她要怎么跳。

跳舞时，俞丽拿向伯伯吐露了自己小提琴演奏实验小组的一些苦恼。伯伯说，你们年轻人敢想敢做，一定能解决问题的。一年后，伯伯到上海，俞丽拿和组员们就用小提琴给他演奏了几首民族音乐。伯伯听完后，说："俞丽拿，你提的问题现在不是解决得很好吗？"

俞丽拿一听就愣住了，没料到自己一个小演奏员一年以前向总理提的问题，他居然还记得！

要提拔妇女干部

1962 年初，在七千人大会期间，有一次伯伯和福建组的同志一起在食堂吃饭。说到要培养地方干部（当时福建组的干部只有两人是福建人，其他人都是北方人），伯伯说要提拔妇女干部（当时在座的只有两个妇女干部），又诙谐地说："提拔妇女干部，可不是提拔自己的老婆。"

关心女摄影记者

1963 年底，跟随伯伯出访亚非欧十四国的摄影记者为了拍摄，要背着笨重的摄影机、电瓶和胶片包，共 17 公斤半的器材，负担很重，体力消耗大，尤其是女摄影师，工作更吃力，遇到赶拍紧急镜头时，总是弄得满身大汗，而且机子响声大，干扰别人。伯伯问女摄影师舒世俊："带这么个大东西呀，多重？"随即扛起来掂掂分量后，就指示要进行设备改革。到非洲时气温高达 40℃，摄影记者扛着笨重的摄影机，浑身上下都湿透了。伯伯关切地说，你们的西服都成"水服"了。他让自己的医护人员要注意摄影记者的健康，加强护理。

在回国时，伯伯把摄影记者调到他的飞机上来，专门谈了摄影机械的轻便化问题，说：以后出国不要再用 35 毫米胶片的机子了，国际上已经不用这么笨重的机器。同时，他详细询问了需要什么器材，包括洗印等全套设备要多少钱，当时就批了 10 多万美元的专款。

为女乘务员的未来着想

我看过畅销书作家萨苏写的一篇文章，讲到他曾经听伯伯的专机机组成员说，他们对总理感情都是很深的。为什么这么说呢？有位女乘务员回忆过这样一段事情，似乎可以算是答案。她说，有一次在飞行途中，伯伯忽然很认真地把她叫过来，问："你们乘务员不飞行时都干些什么？"女乘务员回答说，主要在做理论学习。伯伯又很认真地说："你们还应当学习点儿技术嘛。机场不是有个修理厂子吗？不飞行时，可以利用时间，组织大家去学习学习，这样三年以后你们不就可以当一个小小的技术员了嘛！"

后来，有一批空乘果然转成了技术人员。等到岁数大了，女乘务员们才感受到伯伯的关切——当时飞机条件不好，空乘是一件只能吃青春饭的工作。此后虽然有些人会转到领导岗位，但大多数人面临的是未来如何生计的问题。

萨苏在文中分析道：乘务员们年轻，自己想不到那么远，只考虑如何做好本职工作，而坐飞机的首长，就算是平易近人的，也不过是和她们嘻嘻哈哈地开玩笑，打成一片，真的为她们想过将来的，似乎只有周总理。

关心救治烧伤女工王世芬

1969年6月12日，《人民日报》登载了一篇前一天新华社播发的通讯，主题是："不久前成功地抢救了烧伤面积达百分之九十八，其中三度以上烧伤面积达百分之八十八的青年女工王世芬，在医学科学方面创造了罕见的奇迹。"

伯伯看到通讯后，立即派保健医生卞志强等人到北大第一医院了解详情。6月16日下午，听了卞志强等人的汇报后，伯伯召集吴阶平等人又作了重要而细致的指示。他开门见山地说："我读了消息，非常高兴。这是一个奇迹！"接着又说："王世芬所以能够恢复，是她能够发扬一不怕苦、二不怕死的精神，能够克服极度的痛苦，顽强地和伤痛做斗争的结果，这是内因。但是，光有这个内因还不行。要是没有医务人员克服种种困难的精神，敢于走前人没有走过的路，那么也是不行的。"

伯伯根据唯物论和辩证法进一步解析说："医务人员也从王世芬的顽强斗争和一不怕苦、二不怕死的精神中，得到了教育和鼓舞。这也就是精神变物质，物质变精神，能够创造奇迹的原因。"

对王世芬以后的医疗问题，伯伯指示："行百里者半九十，以后的治疗，你们决不能放松！不要以为危险已过，要想到各种可能。要去解决医学上还没有解决的问题，一定要仔细地考虑。"据吴阶平后来回忆，这些话，伯伯严肃认真地强调了好几遍，希望大家不要掉以轻心。对治疗中可能会出现的种种难题，伯伯无不关心，并询问大家怎么解决，如：王世芬植皮后全身都是瘢痕，夏天出汗怎么办？现在她的下颌骨暴露在外，嘴闭不上，牙床和牙龈怎么保护？耳朵烧掉，将来可以装人工耳朵吗？

听汇报说王世芬自小家庭生活十分困难，喝粥啃窝头，就爱吃北京的咸菜疙瘩时，伯伯当即叮嘱道："你们要劝劝她，为了治病，要吃点荤菜，要努力改变习惯，否则无法增加抵抗力。伙食不要受规格的限制，给她增加营养，增加抵抗力。"当医生们把伯伯的指示传达给王世芬时，他们事先经过了反复商讨，逐字推敲，尽量缩短语句，委婉讲述。医生向她传达时，护士在一旁随时观察她的心跳和脉搏。当时，还没传达几句话，就发现王世芬的心率已经由每分钟100次左右猛增到170次以上，她激动得一句话也说不出来。医生马上把话题扯开，让她休息了一会儿，她才语声颤抖地说出一句话："我听话，我一定多吃点东西，不让总理为我操心！"

就在王世芬逐渐康复的过程中，伯伯又指示安排人去给她拍照片。摄影记者顾德华一直在追随采访这件事，王世芬烧伤后的形象在新华社内参上登过。当得知伯伯要看王世芬照片后，许多人千叮咛万嘱咐顾德华，一定要拍好看一些，看得过去一些，要拍些她的心灵美，不要特写的，总之不要让伯伯看了太心痛……顾德华抱着照相机说："这是我一辈子最光荣的任务，但艰巨程度好比登珠穆朗玛峰。"

后来，王世芬烧伤后的一组照片送进了中南海，同时把她烧伤前的半身照片也附上了。据吴阶平回忆，伯伯仔细看了王世芬的照片，心情相当沉重，他背过身子，面对窗口，久久不语。

当伯伯再次讲到王世芬的时候，是在七机部两大造反派数千人的大会上。他先是讲毛泽东思想，讲国际国内形势，讲以大局为重，联合起来建设中国的现代化。随后，他语气一转，说到了王世芬的故事，尤其是说到她的精神境界，数千人忽然静了下来。只听伯伯语音略有哽咽，一字一句地说："我作为一个四十多年党龄的老党员，比起她来……同志们，我觉得自己渺小，我们一起学习她的胸襟，她的革命人生观！"

向女劳模侯隽宣传避孕

1971 年 5 月，女劳模侯隽在北京一家医院治病。伯伯从《北京日报》上得知她在北京住院，就叫秘书找她，因为报上没说住哪家医院，直到晚上 11 点半才找到。当时侯隽已睡下了，护士叫醒她，说总理办公室打来电话，是总理要接见你。到了人民大会堂，秘书告诉侯隽，总理正在开会，过一会儿接见日本农业农民代表团第二次交流访华团，要你和北京的两位农民代表参加。

到深夜 12 点多了，刚开完会的伯伯一见到侯隽，就说，早就知道你的名字了，只是没见过你。侯隽说，我早就见过您。伯伯说："什么时候？是在河北省劳模会上吧？"已经过去好几年了，伯伯还能记得那个会，当时的侯隽也参加了，是在台下。只是伯伯并不知道，当年的会上在他面前蹲了半天的那个姑娘就是侯隽。

接见完日本农业农民代表团，临别前伯伯握着侯隽的手说，第一次见面就耽误你这么长时间。侯隽心直口快，就问了一句：总理您什么时候休息呀？都快天亮了。伯伯笑了笑，也没说。那天，伯伯还跟侯隽谈到了计划生育，问她："侯隽，你避孕了吗？"侯隽回答："没有。"周总理关切地说道："怎么不避孕啊？你们那儿有一个月一片的避孕药吗？"侯隽说："我都没听说过。"周总理说:"怎么没听说过?就是天津搞的嘛,可以去要点。"

侯隽以为伯伯只是随便说说,但没想到,她回村没多久,忽然接到妇科专家俞霭峰的信说:总理捎来口信,叫我向你宣传避孕,从你的身体和工作需要,你应该避孕。

给张治中将军之子张一纯题词

张治中之子张一纯有一个旧笔记本珍藏至今,因为上面有我伯伯——敬爱的周总理的亲笔题词。

1945年,毛主席和周恩来到重庆参加国共谈判,国民党将军张治中把桂园让给他们使用。签订《双十协定》的第二天晚上,伯伯宴请张将军全家和为毛主席服务过的工作人员,于是张一纯和伯伯有了一次难忘的谈话。

伯伯拉着他的手问:"你功课怎么样?"张一纯答:"功课不行。""那有没有行的呢?""我语文和作文还行。"

最后,伯伯对他说:"我给你题几个字好不好?"他赶紧跑去拿了个笔记本过来,伯伯在上面写道:"光明在望,前程万里,新中国是属于你们青年一代的。一纯世兄。"

"周叔叔,为什么叫'世兄'啊?""我跟你父亲是世交啊!"就这样,伯伯抛开了政治关系,将维护和平统一的种子植入了张一纯幼小的心灵里。

关心孩子读书成长

有一次,伯伯在上海陪同外宾观看学龄前儿童合唱团的表演。所有人都觉得表演很精彩,一再鼓掌表示鼓励,而伯伯的脸上却显出很忧虑的表情。

演出结束后，伯伯很严肃地批评了主管演出的干部，因为他让独唱的小男孩用那么高的音调唱了很久，这样下去会破坏他的声带发育，也影响他将来的前途。

1954年，伯伯去日内瓦开会前，在成都金牛坝休息，观看川剧表演。演出前，他和陈毅接见了川剧演员们。伯伯非常客气地站在门口，同他们一个个握手。伯伯先问了陈书舫好久，"学戏，生活怎样"，一个一个都问到，还问家中多少人、孩子们学文化没有，演员们非常激动。川剧演员曾荣华说："旧社会我们结不起婚，现在有一个儿子。"

伯伯说："你们的小孩，要送他们读书啊！旧社会你们读不起书，现在解放了，有人民自己的政府，他们读得起书了嘛，要送他们读书！你们就是没读多少书，吃了不少亏！要他们多学点文化，多学知识，才好为社会主义服务！"

"不准赌气，不准饿着同学们"

"文革"时期，曾发生过红卫兵冲击中南海事件，最后是伯伯妥善处理了此事。

一天，中南海警卫部队依照常规正在吃饭，突然传来警报：华北工学院的200余名红卫兵冲进了中南海。中南海警卫部队接到命令后，立即扔下饭碗冲了出去，迅速封锁住中海内所有的重要通道。冲进中南海的红卫兵因为不知内情，所以在冲进来后转了向，不知再往哪里冲。这时，伯伯得到汇报，立即下达了五条命令："打不还手，骂不还口，不赌气……"该五条纪律后被称为"五不准"，成为中央警卫部队对待军民关系的准则。

伯伯命令将冲进来的红卫兵妥善安置在中南海的会议厅内，并要求接待部门安排好这批红卫兵的食宿。第二天上午9点，给会议厅内的红卫兵派来的送饭车仍然被围攻中南海的红卫兵阻在中南海门外。送饭车开不进来，致使会议厅内的红卫兵不能按时吃上早餐。伯伯闻知此情，立即命令机关人员一律停止手头工作，全体下厨为红卫兵做早餐。他要求大家："不准赌气，不准饿着同学们。"在伯伯的亲切关怀下，可口的饭菜很快送到了会议厅内的红卫兵手中。

关心指导"小红花"孩子们的演出

1971年6月，伯伯陪同罗马尼亚总统访问南京。6月5日晚10点，伯伯陪着罗马尼亚贵宾，满面笑容地步入演出大厅。参加演出的有南京"小红花"艺术团的孩子们，他们在雷鸣般的掌声中，情不自禁地欢呼："总理来啦！总理来啦！""看，总理在向我们招手呢！"

演出开始，伯伯一边看节目，一边伴着音乐节奏，用手轻轻地在腿上打着拍子。他舒展浓重的剑眉，不时发出爽朗的笑声。每一个节目演完，他都带头鼓掌。6岁的小乐手邬萍萍抱着柳琴上场了，她坐在椅子上，两只脚还够不着地，伯伯望着她笑了。一曲优美的《我爱北京天安门》弹完，全场为她热烈鼓掌。她跳下椅子，抱着柳琴谢幕时，伯伯向她招手，示意她走过来。机灵的邬萍萍放下柳琴，走到伯伯身边。伯伯问她几岁了、叫什么名字，又把她抱起来亲吻她的小脸蛋，然后把她传给身边的罗马尼亚总统，客人抱着萍萍吻了吻，又传给他的夫人。全场的笑声掌声响成一片，充满了热烈欢乐的气氛。

演出结束后，伯伯陪同外宾走上舞台，一起祝贺演出成功。孩子们都围着周总理，争着和他握手，又前呼后拥地把他送出大厅。临别时，小演员邬春燕含着热泪恋恋不舍地对伯伯说："总理再见！总理再见！"伯伯笑着对她说："为什么不喊我伯伯？是伯伯再见，不是总理再见！"

罗马尼亚客人看了演出后，反映很好。有一位女贵宾提了一条意见：跳《中罗友谊舞》的孩子们当中，扮演罗马尼亚孩子的小演员，穿的服装不太像罗马尼亚的民族服装。她表示，回国后让人做10套罗马尼亚的民族服装，派专人来南京送给"小红花"。

6月6日凌晨1点半，伯伯在宾馆对秘书钱嘉东交代说，"小红花"的演出很好，我看了很高兴，有几条意见请转告艺术团的老师们：

第一，要注意孩子们的身体健康，整个演出节目多了，时间长了，把孩子们搞得很疲劳。

第二，歌唱节目中，乐器的音响太强，像一道"音墙"，把孩子们的童音盖住了，有点儿"喧宾夺主"。

第三，唱《智取威虎山》中《共产党员》选段的那位小演员，音定得太高，容易把孩子的嗓子唱坏，小小的年纪把嗓子搞坏了，长大了怎么办？

第四，舞蹈《大桥颂》有四句报幕词："蓝蓝的天空飞彩霞，一道彩虹江上架。一头连着天安门，一头连着亚非拉。"长江大桥有那么长吗？艺术允许夸张，但不能过分，不能讲大话，还是实事求是一点好。

第五，舞蹈《全世界人民团结起来》里一个小演员代表一个国家，肤色不同，服装不同，举着火炬穿工装的那个小演员是中国人，为什么人群中还有一个穿西藏民族服装的小演员？别的国家一个代表，中国有两个代表，这样不合适。要防止大国沙文主义嘛！

6月6日上午，伯伯陪同外宾离开南京去上海，在临上飞机前，他还问钱嘉东，对"小红花"演出的意见是否转告了？钱嘉东说已转告省外办，并向"小红花"艺术团作了传达。伯伯这才放心地点了点头。

第 9 节　团结爱护少数民族和宗教界人士

细心查漏补缺，要求加印藏文

1956 年 3 月 16 日，西藏代表团离京赴藏前一天，伯伯再次来到代表团驻地检查工作。

在检查到送给达赖和班禅及筹委会的礼品时，伯伯表示满意，然后又要了礼单，一看礼单上没有藏文，便问道："藏文的礼单在哪里？"

工作人员回答说，没有藏文的。

伯伯的神态马上变得严峻起来："送给西藏的礼品，怎么能没有藏文？实行区域自治，使用本民族的语言文字，是一个重要内容。"他立即指示，所有礼单都要用藏、汉两种文字印，而且要把藏文排在前面。在场的工作人员都为他工作的细致而感动。

可是，礼单这时已全部印好，代表团很快就要出发。怎么办？中央民委当即决定，连夜翻译，突击赶印，过去印好的全部作废。伯伯离开代表团驻地时，同负责民族工作的汪锋等人一一握手，并表示歉意，说："对不起啦，本来是为你们送行的，却给你们添了麻烦。"

对溥仪、溥杰及其亲属的关心

1959 年底，清代末代皇帝溥仪等特赦人员回京住在崇内旅馆，伯伯亲自打电话催问是否发了棉大衣，还叫全国政协干部马正信打电话告知："周总理询问，是否给溥仪等人发了肥皂？如没有，要尽快发下，以便搞好个人卫生。"

溥杰被特赦后，非常想接日籍妻子嵯峨浩回中国团聚。但是，溥仪认为嵯峨浩可能是日本特务，再加上有些历史原因，他特别反对弟媳回中国。在这个问题上，溥仪与溥杰哥俩之间结下了别人无法解开的疙瘩。

伯伯得知此事后，在西花厅接见了他们。听了溥杰对嵯峨浩的分析后，伯伯说："你对你夫人分析很对。我看还是欢迎她来，来后再帮助她。"

溥仪对此一直想不通，说道："我对溥杰和嵯峨浩结婚是不满意的，因为那时有统治阶级的思想，怕日本帝国主义有意培植他，所以我对溥杰也动心眼，一直对嵯峨浩不放心。"

伯伯插话说："现在是不是放心了？"

溥仪还是想不通："现在我对她仍然不放心。我怕溥杰和她通信泄露国家机密，怕她是特务。"

伯伯说："你的话也对也不对，先不要下结论。"随后，他又转身对总理办公室主任童小鹏说："找一本《流浪的王妃》，给溥仪看看。"他语重心长地对溥仪说："日本人想操纵她，这是过去，现在不是这样吧。你能改造好，人家就不能改造好吗？"伯伯继续耐心细致地做溥仪的思想工作，同时还征求了溥仪亲属们的意见，在他的循循善诱下，大家都表示赞同。

伯伯对大家说："嵯峨浩要来了，大家要帮助她进步。她是从社会制度不同的国家来的，对于我们的社会，不会一下子就理解，大家要耐心地帮助她，不要操之过急，不要有什么顾虑，要多和她接触。"

在伯伯的亲切关怀下，与溥杰分离16年的妻子嵯峨浩终于从日本来到中国团聚了。不久，伯伯在西花厅接见了溥仪、溥杰和嵯峨浩以及其他亲属们，并进行了亲切的谈话。伯伯说："世界上有哪一个国家在推翻了封建制度、建立了共和国以后，以前的皇帝还能存在，还给予平等地位？例如英国的查理一世、法国的路易十六、德国的威廉二世、埃及的王室等，他们哪里去了呢？可以比较一下。（溥仪插话说：世界有史以来没有过。）这是我们国家的政策，当然也要本人努力争取，大家合作。"

伯伯还说："浩夫人是日本人，现在回来了，愿意做个中国人，愿意为促进中日两国友好、恢复邦交而努力，我很欢迎。解放10年来，有许多日本朋友见到毛主席、刘主席和我，表示谢罪。我们说这已经过去了，我们应该往前看，应该努力促进中日两国的友好关系，恢复邦交，发展经济文化交流。我们并不总盯着过去的事情。日本帝国主义的侵略使中国人民团结组织起来了。我们对日本人民毫无怨恨，日本人民也同样是军国主义的受害者。日本朋友来中国的，左、中、右都有，我们对日本朋友是门户开放的。"

接见后，伯伯宴请了他们，并说道："听说你们要到各地去参观，所以提前请你们来了。"又说："慧生（溥杰长女）生前给我来过信，她很敢说话，我很喜欢这样有勇气的青年。"对溥杰的次女嫮生，亲属们都愿把她留在北京，可是她想回日本。周总理对她说："你母亲是日本人，和中国人结了婚；你是中国人，和日本人结婚也可以嘛。以后如你愿意，随时可以来中国，有这么一家亲戚也好嘛。"嫮生非常感谢伯伯，对亲属们说："总理的话真是语重心长。"她回日本时，特意买了一幅伯伯的绣像，留作纪念。

关心民族菜和厨师

1961 年，伯伯陪同缅甸总理吴努在西双版纳欢度泼水节。经过思茅时，他住在地委的一间普通平房里。地委行政科的姜维新同志为他做菜。姜师傅从事厨师工作已经四十来年了，红案白案样样拿手，除了会做汉族各地名菜，还擅长回族菜、傣味菜。有一天，伯伯眼光一闪，似乎想起什么，要求做一道民族菜。姜师傅做了傣味名菜——香茅草烤牛肉。他怕伯伯吃了烤牛肉不消化，便将这道菜做了些改进，用开水把香茅草烫焖了一会儿，去掉过于刺鼻的香烈味，再用加工过的香茅草包好洗净的瘦牛肉，这样消除了腥味，然后将牛肉烤熟，再用油炸熟。

这道独具特色的改良民族菜，既不失傣味，又鲜美可口。伯伯品尝着这道菜和椰子饭，连声称赞，吃完饭，还亲自去洗碗。姜师傅做完菜，正在灶旁抬着竹烟筒吸烟，忽然看到伯伯跨进门来了，他刚想往围腰上擦净手，伯伯已经紧紧地握住了他的手。老厨师激动得泪流满面，嘴唇颤抖着，都说不出话来了。伯伯深情地凝视着他，说："你做的菜很好，你要多带徒弟，把你的手艺传给边疆兄弟民族。"

关心吴耀宗

吴耀宗先生是我国宗教界一位知名人士，在信仰基督教的群众中有很大影响。伯伯与他有过多次交往，并积极团结他为人民的事业而共同工作。早在 1938 年 5 月，吴耀宗就曾因公到武汉与伯伯会晤，两人第一次见面就进行了一个多小时的谈话。

伯伯向吴耀宗分析了抗战形势，论述了国共合作和中国革命问题，而且还向他谈中国共产党对宗教信仰的态度。伯伯着重指出：马列主义者是无神论者，但尊重宗教信仰自由，并愿意同宗教界人士合作，共同抗日。初次见面，伯伯给吴耀宗留下了深刻的印象，并给了他很大的启发。

1941年12月，吴耀宗从上海到四川讲学，在重庆曾家岩50号周公馆，再次见到了伯伯。当时，抗战正进入最紧张的时期，而蒋介石消极抗日，积极反共。伯伯在和吴耀宗谈话时，揭露了国民党反动派的阴谋，宣传了中国共产党的正确主张。他指出：（全民族）抗战已经进行了四年多，只要一切抗日的党派、阶级、民族团结起来，就能打败日本帝国主义。接着，他又详细阐述了在国共两党合作的基础上，建立和发展抗日民族统一战线的重要意义。这次谈话，使吴耀宗进一步认识到，只有中国共产党才能领导中国人民打败日本侵略者，是民族解放的希望。

1943年5月25日，吴耀宗在重庆曾家岩第三次见到了伯伯，这次谈话的时间很长，会见持续了将近一整天。谈话中，伯伯除了详细地分析抗日战争和国际反法西斯战争的形势外，再次谈到了宗教问题。吴耀宗认为，马列主义和基督教有百分之九十九的共同点，尽管在根本问题上有分歧，但无关紧要，最后是可以一致的。

伯伯听后，坦率地表示不能同意这种看法，并重申了党的宗教政策。他说："不同的世界观并不妨碍我们为了争取和平、民主而共同努力。你多年来为抗日和民主事业做了不少工作。在目前这样艰难的条件下，对每个人都是考验，希望我们能继续合作，在即将到来的新时期中为人民做更多的工作。"不同意见的交换，不仅没有妨碍党和宗教人士的关系，反而加深了互相之间的了解和友谊。

中午，伯伯留吴耀宗一起共进午餐，饭后对他说："我知道你身体不好，你是否愿意略事休息，再继续谈下去？"征得吴先生同意后，就在会客室里，临时搭起了一个铺让他小憩。这种无微不至的关怀，使吴耀宗十分感动。

下午，继续长谈时，伯伯详细回顾了党的历史，诚恳地对吴耀宗说："中国共产党对马列主义的认识也有个发展的过程。共产党人也犯过很多错误，但能从失败中吸取教训，得到进步。但愿我们的朋友，不要看到一些问题，就对党丧失信心。"伯伯的坦诚相待，让吴耀宗深有感触。

给赵朴初安排素席，介绍他加入作协

1949 年，赵朴初从上海到北京参加第一届全国政协会议时，伯伯请大家吃饭。他拿到请帖后，想到这是许多人参加的宴会，不可能照顾个人的饮食习惯，自己是个佛教徒，只好准备吃"肉边菜"了。出乎他意料的是，在出席宴会签到时，一位工作人员对他说："赵朴初先生，给您准备了素菜。"这正是伯伯的安排，如此细致入微的关心和照顾，使赵朴初十分感动。

赵朴初在文学上有很高的造诣，他的诗词是很有名气的。有一次，伯伯在众人面前指着赵朴初对中国作协领导说："作家协会应当吸收他为会员。"过了些日子，伯伯在一次宴会上一见到赵朴初就问："你现在参加作协没有？"赵朴初回答："还没有。"伯伯当即对在场的有关同志说："你们拿表来，我做介绍人。"事后，夏衍曾羡慕地说："赵朴初同志很光荣，是总理亲自介绍他参加作协的。"

给刘麟瑞补加清真席

有一次，著名阿拉伯语言学家、翻译家刘麟瑞（回族）教授应邀出席人民大会堂招待会。他兴致勃勃地来到宴会厅，按照工作人员的指引入

座后，环视左右，不见往常熟悉的面孔，但也没有在意。

招待会开始了，服务员开始上菜，刘教授一看，才知道不是清真餐。原来是有关部门一时疏忽，忘了安排清真席。在这种场合，刘麟瑞有些尴尬却又不动声色，只是静静地坐在那里喝饮料。不一会儿，伯伯举着酒杯给大家敬酒，见到刘麟瑞打招呼说："刘教授，今天你没有任务，可以轻松一些，吃得好吗？"刘麟瑞不好意思地笑了笑，没有直接回答。

伯伯用眼扫了一下桌面，忙问："刘教授，你怎么没吃啊？"刚说完便突然一拍前额，连声道歉："刘教授，实在对不起，是我疏忽了。"然后转身轻声吩咐服务员安排清真席，并亲自送刘麟瑞入座。

第 10 节 国际友人的知心人

对日本友好人士的照顾

据日本爱知大学教授、原日中备忘录贸易谈判代表团驻京事务所代表嶋仓民生回忆，日中协定交涉政治会谈公报的签字仪式后，拍摄纪念照的摄影记者们的闪光灯好一阵忙乱。拍完后，交涉团和中方有关人士正要解散，伯伯忽然招手，示意后排站好，并说："稍等一下！"原来，朝日新闻社的记者秋冈家荣正在焦急地调理他的一次成像照相机，看样子是刚才没能照成，而伯伯首先注意到了，所以要大家再等一下。

1956 年 9 月 30 日，在北京饭店举行中国国庆招待会，日本文化代表团、妇女代表团、商品展览会团也参加了。宴会开始了，手持酒杯的伯伯带着一行人来到日本人中间，用日语说了句欢迎词，人们一块干杯，顺势就把他围了起来。日本富士国际兴业（株）社长、前日中贸易促进会事务局次长押川俊夫作为发起人站在前面，和伯伯握了手。兴奋的人们从周围一齐伸出手，后面也不知是谁搞错了，握住了押川俊夫的手。伯伯就伸出一只手，应付从肩头插进来的如林手臂，皱着眉头，用日语叫道："疼啊，疼啊，手腕要断了！"于是哄堂大笑，就这样帮其解围了。

1964 年 10 月的一个上午，伯伯邀请来华的日本乒坛名将松崎君代等人到西花厅做客。伯伯爽朗地说："你是我特意请来的客人，当然要接你到这里来叙叙家常喽。今天，这儿就是你的家，你要像回到自己家里一样。"

吃饭时，伯伯让松崎坐在自己的右侧，并用他那不大方便的右手，不断往松崎的菜碟里夹菜，劝她尽量多吃一点儿。松崎就像从来不曾用过筷子似的，痴痴地望着伯伯，一个劲地点头微笑，成串的眼泪夺眶而出，从面颊一直淌到下巴边。

七妈见状，微笑着说："松崎小姐是恩来远道请来的贵宾，其他几位也都是中国人民的老朋友，所以今天理应由我下厨房，做几样可口的饭菜招待大家。但不巧，近几天身体不大舒服，只好麻烦厨师做了这顿便饭。为了表示一点心意，唯有这碗'狮子头'是我自己动手做的，恩来平素最喜欢吃这道家乡菜，不知道合不合各位的口味？请松崎小姐和大家一定尝一尝。"说完，她从餐桌的另一侧走过来，往松崎菜碟里夹了一个又大又圆的狮子头。

这时，只见松崎使劲儿地咬着嘴唇，控制自己不要哭出声来。一旁的西园寺公一先生轻声提醒她，周总理和夫人这么热情好客，不吃一点东西可不礼貌呀！松崎才仿佛从甜美的睡梦中苏醒过来，没几口就把狮子头吞了下去，并连声说道："谢谢！谢谢！味道真香！"

席间，七妈听说松崎已经交了男朋友，还特意送了她两条精心准备的大红绣花绸缎被面，作为提前送的结婚礼品。伯伯亲自取了两瓶茅台酒送给松崎，希望她回国后带给父亲尝一尝，并叮嘱，这种酒度数很高，比日本清酒要凶一些，但不伤人，味道也是很不错的。

松崎当时就被伯伯和七妈的亲切热情感动得泣不成声，说："我只是一个普普通通的乒乓球运动员，现在不打球了，连个固定职业也没找到。

您是中国的总理，却这样真心实意地对待我，不但无微不至地关怀我本人，还想到了我父亲……我一辈子都忘不了中国人民的好总理，忘不了中国给我的荣誉和恩情。"

婚后的松崎开了一间乒乓球培训班。10年后，36岁的松崎君代再一次应伯伯邀请，同她的丈夫栗本隆朗一起访华。伯伯得知她婚后多年未育，还特地请北京最著名的妇产科医生为她检查。

在伯伯招待松崎君代的午餐会上，日本乒乓球名将荻村伊智朗也应邀出席。人称"智多星"的荻村在临别前，以讲故事的口吻对伯伯说，1961年北京世乒赛时，伯伯曾送过他一瓶茅台酒，回到日本，他一直视若珍宝舍不得喝。有一次，几个友人争着要喝，不小心把半瓶多茅台酒在球拍上，他为此伤心了很久。但此后每次比赛眼看就要败阵时，他一定停下来闻闻球拍上残留的茅台酒味，然后就仿佛百万援军从天而降，勇气倍增，反败为胜。

听完这段绘声绘色的描述，在场的人都被逗乐了，伯伯笑得最欢，因为三年前他并没有以自己的名义送过茅台酒。伯伯诙谐地说："我可没那么大神通，不然我去买几瓶茅台酒在中国乒乓球小将的球拍上，不就万事大吉了？荻村先生，你不仅球打得好，而且说起话来妙语成篇，将来一定能成为一名出色的外交家。不过，你太心急了，我早已作了准备，等会儿再给你和长谷川先生各送一瓶茅台酒。"13年后，伯伯的预言果然应验，荻村当选为国际乒联主席。

1970年4月，为中日关系的发展做出过重要贡献的松村谦三先生最后一次访华，带来日本有影响的大报朝日新闻社社长广冈知男。广冈社长随松村先生来华的目的是要单独采访伯伯，以便在《朝日新闻》上刊登独家新闻。

从代表团一行抵达北京，到伯伯决定会见全团为止，一直未能安排上单独会见。朝日新闻社为此事很着急，通过该社常驻北京记者秋冈家荣，向参与接待工作的新华社驻日本记者刘德有反映，朝日新闻社对伯伯单独会见广冈社长很重视，尽管在社长访华期间该社社主上野先生逝世了，但广冈社长仍决定不回日本。刘德有及时把这一情况告知有关方面，但《朝日新闻》要求的单独会见始终未能作出安排。于是，广冈社长只能随全团接受伯伯的会见。出乎意料的是，会见刚一开始，伯伯在谈话中就特意提到广冈先生，他非常自然而又亲切地把目光转向广冈社长说，今天在座的就有朝日新闻社的广冈社长，我的谈话也就是对你的谈话。显然，这是已有准备的伯伯对广冈先生的特别关照。

次年10月28日，伯伯在北京接受了由朝日新闻社编辑局长后藤基夫率领的记者组的采访，他一上来就提到广冈社长和松村谦三先生。伯伯说："贵社的广冈社长去年春天曾跟已故的松村先生一道来访，但我未能跟他单独会见。现在，我是跟代表你们社长来访的后藤编辑局长会见，回国后，请向社长转达我的问候。谁都没有想到松村先生会逝世，我们已经不能再见到他了。"

用茅台酒和北京烤鸭招待卓别林

1954年4月，伯伯率领中国代表团出席日内瓦会议，引起了全世界的关注。伯伯和代表团成员除了参加日内瓦会议外，还利用一切机会与各界人士，特别是著名人士积极交往，让他们了解中国，了解中国的建设成就和外交政策，其中就包括在瑞士定居的著名喜剧大师卓别林。

作为国际和平人士，卓别林在1953年刚刚获得国际和平奖金，声望和影响日隆。1954年6月3日，在卓别林住地举行颁发和平奖金仪式，有几名中国记者也到场采访。卓别林对中国记者的到来非常高兴，说很想看中国电影，特别是关于梁山伯与祝英台的故事。得知卓别林的上述想法之后，伯伯特意派外交部交际处王倬如处长与卓别林取得联系。考虑到卓别林艺术大师的身份，以及他对中国电影和艺术的浓厚兴趣，代表团给他安排了一个电影专场，放映了中国电影舞台艺术片《梁祝哀史》（后来的《梁山伯与祝英台》）。

看完影片后，卓别林表示非常感谢，夸奖主演范瑞娟的表演十分出色，还说自己对中国唱片和茅台酒等能代表中国文化的事物很感兴趣，并当即给伯伯写了一封热情洋溢的感谢信，信中表示，很希望能有机会见周总理。

为进一步增进了解和友谊，满足卓别林的迫切愿望，7月18日晚上，伯伯特意在花山别墅宴请卓别林和夫人。当时著名越剧演员范瑞娟正在捷克斯洛伐克参加一个电影节活动，伯伯专门让人给驻捷使馆发电报，将范瑞娟请来参加活动。他的细致安排令卓别林非常感动。

在宴会上，卓别林品尝到了特地为他准备的茅台酒和北京烤鸭。当招待员把烤鸭端上来的时候，卓别林说："我这个人对鸭有特殊的感情，我所塑造的流浪汉夏洛尔，他走路时令人捧腹的姿态，就是从鸭子走路的姿态中得到的启发。为了感谢鸭子，我从此就不吃鸭肉了。不过，这次是例外，因为这不是美国鸭子。"

卓别林幽默的表述让大家感到非常愉快。伯伯对卓别林给予了很高的评价，称赞他是"反对侵略、反对战争的伟大战士，是维护人类和平、友爱、文化进步的坚强卫士"。伯伯表示，从卓别林拍的电影和塑造的众多角色中，深深感受到了他呼吁人类友爱、世界和平的声音。伯伯的话让卓别林非常感动，他对新中国的发展和进步，对伯伯的卓越才能表示衷心的钦佩。

把大衣让给孟加拉国友人穿回去

外交官周南初到联合国工作时，一位孟加拉国大使跟他讲，有件事让他对伯伯永远不能忘记。周南问什么事，他说，有一次到伯伯那里吃晚饭，天很冷，他没带外套，伯伯就让人把自己那件大衣披在他身上，让他穿回去。

叮嘱给苏联大使馆的孩子拍照

1957 年 4 月 15 日，《中国青年报》记者铁矛，拍摄了照片《毛主席迎接伏罗希洛夫》。在拍摄的间隙，他与站在一边的伯伯说了几句题外话。伯伯对铁矛说："记者同志，完成工作后，请你也给苏联大使馆的孩子拍两张照片，拍好以后，给人家送过去，千万别忘了。"

介绍苏尔哈蒂喝茅台酒

1964 年，各国外宾云集北京，参加国庆 15 周年活动。10 月 4 日，全国妇联另行举办宴会款待女宾，伯伯和陈毅副总理来看望大家并合影。伯伯和陈老总绕场一周，一一亲切握手。当走近印度尼西亚共产党妇女部长苏尔哈蒂时，伯伯远远伸出手："你好啊，苏尔哈蒂同志，欢迎你到中国来访问、参观。"苏尔哈蒂激动地紧握着伯伯的手："周总理，您好！在雅加达见到您的情景，您喝茅台的豪爽神态，至今记忆犹新。"

伯伯又亲切地同她寒暄了几句，还嘱咐她在中国多走走、多看看，顺便检查一下身体。伯伯离开后，苏尔哈蒂的激动情绪久久不能平静，口中喃喃地说:"周总理的记性真好,十年了,还认得我。"接着,向陪同的外交人员讲起了她与伯伯的幸福初见。

1955年,伯伯顺访印度尼西亚,在答谢招待会上,遇上苏尔哈蒂,当介绍她是印尼共妇女部长时,伯伯与她碰杯说:"女中豪杰。"随即把手中的茅台一饮而尽。苏尔哈蒂也一口把一杯桂花酒喝下。

伯伯还说:"你可以尝杯茅台,茅台是中国最好的酒。"随后,苏尔哈蒂真的喝了杯茅台。那是她一生第一次喝茅台,茅台的味道和当时的情景,她一直铭记于心。伯伯饮酒的神情、气度,那杯茅台所含的浓浓的情谊,更使她终生难忘。

亲自向韩素音道歉和解释

1971年7月,英籍作家韩素音女士再次访问中国,乘车行至机场路,突然一辆三轮摩托车逆行驶来,几乎与韩素音的车相撞。伯伯知道后,极力挽回政治影响,亲自向韩素音解释和道歉。

针对当时北京交通秩序不好的状况,伯伯对北京市革委会提出严厉批评,并且指示:"对卡车、军车、小汽车、马车、自行车需定出几条法律式的行车规定。这个法律式的行车规定,要发到各单位,要家喻户晓,光开一些大会还不行。"

北京市革委会、公安部、北京卫戍区经过研究,在当年8月15日联合发布了《通令》(俗称《8·15通令》)。《通令》对车辆行驶、停放、安全设备等都作了严格规定,对车辆行驶人员提出了严格要求,对党政军各机关、团体及广大群众也提出了要求。北京在全市开展了交通秩序大整顿,电台、电视台、报纸广泛宣传《通令》,军警民和学生一起上街宣传,首都交通秩序明显改观。

外国专家深情追忆周总理

在伯伯诞辰 100 周年前夕，应国家外国专家局的邀请，一批长期在我国工作的外国老专家聚集在北京友谊宾馆的会议大厅，怀着无限的深情缅怀他们的老朋友——周恩来。这些曾为我国教育、科技、文化事业做过贡献的老人，有的在新中国成立之前就与伯伯结识，有的曾多次受到过伯伯接见。他们除了在座谈会上热烈发言之外，有的还写成文章回忆伯伯对外国专家无微不至的关怀。

曾在中国国际广播电台工作的日本专家高野广海回忆说，在 20 世纪 50 年代到 60 年代，伯伯经常到广播电台来，他有幸多次与伯伯晤面。伯伯还用日语同他们打招呼，使他们倍感亲切。

高野讲了一件令他终生难忘的事情：60 年代末，他回到了日本，时值日本经济高速增长时期。然而，由于国际广播电台的日语广播受到"文革"影响，所使用的语气和词语难以被日本普通听众接受。高野就此率直地给国际台写了一封信，建议对外广播一定要注意收听对象和广播内容。没有想到，这封信竟然转到了伯伯那里，并引起他的重视。

后来，伯伯在接见两位日本朋友时讲了这件事，肯定了高野的批评意见。两位朋友返日后遂向高野转述了此事，使他感动不已。

高野还讲述了另一件感人的事情。鉴于 20 世纪 70 年代日本可以对年过 50 岁的人发放失业保险金，他回日本后为专心从事写作，办理了失业手续。然而不知是谁将高野"失业"的消息传到了伯伯那里。高野很快在日本收到了伯伯的邀请信，请他再次来华工作，并对他的工作和生活做了具体安排。

年逾八旬的《今日中国》名誉主编、宋庆龄基金会名誉主席爱泼斯坦在 1938 年便见过伯伯，后来工作中更是经常与伯伯接触。他回忆说，英文刊物《中国建设》(后来改名为《今日中国》)一直是外国人了解中国的一个窗口，在国外产生过很好的影响。但是，1958 年受"左"的思潮的干扰，刊物中充满了政治口号式的内容。伯伯知道此事后，当即指示杂志要保持原有的风貌，并说有关中国经济和文化建设的报道中已经有了政治内容，若再硬加进政治内容，便会使得刊物政治化，效果适得其反。

伯伯关心外国专家生活的动人事例更是不胜枚举。

著名医生马海德先生的夫人苏菲女士回忆说："我们有什么事，只要找到周总理，他从不会过夜处理。"另一位专家说："和周总理说话，我们总是不自觉地忘记了他是国家总理。"在"文革"期间，一些在华工作的外国专家受到不公正对待，只要反映到伯伯那里，他总是认真对待，指示有关部门尽快办理，不少专家都受到了伯伯的关心和帮助。

爱泼斯坦回顾了一件事。那时，在中国建设杂志社工作的美国语言编辑克艾文是清华大学一位中国教授的妻子。当她的丈夫因莫须有的罪名遭到迫害后，她本人也被学校的造反派软禁起来。一天晚上，她悄悄给伯伯写了封信，并逃过看管人的眼睛溜到外边，把它投进了邮筒。伯伯收到了这封信，立即指示恢复她的自由和在杂志社的工作。

爱泼斯坦还回忆说，安娜·路易斯·斯特朗在北京工作的时候，每年她过生日的那一天，伯伯总要去看望她，和她的中外朋友在一起欢聚。一次，斯特朗在家里宴请美国黑人领袖杜波伊斯博士和夫人等。伯伯听说后也赶来，他们只好给他挤出一个座位。他高兴地和大家见面交谈，谈了半个多小时才起身告辞，又去参加一个预先约定的外事活动了。

早在 1946 年就与伯伯见过面的美国农业机械化专家寒春深情回忆说，1972 年，她 81 岁高龄的母亲率团访华，不幸在无锡的一家旅馆里中风。伯伯得知此事后，指示要千方百计进行抢救，来自当地和上海的十几名医生立即组成了抢救小组，旅馆也顿时变成了医院。她母亲脱险后，伯伯还关照派一名医生护送老人回国。寒春说，她母亲一直活到 92 岁高龄才去世，这是与伯伯的关心分不开的。说到这儿，寒春哽咽难语，激动的泪水润湿了双眼……

【章末语】

习近平总书记指出："要注重家庭、注重家教、注重家风，认真研究家庭领域出现的新情况新问题，把推进家庭工作作为一项长期任务抓实抓好。""发扬尊老爱幼、男女平等、夫妻和睦、勤俭持家、邻里团结等中华民族传统美德，抵制歪风邪气，弘扬清风正气，以好的家风支撑起好的社会风气。""我们着眼于以优良党风带动民风社风，发挥优秀党员、干部、道德模范的作用，把家风建设作为领导干部作风建设重要内容，弘扬真善美、抑制假恶丑，营造崇德向善、见贤思齐的社会氛围，推动社会风气明显好转。"

伯伯是公认的将中华民族传统美德和共产党人崇高理想完美结合者，是历代先贤和现当代楷模的集中代表。他敬老爱幼，礼贤下士，尊师重道，对妇女、少数民族和宗教界等，无不用心关怀，真正做到了博爱苍生。在以上各方面，他都为我们树立了好榜样。

李先念说："善于团结人是周恩来同志的突出长处。他确实能够做到团结一切应该团结和可以团结的人。他的这个特点，在党内早被承认，在党外更为著名。"

著名地质专家李四光说："周恩来是个了不起的人物，他胸怀宽阔，不计恩怨，广交朋友，用人唯贤，关心体贴，无微不至，为中国共产党团结了一大批人。"

从本章的故事就可以看到，伯伯始终以诚待人，以情感人，以心换心，所以他的朋友遍天下，有不少还是化敌为友的。

第五章

鞠躬尽瘁　热爱人民

第 1 节　留意细微处，关心群众的一切

1943 年，中外记者团来延安参观。大家听说伯伯亲自主持这次接待工作，心里有说不出的高兴。一天早晨，大家刚刚吃过饭，伯伯就来到了延安市委的驻地。

他穿一身粗布衣服，拿着一件风衣，一见众人就主动伸出手来，一一握手问好。听取了准备工作的情况汇报后，伯伯说，我们再一起去看看。四天时间里，伯伯和大家一起早出晚归，徒步走遍了市区的所有山山峁峁、沟沟岔岔。他精力充沛，健步如飞，同志们常常落在他的后边。他做工作很细，卫生、教育、人们的精神面貌和群众的生活，他都细心地查看，作了很多指示。

有一次，他刚刚登上市场沟的山峁，向下一看，就指点着对大家说："市场沟的水路有问题，对群众的住房有影响；道路没修好，不方便大多数群众。"众人解释说，要解决这里的水路和道路问题很棘手。伯伯又耐心地指示说："这里地方小，住户多，合理地解决水路和道路问题，是有困难，但只要我们为群众想得更多一些，发动群众，依靠群众，办法总是会想出来的。"

伯伯有个习惯，不论走到哪里，都爱和群众谈话交流。在途中，碰到

一家从绥德来的老乡，伯伯面带笑容，走过去亲热地拉他坐下谈到他的身世，指着老乡的院子对大家说："这家人的卫生很好，院子不大，布局不错，栽有杏树、桃树，有小菜园，种有韭菜、瓜、西红柿，仅这么一点地，就解决了一家人的吃菜问题。我们这里遍地都能种，既可以解决吃、用，繁荣市场供应，又搞好了卫生。"

到达粮食局的运输队时，伯伯发现这里的院子到处散着碎草，他边看边叮嘱大家："牲口多，人多，要特别注意卫生，我们用的干草（谷草）是群众一根一根收获，又一背一背送来，我们用时就要想到这些东西来之不易，要珍惜群众的血汗，不能浪费一点一滴。"

走到北区（北门外）后，伯伯又走进家家户户，嘘寒问暖，从粮食谈到文化。听汇报说有小学、识字班，伯伯便指示说："可以利用小学生，开展小先生运动，孩子放学回家，可以教妈妈、爸爸识字，这样就可以很快消灭文盲。"他还指出，在陕北，扫盲是一件大事。群众有了文化，可以看报，更好地接受新生事物和革命道理。

大家的工作总是从早到晚，十分紧张。中午到北区政府吃饭，当时区上人少，伙食办得不好，可是伯伯却吃得很香，说："这顿饭很好，粮菜都是自己种的，肉是自己养的猪，自己吃自己的劳动果实就分外香。"看了农村和机关养猪的情况，伯伯意味深长地说："我们这里到处有肉，在国民党统治区，哪能随便吃上肉。今后，应该大力提倡这种办法，每个机关都养猪，把一些剩饭剩菜、洗锅水都用上，既避免浪费，又可以解决肉食。"这一句句贴心的话语，一次次亲切的教诲，大家终生难忘。

1947年，党中央机关转战陕北，路经横山县石湾镇时，敌人离中央机关仅有十几里路，情况十分危急。伯伯一到镇上，安排好毛主席和部队的食宿后，就带领区委的同志向街上走去。他看见街上到处摆放着粮草，有些群众还没有转移，就指示"立即疏散粮草和组织群众转移"。他发现有些群众的屋里还有未做好"坚壁清野"的锅碗瓢盆之类的东西，又指示道："这些东西来不及转移，也要就地埋好，不然敌人给你打个稀烂，群众回来怎么吃饭？"

在石湾镇仅一个小时的停留时间里，伯伯和区委的同志一起研究部署了群众和粮草的转移，并亲自作了检查，但是他的一碗饭端来端去，始终没有吃。临走时，他还再三叮嘱大家，必须尽快撤离。党中央机关的同志刚刚爬上石湾镇的山头时，敌人就进入了石湾街。这时大家向前望去，毛主席和伯伯那高大的身影还清晰可见。

第 2 节　在水库工地上指挥和劳动

伯伯与十三陵水库的故事

伯伯晚年曾说："解放后二十年我关心两件事，一个水利，一个上天。"对新中国的水利建设事业，伯伯可谓呕心沥血。

1954 年 4 月，伯伯视察十三陵地区时说：十三陵这个名胜古迹是外宾的必游之地，有山无水是一大遗憾，如果修一个水库，有一个大的水面，那就更美了。同年夏天，水利部副部长李葆华向北京市有关领导传达了伯伯的这个设想。

1957 年 9 月 24 日，中共中央、国务院发出《关于今冬明春大规模地开展兴修农田水利和积肥运动的决定》。《决定》发出后，全国范围内很快形成群众性的农田水利建设高潮。1957 年 12 月 26 日，北京市市政工程设计院提出十三陵水库设计方案。1958 年 1 月 4 日，北京市委批准了修建方案。12 日，成立"十三陵水库修建总指挥部"。

1958 年 3 月 29 日下午，伯伯到十三陵水库工地视察，听取了关于工程进展情况的汇报。在指挥部同志的陪同下，伯伯沿着坝基一直向东走，边走边和大家说："十三陵是风景区，将来水库建成了，有了湖，有了大的水面，山上再种上树，风景就更美了，气候也会变的。"当听到汇报说国家体委还准备在水库边上建一个水上俱乐部并设置游艇，他高兴地说："那你们这里会越来越美了。"这时有一队参加十三陵水库劳动的北京财贸战线职工，下班经过这里，遇到了伯伯。大家都停下来鼓掌欢呼："总理好！总理好！"伯伯向他们招手致意，并连声说："同志们好！你们辛苦了！"他发现大家带着扁担和挑筐，就对指挥部的同志说："用肩挑，很费力，要为劳动人民着想，能不能改用车推？挑5担土顶一车，用车推既省劲又会增加效益。现在大家都在搞技术改革嘛！毛主席说了，改革农具是技术革命的萌芽，我们要培养这种新芽。"紧跟着，他加重语气又强调说："要用车推，用车推既能减轻劳动强度，又能提高工作效率。"根据伯伯的指示，工地上很快掀起了工具改革的高潮，用推车的多了，还出现了多项工具革新，工作效率得到明显提高。

5月25日下午，毛主席、伯伯等中央领导及全体中央委员到十三陵水库工地参加义务劳动。他们首先来到指挥部一座普通的木板工棚里，听取了总工程师纪常伦介绍水库建设的工程方案及进度情况，观看十三陵水库模型沙盘。时值初夏，天气燥热，低矮的工棚挤进很多人，大家头上都冒了汗。毛主席、伯伯坐在用木板钉的凳子上认真地听取汇报。工程指挥部宣传处负责人请毛主席等中央领导同志题词。毛主席欣然命笔，连写五六幅，并从中选择了最满意的一幅"十三陵水库"。伯伯题词"鼓足干劲，力争上游，多快好省地建设社会主义"。

傍晚5点35分，风沙扑面，天气闷热，全体中央委员都以普通劳动者的身份，参加水库大坝的劳动。毛泽东奋力挥锹，一锹一锹地把土装进筐里。刘少奇参加了砸夯；朱德挑担；伯伯拉车运土。党和国家领导人参加水库工地劳动，极大地鼓舞了10万建设大军，当日上坝土方量达到5.1万立方米，创下施工以来的日最高纪录。这个消息也轰动了北京乃至全国，社会各界把能到十三陵水库工地参加义务劳动视为一种荣誉，很多人未经安排就自备工具去工地参加劳动。

6月15日，伯伯率领中央和国家机关各部门领导及部分司、局负责人共500人到十三陵水库工地参加劳动。出发前，有工作人员建议，是不是带一位医生一道去？伯伯说："到了工地，一点儿也不能特殊。参加水库建设的，有工人，有农民，有解放军，有广大干部，他们就不生病？不用说经过劳动，我们的身体会更好，即使有点毛病，应该和大家一样，请工地的医生同志看看就是了！"一到工地，伯伯就马上打听工地的作息时间和各项制度，并嘱咐身边工作人员："到了这里，一切都要按这里的规矩办事。"工程指挥部负责人在开工前给领导们分配任务并宣布劳动中应注意的事项时，一开始心情有点紧张，刚说出"我们欢迎首长同志们"时，伯伯就对他们说："在这里劳动没有总理和部长的职务，大家都是普通劳动者！"在工地上劳动的过程中，一次运料时，伯伯不小心被石头砸破了手，大家劝他包扎、休息一下，他笑着说："轻伤不下火线嘛！"中央新闻广播的负责人温济泽和几个人运石料，不小心腿撞到手推车上，划了一条口子，渗出血了。伯伯看到了，却马上大声呼叫："卫生员同志！有位同志受伤了，快来！"

6月21日夜晚，十三陵水库工地的一个大食堂里，几位炊事员收拾完炊具和炉灶，正坐在一起吃晚饭，边吃边谈论天亮时早饭怎么做，让大家吃好。这时，门口走进一位身穿灰色中山装的长者，右手拇指上还缚着纱布。"你们辛苦了！"炊事员们听到这洪亮的声音，目光转向大门口，不约而同地站了起来："啊！周总理来了！"伯伯走到他们面前，伸出因搬石头而碰破的手，同他们亲切地一一握手。炊事班长李子秀刚伸出手，又想缩回去，擦擦油腻。没等他这样做，伯伯已经紧紧地握住了他的手。随后，伯伯亲切地问了他们的有关情况，得知他们在工作中获得了奖励时，高兴地表示祝贺，并勉励他们继续努力。伯伯告诉他们，大家反映伙食搞得不错，饭菜做得好。接着，又和他们聊起了家常。已到了 22 日凌晨 1 点多了，伯伯起身要回去，临走前还关切地嘱咐他们："天不早了，你们赶快休息吧。"

6 月 22 日、23 日，伯伯又到十三陵工地参加劳动，他这几天就住在昌平东关一间 10 余平方米、低矮、简陋的平房里。屋里两张窄窄的条凳架着一块粗硬的铺板，上面铺着普通的旧布被褥。窗前放着一张三屉桌，还有两张硬木椅子，油漆都已脱落。他和大家一样，每天劳动 8 个小时，从不迟到早退。驻地到水库工地有 8 里路，但只要每天上工的笛声响起，伯伯等领导们不论级别大小，都会和工地的普通劳动者一道排成整齐的队伍，扛着红旗，徒步去工地。时年 60 岁的伯伯有时走在队伍当中，有时还扛着红旗走在前头。

有一张伯伯参加十三陵水库劳动留下的珍贵历史照片，表现的就是伯伯在工地拉车、推车的情景。照片里的他满脸汗水，双手推着独轮车，走在用不到一尺宽的木板铺成的小道上，脚步轻快，面带笑容。

经过五个多月夜以继日的艰苦奋战，东起蟒山，西依汗包山，长 627 米、高 29 米的水库大坝终于建成，7 月 1 日举行了十三陵水库落成典礼。在水库建设的那些日子里，伯伯与劳动人民并肩战斗，体现了艰苦奋斗、众志成城的时代精神和建设社会主义的巨大热情，为我们留下了璀璨的水库和宝贵的精神财富。

伯伯与密云水库的故事

为解决北京吃水问题，伯伯经过亲自调查研究，与专家论证，批准在北京远郊修建密云水库，调动 20 万民工修大坝。1958 年 8 月到 1960 年

10月，我就被朝阳区委派出，一直在密云水库朝阳区支队的支队部做秘书类的工作。几个月回到北京一次，伯伯、七妈看到我脸黑了、体健了，都很高兴。

1958年11月那天，我风尘仆仆回到西花厅。

"成叔叔，你好！"我走到伯伯办公室门口，第一个见到的是卫士长成元功。"秉德回来了！"成元功与我握手，笑着说，"去密云晒黑了，好像还胖了些！"

"密云的水甜特养人嘛！我还买了点鲜枣，特甜，洗干净的，你尝尝。"

"是甜！"成元功尝了一个，"今年夏天我跟总理去密云县，在老乡家避雨时吃过杏子，也甜！"

"伯伯夏天就去密云了？"我觉得很奇怪，密云水库10月底才开工嘛！

"对啊，他是带人去为规划中的密云水库选坝址！"

6月26日，伯伯刚在十三陵水库工地参加过劳动，就身着灰色便服，脚穿圆口布鞋，戴着一顶遮阳草帽，在习仲勋、万里和张光斗、冯寅等有关领导和水利专家陪同下，一同乘车直驶密云，为规划中的密云水库勘选坝址，中途还视察了即将竣工的怀柔水库。车到达密云县南碱厂村潮河滩后，尽管一路颠簸，已是花甲之年的伯伯却毫无倦意地大步向河滩走去。这天骄阳似火，伯伯全然不顾，他深一脚浅一脚地走着，专心致志地远望近观，察看着地形、地貌和潮河的流向，一直走到规划中的潮河坝址。他随意坐在河滩中的一根木头上，一边认真地看铺在地面上的库区地形图和水库设计图，一边同大家一起研究方案。伯伯时而提出问题，时而陷入沉思，他既考虑这项万年大计的工程质量，又考虑如何付出最小的代价使人民得到最大的长远福利。经过大家仔细推敲、研究论证，伯伯同意了白河主坝与九松山副坝的选址。

　　勘察完了潮河，伯伯挥手让大家上车，要立刻到白河去。那时，潮河与白河之间相距 35 里，只有一条临时抢修的狭窄的土路相通。山路崎岖坎坷，有时还要经过山间小溪。车子一路颠簸行驶，到了白河畔的溪翁庄，大家下车后又跟随伯伯沿着乱石河滩徒步前进，一直来到河西岸。刚登上半山坡，滚滚乌云从西北面涌来，随之雷声隆隆，大雨突降。人们注视着伯伯，向他提议等雨停下来再去看，他却大声说："趁着大雨，河水流向清晰，察看坝址尤为真切。"后来，雨越下越大，脚下的卵石又光又滑，极易滑倒，经大家一再劝说，伯伯才答应先找个地方避雨。大家随伯伯来到一户姓侯的农民家中，进屋擦干雨水，伯伯盘腿上炕，人们纷纷落座。谈话间，60 多岁的女主人认出是周总理，激动得不知用什么招待才好。她转身到厢房端来一簸箕黄杏，放在炕上说："这是自己院里的土产，请总理尝尝鲜儿。"伯伯拿起黄杏津津有味地品尝起来，一边吃一边跟女主人拉起家常，问她家和社员们的日子过得怎样、生产队的生产搞得怎样，以及白河历年发水受灾的情况。女主人看伯伯这样和蔼可亲，便也不再拘束，和他有说有笑地聊了起来。

　　雨停了，大家乘车来到白河勘察，确定了白河主坝的坝址，直到下午2 点才顺着原路回密云县城。雨后的道路一片泥泞，行进间，伯伯乘坐的车陷在一个泥坑里，车子吃力地发动，仍然"爬"不出来。伯伯挥手说："咱们下车帮助推一把。"他和大家一起踏着泥水，终于把汽车推出泥坑。这一天，伯伯在密云县一直忙到晚上 7 点多钟，才乘车返回北京。

　　这时，我才知道密云水库也是伯伯选的坝址！在修建密云水库的1958 年至 1960 年期间，伯伯六次到工地视察，对于从水库设计、坝址勘测到施工中的关键问题，都亲临指导。尽管水库指挥部领导再三请求，伯伯始终没有为密云水库题词，他认为密云水库"规模大，应该由毛主席题词"。也因此，他只为规模小得多的怀柔水库题了名。

"秉德回来了。"伯伯从办公室走出来。

"伯伯您好！"毕竟是第一次离家那么久，我紧紧拉着伯伯的手，一齐进到客厅，在沙发上落座。

伯伯细细地端详着我，话语里透着笑意："好，秉德，我看你皮肤黑红，脸更圆了，精神面貌很不错！"

"当然不错！"我接着说道，"伯伯，我真庆幸能参加密云水库的建设，我从北京到密云工地，仿佛从山谷爬上一座大山，眼界一下打开了！密云水库不仅工程巨大，场面雄壮，来往火车运料繁忙，50 条皮带机伏在坝身运转不息，20 万人分布在几个工地积极劳动，在我们九松山副坝工地上一眼望去，还真像是移山造海。现在这座山已没有原来的模样了，这里一条沟，那里一个槽，好几条公路纵横满山。山上的旧路也已无踪影，各处看到的都是新翻出来的黄土。在这壮阔的建设工地上，我既看到自己从事事业的伟大，又看到自己一个人能力的渺小，像是大海中的一滴小水珠，如果离开事业，就如离开大海的一滴水，立即挥发得毫无踪影。个人只有融入集体之中，才能最充分地发挥自己有限的力量！"

"对。能明白自己在社会中的定位，就会对自己有个正确的认识，才会感到学无止境！"伯伯说罢，微笑着转变了话题，"新中国成立后，我非常关心两件事，其中一件就是水利。秉德啊，你现在参加修筑的密云水库，就是个有重大意义的工程。这个建成后坐落在密云县城北燕山怀抱中的水库，横跨在潮、白河主河道上，离北京只有 100 公里。所以，我曾多次提醒密云水库指挥部，既要保证进度，更要保证质量，绝不能把一个水利工程建成个水害工程，或者是一个无利可取的工程，要把工程质量永远看作是对人民负责的头等大事。"伯伯说着站了起来，他双手过头示意道："这座水库坐落在首都东北，居高临下，就如同放在首都人民头上的一盆水，一旦盆子倒了或漏了，洒出大量的水来，人民的衣服就要被打湿的。

所以，保证在明年汛期前，保质保量，使大坝达到拦洪高度，这是密云水库成败的关键，不能儿戏！"

我庄重地点点头，我明白，这"湿"字的丰富的内涵，是指千百万人民生命财产所遇到的重大灾难。我立即感到身上肩负着极重的担子和极强的荣誉！

"再跟我说说水库的事，民工的情绪怎么样？你们朝阳支队的工程进度怎么样？存在什么问题？"

"伯伯，我们朝阳支队10月份任务完成得不好。每日坝身填筑任务经常是倒数第一、二、三名，总是完不成任务。任务完不成，支队工作就很被动。只抓生产又忽视了抓生活和思想，这样士气越不高，任务完成得就越不好。民工中开小差已经非常普遍，我们6000多人的队伍，有一回曾有330人开小差，而且是公开地跑，干部也没办法，干着急，只能看着他们跑。"

"民工集体开小差，一定是因为他们有实际问题和困难。是吃不饱、活太累，还是有后顾之忧？如果是库区的民工，很可能是家里搬迁后住处没落实。总之当干部的，应该深入了解情况，任何时候，心里都要想着民工疾苦，关心民工生活，参加修建密云水库的是来自河北省、天津市、北京市28个区县的民工，高峰时工地上有一二十万民工。如果干部不以身作则，不深入群众、切实地解决民工的各种生活和工作中的问题，就不可能把密云水库的事办好！你说是不是？"

"是！"我答应着。

回到水库工地，我就向朝阳支队政委汇报了伯伯的意见——他是支队中唯一知道周总理是我伯伯的领导，支队政委立即召开政工会议。他在支队指导员以上干部会上讲，要宣传修建密云水库对北京、对未来的意义和贡献，而且干部带头到最艰苦的工地，带头不回家过元旦和春节，同时注意粗粮细做改善民工的生活。在那之后，我们支队的工作果真慢慢扭转了落后局面。从 1959 年 2 月起，我们日日都能完成计划，并以超额 15%、提前 8 天完成 2 月生产任务的成绩，敲锣打鼓地向水库党委报喜。而成天一身水一身汗地泡在水利工地上的我，深知这个翻身仗打得有多么不容易！

我在密云水库整整工作了两年多。

1959 年 8 月初，一场连续七天七夜的大暴雨，使潮、白两河出现了新中国成立以来最大的洪流，严重地威胁水库大坝的安全，各种险情不时告急。作为 20 万水库建设大军中的一员，我也是彻夜不眠与洪水搏斗，相关技术人员全神贯注地监护着大坝，拦洪工程进入了最后阶段。

那天，我正和民工们一起冒雨抬土，工地高音喇叭里突然传出水库总指挥王宪激动的声音："同志们，我们刚刚接到了周总理的电话，他虽然此时远在三千里以外，正在参加党中央召开的庐山会议，却已经好几次打来长途电话，询问：'密云水库大坝工程进度怎么样？''库内的水涨了多少，泄了多少？''水位现在是多高？'周总理最后指示水库总指挥部：'务必竭尽全力，千方百计地保护大坝，万一不行，即主动挖开一道副坝泄水，也决不能使下游人民蒙受重大损失。'周总理还要我代他向全体水库建设者们问好，他相信我们上下一条心，一定能战胜洪水，夺取最后的胜利！"

我亲眼看见，身旁的人们听到这些鼓励后都热泪盈眶。工地上 20 万建设者此刻的心情都格外激动，就像决战前夕，人人都鼓足了干劲。

水库总指挥部立即组织 10 万民工，从走马庄至下游白河岸边，修筑起两条长 10 公里、高 5 米的堤坝，分别保住金笸箩村、溪翁庄。同时，由一名副师长指挥军工部门在走马庄副坝挖开一个较大的缺口，泄洪流量达到每秒 30 立方米。这样从副坝泄洪，既保全了主坝的安全，又保护了两岸村庄免遭洪水之害。此时此刻，工地上一片沸腾。

现在，密云水库已正常使用六十多年，最高蓄水位达 155 米高程。大坝下游地上地下，找不到丝毫漏水痕迹。所以，有人称誉密云水库是地上竖"铜墙"、地下插"铁壁"，首都东北的这一盆水是不会"湿"了首都人民衣服的。密云水库工程进度和质量已成为"世界水利史上罕见的奇迹"。

在《周恩来总理与北京》一书中，有这样的记载："现在，北京居民用水的 70%—90% 来源于密云水库。北京市区湖泊水面现已增到 1000 公顷，较建国初期扩大 1.5 倍，每年所补换的 4000 万立方米清水都流自密云水库。颐和园、什刹海、北海等公园吸引着众多的国内国外游人，而那里的水都来自密云水库。可以毫不夸张地说，没有密云水库，就没有北京的繁荣和发展。""青山环绕，波光粼粼的密云水库，滋润了首都。她是敬爱的周总理和 20 万水库建设者奉献给北京人民一颗璀璨的明珠。"

第3节 "这里没有总理，只有纤夫！"

20世纪50年代，黄河发大水，冲歪了郑州的一座铁路桥。当时受技术力量所限，人们想了个土办法：组织上万人用纤绳把桥基拉正。伯伯批示"可以试一试"。

拉纤的当天，伯伯也来到了现场。万人都向他欢呼，"总理好"的声音此起彼伏。伯伯说："这里没有总理，只有纤夫！"说完，脱下外套便加入了纤夫队伍。见此情景，群情激动，大家高喊："总理，不能啊！"伯伯又说："这里没有总理，只有纤夫！"

这时，纤夫们都不让伯伯拉纤，但伯伯还是那句话："这里没有总理，只有纤夫！"并劝大家都起来共同拉纤。大家一起拉纤绳，顺利把桥基拉正，创造了奇迹。

"这里没有总理，只有纤夫！"伯伯的这句话，就是将自己摆到了"纤夫"的位置上，摆到了全心全意为人民服务的"公仆"的位置上，一心认认真真、实实在在地为人民群众办实事、办好事。所以，他坚持要同纤夫们一起拉纤绳！可以说，伯伯的职位是国家总理，但他在精神上始终把自己当作一个老百姓，跟大家没有任何距离！

第 4 节 "以后不要叫我总理了，叫我周恩来"

为了响应全党大兴调查研究之风的号召，1961 年 5 月，伯伯来到革命老区邯郸武安县进行了为期半个月的调查研究。他先后视察了武安县伯延公社的食堂、拖拉机站、供销社、饲养场，走访几十户社员家庭，同 30 多位社、村干部和群众亲切交谈。当看到社员家中除了树叶、咸菜、野菜以外，就没有别的可吃的东西了之后，他十分震惊。当地群众在抗战期间为支援八路军打击日本侵略者做出过重大贡献，如今他们仍旧这样贫困，伯伯感到十分痛心和内疚。

伯延公社先锋街的贫农社员张二廷，是伯伯经常利用会前会后、饭前饭后时间访问的重点对象。伯伯常去他家看看、坐坐、拉拉家常。张二廷也不失农民忠厚耿直的本色，向伯伯反映了不少真实情况。伯伯为交到这样一个敢说真话的农民朋友而感到很欣慰。他诚恳地告诉张二廷："你以后不要叫我总理了，叫我周恩来。"伯伯探望张二廷时，发现他孩子多、生活困难，就对二廷说："你抚养不了这么多孩子，让我领走两个吧？大了再让他们回来。"

张二廷非常感动，但想到总理管着国家大事，就坚决拒绝了，表示不能给总理添麻烦。张二廷感激伯伯对他的好，向伯伯反映了不少真实情况。伯伯怕因此让张二廷受到不公正待遇，从1961年一直到"文革"前夕，年年都派人到伯延调查，并且代他看望这位敢说真话的农民朋友。

伯伯在武安调查期间，为得到第一手材料，还十分注意亲身体验生活。他在武安吃了4顿午餐，却换了3个食堂。第一天的午餐，是地方干部安排的，地点是在公社食堂。第二天中午，遵照伯伯的嘱咐，他被安排在万家过道的大队食堂吃。为了他的安全，也为了让他安静地用餐，大队安排社员们提前打走了饭，然后才让他去用餐。这顿饭吃得与第一顿饭没有多大差别，伯伯吃完就走了，也没有说什么。但他感到，这种提前打了招呼、做了准备的派饭，并不能反映大多数食堂的水平。

到了第三天中午，伯伯提出要换个食堂吃。干部们没有准备，就带着他到前进街食堂用餐。干部们一进食堂就问："还有饭吗？""有。"说话间，伯伯也进了食堂，他伸手掀开锅盖看了看，见是半锅面糊糊，就坐到了一条板凳上，等着吃饭。干部们无奈，只好给伯伯少盛点，递过一块咸菜，让他尽快吃完这顿饭了事。饭后，伯伯满意地说："这才是群众的食堂呢。"

为了掌握农村食堂的真实情况，伯伯不仅亲自到食堂吃饭，还多次召开座谈会，鼓励干部和群众说真话。经过深入细致的实地考察，他发现不少群众对食堂有意见，就对调查组的同志提出：是不是可以找一个食堂试一试，宣布自愿入食堂，不愿入的可以把粮食领回去？根据这个意见，调查组分析了当时的形势，估计有20%的人会留在食堂，但是在胜利街第一小队宣布了决定后，除了炊事员，其余的群众全部退出了公共食堂。

通过对伯延公社的调查，伯伯掌握了大量第一手材料。在同年5月21日至6月12日的中央工作会议上，党中央根据通过调查研究掌握的真实情况，决定取消农民普遍反对的部分供给制，解散了公共食堂。

第 5 节　三到大庆，号召向大庆工人学习

1962 年 6 月 21 日，伯伯首次视察大庆。他一下火车，便与迎接他的会战指挥部领导和群众亲切握手，深情地说："同志们辛苦了，你们工作做得很好！"随后驱车来到井场，健步登上钻台与工人们亲切握手、问候、交谈。

在谈话中，他发现一位柴油机司机正坚守岗位不能近前，便从司钻操作的狭窄地方挤过去，一把握住那满是油污和老茧的手，那位司机激动得久久不肯松手。

在北 2 注水站，伯伯看到几个工人正抢修水泵，便抢步过去同他们亲切握手。一个工人手上沾满了油污，想往身上擦，并不好意思地说："我手上有油。"

伯伯却一把握住那双手，和蔼地说："没关系，我也当过工人。"接着伯伯又详细地观看了贴在墙上的各种岗位责任制度，称赞道："好，你们这样做很好。"

伯伯走出泵房，见前面有个地窝子，就问身边的同志："这里住人吗？"同志们回答："住人。"他要进去看看，职工家属杨德群说："地窝子太矮，又黑又暗，请不要进去了。"伯伯说："你们能住，我就能进。"说

着俯身走进地窝子。他看到土炕上刚刚满月的孩子时，深情地说："同志们现在生活确实很艰苦，但将来一定会好起来！"这体贴的话，让在场的人无不感动。

1963年6月19日，伯伯陪同朝鲜贵宾崔庸健第二次视察大庆。在井场，伯伯听工人们说要用3年时间钻井进尺10万米，高兴地说："好！要有雄心壮志，要敢于创指标！"在西油库，伯伯听说在场的一位工人是湖南人，就问："湖南人都吃大米，在东北要吃粗粮，你能习惯吗？"那位工人回答说："总理，只要能为国家多产油，吃什么都行！"伯伯高兴地带头为他鼓掌。接着，他登上4米多高的装油栈桥，观看罐车装油表演。看见栈桥上没有一点油污，他赞赏地点点头，关切地问当班工人："冬天和雨天怎么办？"工人回答："坏天气和好天气一样，坚守岗位，一丝不苟。"伯伯称赞道："这是你们大庆人自己创造的严细作风，'四个一样'好，我要向全国宣传！"

在视察一二○二、一二○五钻井队时，伯伯听说两个钻井队各自设定目标，要年进尺10万米，高兴地说："上10万米，国务院要鼓励他们。""要告诉我，给我发电报。"两个钻井队不负厚望，到年底双双登上10万米高峰。

第二天，伯伯来到油建工地视察，看到板报上有一首工人作的诗，就让记者抄下来，还说："这么好的工人诗不记记什么？"一边说一边问身边的同志，"你们记住了吗？我背给你们听：没有专家靠大家，没有经验靠实践；遇到问题学《毛选》，排山倒海力量大。"在场的同志无不惊叹伯伯的记忆力，感佩他对工人的感情。

在视察丰收村的路上，伯伯看见十几名职工家属正在田间播种，马上让车停下，快步走过去和他们一一握手，并问身边的一位家属："你这地一埯（ǎn）几株，株距多少，预计亩产多少？"一边问一边蹲下身去，伸手扒开冰凉的泥土，仔细查看播种的深度和株距，边看边和家属攀谈。当得知家属们分别来自山东、河北、山西等地时，高兴地说："我们都是来自五湖四海，为了一个共同的革命目标走到一起来的。"然后，他还指挥大家高唱《大庆家属闹革命》等歌曲。接着，伯伯与家属们同车来到丰收村，观看了丰收村远景规划图和家属们自制的生产生活用具，他称赞说："好！这样做很好，有利于缩小三大差别。"

之后，伯伯又走进了职工李春云居住的干打垒房中，盘腿坐在土炕上，与他们亲切交谈，并与李春云全家合影留念。接着他不顾疲劳，又来到大庆缝补厂，拿起一件用 160 多块旧布拼成里子的棉工服，看了又看，摸了又摸，感慨地说："好，你们要永远保持这种艰苦奋斗的精神。"

伯伯 3 次亲临大庆，共视察了 29 个基层单位，同数万名工人、干部和家属直接见面，同许多人亲切握手、谈话，真正做到了和群众打成一片。他一次又一次地说："向大庆工人学习！"他对大庆的重视、关怀、鼓励，一直激励着大庆人艰苦奋斗、不断前进。

第 6 节　冒余震视察灾情，鼓励群众重建家园

1966 年 3 月 8 日，邢台地区发生强烈地震，人民的生命财产受到了严重损失。地震发生后，伯伯不顾个人安危，冒着余震的危险，先后两次到震区慰问，部署抗震救灾和灾后重建工作。

1966 年 3 月 7 日，伯伯为解决北方农业问题忙了整整一天，工作到 8 日凌晨 3 点多才上床休息。5 点 29 分，突然大地颤动，电灯摇晃，持续数分钟。他从睡梦中惊醒，意识到发生了地震，便马上给值班秘书赵茂峰打电话，询问是哪里发生了地震。同时，要军事秘书周家鼎通知总参谋部和国务院值班室，立即查明地震方位、震级、震中区所在地、人员伤亡、铁路水库安全等最急须了解的情况，迅速上报。8 日上午，在初步查明震情后，伯伯当即就抗震救灾做出周密的安排部署。

3 月 9 日晚上 11 点多，伯伯到隆尧县慰问，县里迎接的同志提着马灯引路。在救灾指挥部负责同志的陪同下，伯伯健步走进隆尧县委办公楼，听取了灾情汇报。正当他聚精会神地听取大家的汇报时，突然发生了强烈余震，只见房屋摇晃，门窗作响，墙上的尘土和白灰掉落下来。大家担心伯伯的安全，立刻站起来，劝他出去避一避。

伯伯环视了房屋的结构后，镇静地坐在那里，不慌不忙地说："不要

紧，大家要沉住气。这房子是新盖的，梁头都有立柱，塌不了，它要是倒了，群众的小屋不都得平了？还是继续谈吧。"看到伯伯镇定的神情，大家紧张的情绪很快就消失了，会议继续进行。伯伯在充分听取了大家的意见后，对抗震救灾工作做了全面安排和部署，并提出了今后救灾的工作方针："自力更生，奋发图强，重建家园，发展生产。"

3月10日下午，伯伯又从石家庄乘直升机去白家寨视察。下飞机时，大地还在频繁地颤动，他不顾个人安危，来到震区的中心，视察灾情、慰问群众。群众听说周总理来了，心情十分激动，拥上街头，奔走相告。伯伯一边与迎上来的群众紧紧握手，一边心情沉重地连声说道："乡亲们，你们遭了灾，你们受苦了，我来迟了！"几句朴实无华的语言，让处在危难之中的乡亲们倍感亲切。随后，他又挨家挨户察看灾情，详细询问情况，鼓励干部们带领群众战胜灾害。面对从四面八方似潮水般地涌来的两千名群众，他站在运送救灾物资的空箱子上面，迎着风向群众讲话，号召大家："自力更生！奋发图强！发展生产！重建家园！"接着，伯伯不顾余震危险，深一脚浅一脚地走进那些临时搭起的简易窝棚，走进矮小的防震棚，慰问了7户受灾最重的农户。

当时，伯伯看见一个简易的棚子，就问边上的人："里头住着人吗？"回答说有人，有伤员，是受灾的村民。伯伯就要进去，边上的人连忙说："不能进，危险。"但他当时执意要进去。伯伯说："住进去的人就不危险吗？"他的意思很明确，就是老百姓能住，我就能进。进去后，他了解到被砸伤老农的伤病在当地看不了，就指示要把老农送到石家庄治病。临走前，伯伯又对工作人员说："刚才我说的话不能说了不算啊，咱们这实在看不了一定要送石家庄。不要我一走了，这个事儿就不了了之了。"

直到傍晚，伯伯才乘直升机离开白家寨。回京后，他不顾一天的劳累，又先后派内务部长曾山和李先念副总理，率领中央慰问团两次到邢台地震灾区进行慰问，为灾区人民送来大批食品、药品、衣服等救灾物资，最重要的是为灾区人民带来了温暖、力量和战胜地震灾害的信心。

3月22日，灾区又发生6.7级和7.2级强烈地震，灾情继续扩大。灾难接二连三地降临，真是雪上加霜。4月1日，伯伯再次赶赴邢台地震重灾区。一天之内，他先后到宁晋县东汪公社、宁晋县耿庄桥公社、冀县码头李公社和巨鹿县何家寨公社进行视察和慰问。

在伤员帐篷里，伯伯看望了躺在地铺上的伤员们。他蹲在老贫农贺全胜身边，撩起他的褥子看铺得厚实不厚实，又轻轻掀起他的被子查看他的伤情，安慰他要好好养伤，这里治不好就去宁晋，宁晋治不好就去石家庄。

面对一位在地震中失去儿子的老大娘，伯伯拉住她的手轻轻抚摸着，眼眶中含着热泪，对她说道："大娘，以后我就是您的儿子！"

在灾区视察期间，伯伯一工作就是十几个小时，直升机几次起落。余震一天发生好多次，他也全然不顾。他跨越一条条一尺多宽的地面裂缝，穿过一道道随时都可能倒塌的断壁残垣。哪里有受灾的群众，哪里就有他伟岸的身影，哪里就有他亲切的问候。

在邢台地震期间，从地震救灾指挥部到国务院建立了直通专线电话。通往灾区的电话，一个接一个地传到救灾指挥部；来自灾区的各种汇报和信息，又频繁地反馈到伯伯的办公桌上。伯伯不分白天黑夜，多次召集国务院各部委的负责同志，逐县逐村地部署救灾工作和地震科学考察，逐项落实抗震救灾措施。伯伯为灾区人民忘我工作的精神，激励鼓舞着邢台人民。他为邢台人民日夜操劳的感人事迹，坚定了灾区人民战胜困难的信心和勇气。他提出的抗震救灾方针，成为激励邢台人民前进的巨大力量。他谦虚谨慎、平易近人、忘我工作的伟大形象，永远铭记在邢台人民的心中。

第7节　晚年回延安——"我又回到家里来了！"

1973 年初夏，已被确诊为癌症的伯伯经过第一次治疗，病情暂时稳定下来。这时，越南领导人到了北京，提出去延安看看。伯伯欣然答应。

6 月 9 日，伯伯陪同外宾乘坐飞机顺利抵达延安东关旧机场。一下飞机，他就情不自禁地向延安地委领导和前来欢迎的群众连声说："我又回到家里来了！""我回到老家来了！"

到了延安，伯伯陪同外宾在宾馆短暂休息之后，便前往凤凰山麓革命旧址参观。午饭后，他登上宝塔山环视延安全城，了解延安的变化。他在参观时对陕西提出殷切期望，希望发扬延安革命精神，自力更生，艰苦奋斗，加快步伐，把延安的建设迅速搞上去，把人民的生活搞好。

下山的时候，伯伯乘坐的汽车不慎陷在宝塔山下南小河的泥塘里。群众走上前察看时，惊喜地发现车上坐着周总理。群众十分激动，情绪高涨，争着抢着和他握手问好。伯伯从车内探出身，与群众亲切握手交谈。大家很快意识到把周总理这样围在泥塘不好，欢笑着四散到车子周围，俯下身去抬车。大家就这样欢呼着，簇拥着伯伯的车一直回到宾馆。这个情节，在 1991 年上映的王铁成主演的电影《周恩来》和 2019 年上映、刘劲主演的电影《周恩来回延安》里都有表现。这充分印证了那句话："人民总理爱人民，人民总理人民爱！"

下午，伯伯陪外宾参观枣园、杨家岭、王家坪革命旧址和延安革命纪念馆，一直到傍晚 6 点返回住地。在此期间，他的车多次被堵，在延安大桥就堵了 20 多分钟。每到此时，伯伯就掀开窗帘向群众挥手致意。"抬车""欢呼""围路"，延安人民用最朴实的方式表达着对伯伯的爱戴。

在参观过程中，加快延安的生产建设是伯伯反复讲到的问题。他详细了解延安的降雨、人口、耕地等情况，边了解，边出主意、做指示。他指出，要学大寨搞梯田，要舍得花力气，要苦干、大干，三年不行搞五年，这样不仅能增产粮食，同时还可以防止水土流失；要种树，种核桃，种苹果，防止羊乱吃乱啃，延安地区"五小"工业的原料要自力更生；搞农业要平整土地，不平地，不搞深翻，土壤就没有团粒结构，深翻深种，土就肥了。群众利益无小事，伯伯秉持一贯勤恳务实的作风，事无巨细，都殷殷嘱托。

在与陕西省委和延安地委领导的交流中，伯伯问了延安的生产和群众生活情况后，情意深长地说，延安人民哺育了我们，使我们取得了全国革命的胜利，但是延安的农业还很落后，我们对不起延安人民。他问延安地委书记许效民等人：延安的粮食五年能不能翻一番？许效民回答说：可以。伯伯便说：你们粮食五年翻了番，我一定再来延安。（遗憾的是，后来伯伯未能再去延安。2018 年是伯伯诞辰 120 周年，当年 9 月，我去了延安，算是代他弥补了一下遗憾。这还在刘劲主演的电影《周恩来回延安》里作为彩蛋出现。）

在延安期间，伯伯白天参观、座谈，晚上陪同外宾观看演出，演出结束后又找省、地区负责同志谈话。谈话结束时，已经是 6 月 10 日凌晨 1 点多了，他不顾身心疲惫，回到房间继续处理一份份来自北京的电报，过了很久才熄灯。到了早上 8 点，他又陪同外宾赶赴西安参观。

伯伯在延安的 22 个小时，时时刻刻让人深切感受到他真挚为民的情怀。我想，这就是践行群众路线最好的体现，这就是真正的"不忘初心、牢记使命"！

第8节　关爱身边工作和服务人员

下雨天让警卫员在门口屋檐下站岗

红军时期在陕北保安的日子里，警卫员们为伯伯站岗，每逢下雨天，伯伯就叫他们在门口屋檐下站岗。门敞开着，伯伯的床正对着门，风呼呼地往里吹。警卫员们不肯，伯伯就说："我们不是总共才一身衣服吗？淋湿了拿什么去换呀？"他们感动地说："周副主席，您……"伯伯则哈哈笑了起来："我，没什么！"

拒绝骑马，与警卫一起步行

在延安，警卫排住的窑洞离伯伯的住处不远。伯伯在处理工作的间隙，常到警卫员的房间里教他们读毛主席的书、《新华日报》，教他们关心国家大事。他们有不认识的字、不懂的句子问伯伯，伯伯总是耐心地讲解。

当时，党中央考虑到伯伯的工作需要，专门给他配备了一匹大青马，但伯伯总是不到十分必要时就不骑马，常常和大家一道步行，一走就是十来里路。有一段时间，毛主席搬到枣园，伯伯还留在杨家岭。一天，党中央在枣园召开重要会议，几个警卫员跟随伯伯来到枣园。会议从白天开到夜晚，散会后，其他中央首长都走了，伯伯还单独留下来和毛主席一起研究工作，一直到深夜 2 点多。从枣园到杨家岭，有 5 里多路程，警卫员想到伯伯已连续操劳近 20 个小时了，于是牵来了大青马要他骑上。但伯伯考虑到警卫战士步行紧跟很累，说什么也不肯骑马，硬是要牵着马和大家一道步行。漆黑狭窄的山路十分难走，众人一再劝伯伯上马，伯伯却精神焕发地给他们讲起红军长征的故事来。

返回杨家岭时，已经是凌晨 3 点多了。几个跟随的警卫人员都轮流休息去了，伯伯却不顾疲劳，又继续工作起来，为抗日大事操劳。

给勤务员送新布鞋

老八路刘德钧曾在延安和西柏坡做过领导人的勤务员，后来负责给西柏坡的战友们理发。据他回忆，1946 年 3 月他 15 岁时，在当时的延安中央政治研究室当勤务员，工作是每天给研究室的几位干部送饭、送开水。那时干部们住在杨家岭西边的山上，距食堂和水房约有 1 里地，他每天挑饭担水走五六趟。

由于天天走路，他的一只鞋前面磨了个洞，露出大脚趾，另一只鞋帮也磨豁了口子。刘德钧便用根布条绑在脚上，走起路来一瘸一拐，十分费力。秋天的一个上午，刘德钧像往常一样挑着开水去杨家岭，在路上正好遇见我伯伯。伯伯见刘德钧一瘸一拐担水，便叫住了他，亲切地问他："挑水累不累？"见首长询问，刘德钧有些慌张，赶忙回答："不累。"随后，伯伯又询问了他所在的部门。

第二天，主管勤务的领导便拿着一双新布鞋给了刘德钧。"送鞋的同志告诉我，周副主席很关心我，让他领了一双新布鞋给我。"说到这儿，老刘的眼睛红润了。

老刘还讲述了伯伯对身边战友的关怀。1948 年，西柏坡窑洞倒塌，有战士被埋洞里，伯伯急得一夜没睡好觉，亲自督促营救人员全力抢救被困战士。

伯伯的关怀，刘德钧铭记在心，并时常教育自己的儿女，要见人亲，不要见钱亲，要做一个对国家和人民有益的人。

耐心等了十分钟

抗战时期，伯伯在重庆每次外出，都是楼上楼下打招呼，谁要出去办事，跟他坐车一块走。一次，有位同志动作很慢，晚来 10 多分钟，伯伯就在值班室看报等着。该同志不好意思地说："我以为周副主席早走了呢。"伯伯说："不能怪你，告诉你晚了一点。"

主动问候房间服务员

伯伯曾三次到三门峡大坝工地视察工作，有两次住在交际处，都是曲日山担任房间服务员。伯伯虽然工作很忙，但每次见到曲日山都要点点头，微笑着打个招呼。曲日山每见到伯伯一次，就感到很满足、很幸福。

1959 年 10 月 12 日，伯伯第二次来三门峡视察工作，当晚住到交际处。进入房间时，伯伯看见了曲日山，握着他的手说："你还在这里工作？这回又辛苦你了！"曲日山被伯伯的手紧握着，顿时觉得一股暖流涌上心头，想要诉说千言万语，却没能说出一句完整的话，只是不停地说："谢谢总理！谢谢总理！"

关心脱衣睡在岸边者

新中国成立后，有一天晚上，伯伯从毛主席那里开会回来，路上汽车灯照见一个脱光衣服的人躺在岸边，伯伯回来就说有个人光着身子躺在那里，让卫士长成元功打电话叫中央警卫局的李树槐去看看。李树槐拿着手电就出去找，找到一看，是秘书处从农村招来的一个小公务员，因为天热就脱了衣服游泳，游完了就在岸边睡着了。李树槐便叫醒他，让他穿好衣服，送他回去。

救助驾车倒地的通信员

1960年秋季的一天，伯伯坐车回中南海，进北门往南行驶。与此同时，国务院秘书厅机要通信员王迎春在中南海北区试摩托车，在西花厅南门外的一条小路上，自西向东行驶。由于北门内路西有一排房子，挡住视线，伯伯的座车司机杨金铭和王迎春彼此看不到对方，在汽车和摩托车即将相撞时才发现。尽管他们二人不约而同地采取避让措施，避免了正面相撞，但是，由于时间极为短促，摩托车仍然从汽车的右后尾擦边而过，王迎春驾车倒地。伯伯在汽车中见此情形，立即喊停车，并下车快步走向前去，扶起王迎春，关切地询问："撞伤了没有？疼不疼？"王迎春回答说："没有伤，不疼。"伯伯不放心，又仔细察看，对王迎春说："让杨金铭开车送你去中南海门诊部，请医生看看骨头伤了没有，擦破皮的地方也需要上点药，防止发炎。"

"谢谢总理关心，我可以自己走回去，不要老杨送啦。"王迎春说着，并走了几步给伯伯看。他坚持自己去门诊部，伯伯看了他走路的样子，觉得问题不大，也就同意了。然后，又问了他的姓名，才上车回西花厅。

回到西花厅后，伯伯让秘书给时任机要秘书处处长的吴庆彤打电话："不要因为这件事批评王迎春同志，更不要处分他，应当总结经验教训，防止再次发生此类事情。"随后，吴庆彤向通信科传达了伯伯的指示，与大家一起总结了经验教训。在此基础上，又会同主管中南海北区安全警卫工作的警卫处贺清华处长研究提出了几条安全措施，联名向国务院秘书厅领导写了请示，经批准后开始实行。

让工作失误的理发师不必介意

1961 年 4 月，伯伯到云南景洪参加泼水节，行前到宾馆的理发室理发。理发师赵鹏程看到是伯伯，非常高兴地说："周总理您好！欢迎您来理发。"说完，赵鹏程轻轻地把伯伯扶坐在理发椅上。

赵鹏程为他理完发后，又开始刮脸。由于过度兴奋引起紧张，一不小心在伯伯的脸上刮破了一个小口。他一看伯伯的脸上出血了，心里更紧张了，连忙说："总理，我对不起您，工作太粗心了，请您谅解。"伯伯很平静，摸了摸伤口，又抬头看看赵鹏程紧张的样子，便安慰他说："不怕，刮破一个小口，过几天就好了。你不必在意。"

困难时期送口腔医生一筐菜

据伯伯的口腔医生韩宗琦回忆，三年严重自然灾害时期，他有一次从天津到北京为伯伯出诊。当时正值秋天，伯伯见到他，第一句话就问家里情况和孩子的情况。由于其父与伯伯是故交，韩宗琦在伯伯面前也比较随便，随口就说，来之前孩子因排队买菜（当时物资缺乏，每人每天只有半斤菜）被雨淋病了，在家发烧呢。他不过随便一说，没想到伯伯就记在心里了，临别时，为他准备了一筐的菜，有大萝卜、倭瓜等。

当时，中南海里的苗圃都已改种菜了。伯伯又让司机送韩宗琦到火车站，他当时特别高兴，心想一家人最近一段有青菜吃，倭瓜还可以当粮食。高兴之余，他静下来后，心里是又激动又酸楚。后来回想起，韩宗琦更是由衷地感激和心酸："总理职位居上，心里想的是人民，惦记的还是人民，关心的更是人民，这哪是一筐菜啊，是总理对我一家人的一片心，尤其是在困难时期，我一家人哪能承受得了？那时期饿得人们连大街上的煤都想捡起来吃一口，更何况是一筐菜。这一筐菜让我一生难忘。每当我到市场上看到这些菜，我的心里就有别样滋味，就想起人民的总理。"

对摄影工作者的关心爱护

中央新闻纪录电影制片厂的摄影师韩德福有一次工作中被车撞伤，伯伯见了马上把他扶到自己车上，并亲自打电话让有关负责人照顾他，令他感动得落泪。

摄影家徐肖冰也谈起令他终生难忘的一件事：如今天安门城楼的前沿栏杆以往是没有的，那时摄影记者拍主席台正面镜头，不但非常困难，而且很不安全。有一次，他正在拍摄毛主席的镜头，伯伯上前拉住了他的衣襟，怕他摔下去。为了摄影记者的安全，伯伯指示在天安门城楼前沿安上了栏杆。

摄影记者因工作和伯伯在一起时，伯伯事先都要为其创造各种有利条件，并亲自进行细致安排。每逢节日有重大庆祝活动的头一天晚上，伯伯就带着摄影记者一块到天安门城楼去布置工作。有一次，伯伯把摄影师牟森带上天安门城楼，问他："明天你站在哪个位置拍，怎么拍？"

牟森说："我就站在这个边上。"

伯伯说："那不行，你这个位置既挡了领袖看群众，也挡了群众看领袖。"说完，亲自为他选了最好的角度。伯伯怕各新闻单位摄影记者一哄而上抢拍镜头会挡住场面，便又为各家记者作了仔细安排。摄影记者都说，凡是总理过问的事，我们完成任务都有底，在总理身边工作，感到温暖亲切，劲使不完。

在出访亚非欧十四国时，伯伯和摄影记者在飞机上一起研究拍摄提纲，成立新闻组，并鼓励摄影师大胆主持小组工作，说："我也是你们小组的一员，我们一起研究。"后来到非洲某国时，大家见伯伯因劳累过度，身体不适，在一次研究摄影报道工作时就没有惊动他。谁知会开了一半，伯伯就来了，批评他们说，"我不是说好了是你们小组成员嘛，开会怎么不通知我？"对伯伯这种严于律己的精神，大家都很感动。

访问圆满结束回国后，伯伯很高兴，邀一同出访的人员连同他们的爱人、孩子一块聚餐。尽管只是普通的饭菜，却体现了他的一片心意。席间，伯伯走到摄影记者的桌前，却发现他们没有带家属来，就问："你们的爱人、孩子怎么都没有来？"记者们回答说，没收到这样的通知。伯伯很生气，马上把有关人员找来，批评说："领导人员可以带家属，这些做具体工作的人员的老婆、孩子为什么不能来？你们不要只看到首长，记者工作也是很辛苦的，工作可以分工不同，但任务是一个。我历来反对三六九等，我们是社会主义国家，不允许分三六九等。"这一席话，让记者们很感动，也很受教育。

还有一次，有摄影记者跟随伯伯工作，从云南回到北京机场时已是中午1点了，机场餐厅只为伯伯和陈毅副总理摆了两副餐具。但是伯伯一定要摄影记者一块吃饭，记者们饿着肚子正要上车回家，听见伯伯叫吃饭，就都高兴地过来了。陈老总说，快来快来，你们再不来，总理要"罢吃"了。无论是在国内还是国外，每当工作结束后，伯伯都要亲切地向摄影记者们致意，并逐一握手告别，他常说的是："同志们辛苦了！秀才们辛苦了！谢谢你们！"

第9节　时时处处都想着人民群众

为群众解决铺炕柴草和做饭用锅的问题

1958 年 12 月，伯伯到河北省安国县的伍仁桥村视察。接待人员带他来到村东"埂直似线，地平如镜"的"千亩天下第一田"，他在这里草草看了几眼，就径直朝村里走去。当地的陪同干部有些慌乱，急忙上前去引路，伯伯摆了摆手，示意自己随便走走。

他进村就拐进了一户人家。这家女主人名叫张纪云，她和公公见家中来人，赶忙迎了上来。伯伯亲切地同他们握手并问好。忽然听到西头房间有婴儿哭声，伯伯便走进去，伸手把孩子抱在怀里，又颠又哄。张纪云急忙把孩子接过来，为伯伯让座。当得知她的婆婆生病时，伯伯立即起身向东屋走去，张纪云一边阻拦、一边说屋里很脏，怕有病传染。伯伯摆摆手说："不怕，不怕。"进屋后，他轻轻走近炕边，先弯下腰看了看病人，接着小声问了病情和治疗情况，还把手伸进病人的褥子下边摸摸炕热不热。

当发现炕席下没铺柴草时，他顿时眉头紧皱，关心而又认真地对当地干部们说："天要下雪了，北方人爱睡热炕，要分些柴草给群众铺炕取暖，要把病人照顾好。"随后，他又到外屋掀开锅盖，看看给病人做了什么吃的。最后，他一再叮嘱："群众的社会主义积极性越高，干劲越大，越要注意安排好群众生活。"晚上，伍仁桥公社和村里的干部就按伯伯的指示，解决了群众铺炕柴草和做饭用锅的问题。

捐钱为群众修温泉浴室

1959年1月，伯伯到广东从化看望因病在这里疗养的七妈，并视察了从化县。从化的温泉闻名全国，是著名的疗养地。但是，这也带来了一个问题，就是温泉都被干部疗养院占了，当地的普通百姓难以享受到温泉。细心的伯伯发现了这个问题。

1月11日下午，伯伯视察温泉小学。也许是从孩子们的脸和手脚上看出了问题，他问旁边的老师："孩子们有没有洗澡的地方？"老师如实回答说："洗澡房眼下还没有修建。"伯伯转过身来问当地负责人："普通群众有没有洗澡的地方？能不能洗上温泉啊？"公社干部看了看县里的负责人，欲言又止地说："社员们一般就在池塘边洗，有的是打水回家洗。洗温泉还有一定困难。"伯伯问："为什么不给群众建一些浴池？"

有关负责人解释说："因为经费困难，还没能给当地群众修建浴池。"

伯伯一听就生气了，批评道："修干部疗养院就有钱，给当地群众建浴池就经费有困难？都知道洗温泉好，能治病，可当地群众祖祖辈辈生活在这个地方，却洗不上温泉。你们说，群众会怎么想？你们在温泉边修建这么好的房子给我们住，我们随时都可以享受温泉，温泉地区的老百姓却洗不上温泉，我和小超都感到不安。"

有关负责人都在一旁低着头，无言以对。

这时，伯伯说："我提一个倡议，凡是到温泉疗养的同志，向他们募捐，给温泉人民建一座温泉浴室。我和小超带头，每人捐一百元。"那时的一百元可不是个小数目，能办不少事。当地负责人见状，连忙说："我们一定想办法给群众建浴室，总理的钱就不要捐了。""不，这是我和小超的一点心意，你们一定要收下。"回到住处后，伯伯让秘书送去了二百元钱。当地负责同志觉得不好收，又派人把钱送了回来。但伯伯叫秘书又把钱送过去，并交代秘书说："告诉他们，这二百元钱一定要收下，下次来从化，还要检查，看看到底给群众修了没有。"

不久，广东省有关部门拨专款专料，给温泉地区的群众修建了浴室。根据伯伯的意见，还特地为儿童设计建造了两间浴室。

1962 年，伯伯到从化开会时，仍记挂着为普通群众建温泉浴室的事。他专门询问有关负责人："温泉浴室好不好用？群众满不满意？"当得知一座共有冲凉房 18 间、同时可容纳 50 多人洗澡的温泉浴室已经建成时，他才满意地笑了。

给革命博物馆规划观众厕所

1959 年 9 月 20 日上午，伯伯来到中国革命博物馆筹建小组，审查革命史陈列。一下车，他就走上台阶直奔门厅，无论遇到什么人，都面带微笑主动和他们握手。国家文物局局长（中国革命博物馆筹建小组办公室主任）王冶秋陪着伯伯步入门厅，伯伯稍作停留，环顾四周后问："衣帽间在哪里？"

王冶秋回答："建筑设计方案没有考虑。"

伯伯指出："博物馆开放后，将会有许多外宾来参观，没有衣帽间不行。将来中国富裕了，国内观众也会需要的。博物馆的建设是百年大计啊！"他一边说，一边领着大家在门厅选了两处适合做衣帽间的地点。接着又问："观众的厕所在哪？"大家陪他走进设在门厅的观众厕所。伯伯看后说："厕所这么小怎么行？博物馆开放后，会有大量观众来参观的。"

大家又陪他在门厅一起查看增建厕所的适当地点，看来看去没找到合适场所。上到二楼，走到一、二层楼梯旁夹层中的一个办公室，伯伯指着办公室问王冶秋："这里是做什么用的？"王冶秋答："这里是筹建小组办公室。"伯伯走进办公室看了看，对王冶秋说："就把这里改作观众厕所。"他语重心长地对大家说："博物馆是面向群众的，处处都要为群众着想。"

要多拍群众场面

伯伯常常对摄影记者交代说，群众场面要多拍，我的场面要少拍。有时摄影记者想拍伯伯，他马上就向记者摆手势，并指向群众。

可是，摄影记者们都唯恐将伯伯的活动拍少了。有一次，摄影记者们得知伯伯要到三门峡视察，想拍摄一部伯伯和三门峡工人在一起的影片，为不让他知道，就偷偷地坐火车跟了去。当伯伯见到他们并知道来意后，就很生气地说："你们别拍我，动人场面在下头，赶快到三门峡工地去拍工人。"他们只好照伯伯的意见去做。

晚上回到住地，伯伯又把他们找去，询问拍摄的经过，并交代了下一步怎么拍，讲的都是拍群众。第二天，伯伯又步行到工地视察，摄影记者想拍他，他还是说："别拍我，拍工人。"这让摄影记者们很没办法，可为了完成任务，他们还是抢拍下了伯伯和三门峡工人在一起的几个有意义的镜头。这样的例子，在伯伯身上不胜枚举。

为来访群众解决食宿问题

据原在国务院办公厅工作的张可芳回忆，1963 年夏的一个晚上，快到 10 点时，她加完班要回家，走到西花厅门前，看见伯伯正好从西花厅出来，径直走到中南海西门外边。伯伯看到有几个人躺在地上，就问站岗的警卫战士："他们怎么躺在这里？"警卫战士回答："他们是来访的。"伯伯说："来访的也不能躺在门口马路边，应该给他们安排个住处。"

后来，国务院秘书厅与北京市政府等部门商量决定：把当时德胜门外的一个车马大店改成接待站，给有困难的来访群众解决住宿和吃饭的问题，有的还发给返程的火车票。

为电工师傅扶梯子

曾经在西花厅当过电工的李振林回忆说，有一次总理办公室屋顶上的灯管坏了，他扛着梯子去换灯管。他登上梯子后，七妈看见了，马上去扶。她怕自己扶得不够牢靠，赶紧又喊伯伯："恩来，恩来，快来扶梯子。"伯伯闻声放下手头的工作，立即前来。两人一边一个扶着梯子，直到李振林把灯管换好，下了梯子。李振林感慨地说，世界上谁见过总理夫妇为电工扶梯子的！

因群众吃油困难，不再吃花生米

老厨师和中兴回忆说，三年困难时期，机关食堂为国务会议参会人员做会议餐，厨师们知道伯伯喜欢吃油炸花生米，就在会议餐上备了一小碟炸花生米。事后,伯伯对厨师说:"群众吃油很困难,今后我们不再吃花生米了。"

批评警卫,严拒脱离群众

有一次,伯伯在首都机场送走外宾后,去机场餐厅用餐,当时欢送贵宾的少先队员也进了餐厅门,警卫人员让少先队员进另一个门。伯伯见到了,严肃地批评说:"进门也分首长门、学生门吗?你们这是让我们脱离群众!"

送衬衫给出事故的女工人

1972年8月3日夜晚,北京低压电器厂女工刘秀新在府右街国务院西门外北面约100米的马路上骑自行车。因为想超前边的人,她骑车插进了快行线。不过,她学会骑车没有多长时间,所以听到身后汽车鸣笛时,一紧张就把车停在了马路中间。汽车随即紧急刹车,但车头右侧还是剐了她一下。她刚扭过头,红旗车后座旁的窗帘"唰"地拉开了,伯伯那慈祥的面容立刻映入了她的眼帘。她发现汽车里坐着的是周总理,心情非常激动,同时又十分担心害怕,有一种闯了祸的感觉。

让刘秀新没有想到的是,伯伯把一切都替她想到了,当即指示:一、马上送她到医院检查;二、不许批评她;三、代我给她买件新衣裳。伯伯安排了自己的保健医生送刘秀新到医院检查。到医院后,医生给刘秀新照了背部透视相,确定了没有伤着筋骨。

在医院检查快结束时,屋内的电话铃响了,是伯伯给工作人员打来的。通话时,刘秀新就坐在离电话机不远的椅子上。她听到伯伯在电话中仔细询问了她的伤情和检查情况。诊治结束后，工作人员又打电话把刘秀新车间的支部书记和班长请来，让他们陪着她一起到交通队去谈谈情况。他们坐上红旗轿车来到天安门交通队，谈了事故的经过。

这时候，国务院的一名工作人员受伯伯委派匆匆赶来，并拿来了一件崭新的白色的确良衬衫，要刘秀新穿上。刘秀新激动不已，心想这肯定是周总理出钱买的，说什么也不肯收。但工作人员坚持叫她收下，说这是总理的指示。刘秀新只好收下了这件珍贵的衬衫。

第二天，伯伯还派了几位同志到刘秀新家去慰问。那件衬衫，她则珍藏着一直舍不得穿。

【章末语】

在纪念伯伯诞辰120周年的座谈会上，习近平总书记在讲话中说："周恩来同志是热爱人民、勤政为民的杰出楷模。"的确，伯伯是公认的我们党性质、宗旨的忠实践行者。他始终把自己看成人民的"总服务员"，被人们亲切地称为"大地之子"。伯伯经常说，作为党的干部，就是要全心全意为人民服务，就是要诚心诚意为党和人民事业奋斗。中国共产党是来自人民、植根人民、服务人民，党的一切工作必须以最广大人民根本利益为最高标准。

早在16岁时，伯伯就立志要做全中国人民的公仆，在文章中发愿："吾将公之天下，使四万万人共得而仆之，必不负所托也。"从历史照片和文献资料里，都可以了解到，伯伯在晚年经常戴着一枚"为人民服务"的像章。行胜于言，他毕生用实际行动践行群众路线，始终做到热爱人民、勤政为民，自觉践行全心全意为人民服务的根本宗旨，深入贯彻以人民为中心的发展思想。

通过本章的诸多生动事例可以看到，伯伯同群众心连心，跟工人、农民、学生在一起时，他都是把自己当成他们的一分子。金杯银杯不如老百姓的口碑。所以直到如今，大家都依然十分怀念他，以后也会继续怀念他。正如那四句十分贴切的话所言："人民总理人民爱，人民总理爱人民。总理和人民同甘苦，人民和总理心连心。"

习近平总书记反复强调："人民是历史的创造者，是决定党和国家前途命运的根本力量。"中国革命、建设和改革的成功，最关键的就是始终把人民利益放在首位，赢得最广大人民群众的支持和拥护。在新时代坚持和发展中国特色社会主义，我们尤其要像伯伯那样，坚持立党为公、执政为民，增强群众观念和群众感情，把党的群众路线全面贯彻落实到工作、生活和学习中，热爱人民，依靠人民，把人民对美好生活的向往作为奋斗目标，以实现中华民族伟大复兴的中国梦！

第六章

勤俭节约　艰苦朴素

第 1 节 衣：补丁摞补丁的衣服，让人潸然泪下

伯伯穿衣是个"补丁大王"

众所周知，伯伯给人的印象总是衣冠整洁、风度翩翩、容光焕发的。对于在南开中学就读时，校董严范孙先生制定的"容止格言"，伯伯毕生践行着。对外，他很少会留下"补丁形象"，这也与他的工作性质和文化素养不无关系。他生前经常参加谈判和外交活动，深知自己代表着中国共产党人和中国人的形象，因此一直很注重自己的形象，尤其是在公众场合。

在伯伯积极斡旋下，西安事变和平解决后，随着抗日民族统一战线的建立，国共两党进入了第二次合作时期。伯伯开始长期在国民党统治区工作，不管是在西安，还是在重庆、南京，他都一直保持着艰苦奋斗的工作作风。他在国统区工作那么久，只有两套制服：一套军装，一套西装。和国民党政界打交道，他总是穿上军装；和其他人接触时，他就穿上西装；平时在家里，他就换上延安生产的土布衣服。因为穿西装的机会多，那条西装裤子磨破了就补，补了又破，实在不能穿了，大家要给他再做一条，

他坚决不同意。

1945年，《新华日报》的林曦到红岩办事处图书室工作，天天和伯伯一个桌子吃饭，并目睹了伯伯工作和生活中的艰苦朴素，从此毕生难忘。有一次，炊事员看伯伯忙，给他煎了个鸡蛋补身体，结果挨了批评，说不能搞特殊化。伯伯的衣服上，一个补丁挨着一个补丁，稍好点儿的衣服要等他有重要的事情出门时才拿出来穿，一回来马上就换。

新中国成立后，百废待兴，伯伯担任政务院总理兼外交部部长，其国务活动之频繁、外交活动之众多，可想而知。国务活动尤其是外交活动，要求衣帽整洁，自然不能与在解放区时着一身土布衣服同日而语。为了使伯伯的衣着能够体面一些、光鲜一些，1949年初冬，工作人员建议给他做一套好一些的进口毛料中山服，七妈也同意了。当时实行供给制，干部的衣、食、住、行包括子女的抚育均由国家负责。不要说给伯伯做一身进口毛料衣服，就是做两套、三套，政务院事务管理局也会给报销。当要为伯伯做一套毛料衣服的意见报告给他后，伯伯考虑到国家当时很困难，不同意做进口料子的，因为进口料子比国产料子要贵得多，节约一点是一点。他说，现在国家还很困难，做那么好的呢料没必要，做一套国产料子的就行了。后来，工作人员拿来几块国产毛料样品，经他亲自选定，做了一套国产藏青毛料中山装。

伯伯穿上这套中山装，头一个冬天还不错，看上去板板正正，很像那么回事，到了第二年冬天就原形毕露了。原来国产毛料是资本家生产的，资本家为了获得高额利润，在毛料里掺进了棉花的成分，经过洗涤后，上衣胸前的扣眼边便出现了白茬儿。过了不长时间，又发现上衣两只袖子的肘部发白变色了。

伯伯生气地说："资本家就知道唯利是图。"他想了一下，让卫士长成元功去找块布做两个套袖，以保护衣袖。成元功说："那怎么成，您活动那么多，戴上套袖多不方便。"伯伯说："这有什么不方便的，你们能戴我为什么不能戴？"成元功就按照他的要求，特地到布店买了一块比较柔软的青斜纹布做了一副套袖。伯伯戴上后非常高兴，说："这样不光能防止袖子磨白，还能防止磨破。"后来又去掉了套袖上的松紧带，伯伯更满意了。自从有了套袖，每年冬季在西花厅办公，伯伯往办公桌前一站，头一件事就是先戴上套袖。平时开小会、吃饭等，他也都戴着套袖。有时在西花厅前客厅会见外宾，走到客厅门前，发现套袖没取下，卫士便帮他取下，再去见外宾。有两次晚上在后客厅会见苏联驻华大使尤金，他都是戴着套袖接见的。

这副套袖伯伯用了20多年，边都磨破起毛了，成了毛边。伯伯的秘书曾风趣地对成元功说："总理的套袖破得都长胡子了，你们也不给换副新的？"事实上，大家几次提议换一副都被伯伯拒绝了，他说："换它干什么，还可以用嘛！"伯伯去世后，这副套袖被捐献给了革命历史博物馆。

而那套国产藏青毛料中山装也因质量太差，毛病越来越多，每年都要送到洗染店去特殊处理一次。伯伯就这么凑合着穿了几年，后来把这套衣服的上衣给值班的卫士共用，成了值班卫士夜间御寒的工作服。再后来，七妈将其送给了伯伯的卫士韩福裕，他穿了一冬后，就把这套中山装当作纪念物收藏起来。在伯伯逝世后，革命博物馆征集伯伯遗物时，韩福裕将其捐献出来，作为珍贵的革命历史文物存馆。

伯伯洗脸用的是最普通的505绿色彩条毛巾，一条毛巾洗一年，中间破了四个大洞。成元功给伯伯又买了一条红条条的505，早晨伯伯从办公室出来，准备洗脸去睡觉时发现了："我那条毛巾呢？"

成元功说："中间破了四个大洞了，该换条新的了。"

"两头还是好的嘛！毛巾嘛又不是外衣，只要能用就行！快给我拿回来。"

"总理，那天韩大夫不是说了吗，您脸上毛囊之所以不断发炎，就是因为洗脸毛巾太破、太硬，不断摩擦引起的！"成元功以为搬出医生的"明确诊断"，一向尊重科学的伯伯就会服从的。

"有道理。"伯伯点了点头，随后却一扬眉一眨眼，反问道，"成元功，你说纱布软不软？"

"纱布当然软。"

"好。你去请霍爱梅同志（七妈身边工作人员）找点纱布把毛巾中间的大洞补一补，这样毛巾又能继续用，而且纱布洗脸软和又不伤皮肤，既节约又保护皮肤，两全其美。对不？"

"对！"刚起身的七妈正好进来，"等纱布再用破，还可以当擦脚布，不能擦脚了，还可以当抹布嘛！咱们国家还很穷，就是以后富裕了，也要节约呢！"

于是，那条用纱布补了中间、已看不清颜色的 505 毛巾，又继续"亲吻"着伯伯的脸……如果不是亲眼见到那条毛巾，谁能相信他的主人竟是掌管一个大国经济大权的总理呢？！

伯伯生前，夜里和早晚起床总是穿着一件毛巾浴衣，时间长了，早已磨得像一件"纱衣"一样，但他补了又补，缝了又缝，一直穿在身上，就是不肯换掉。还有他的内衣裤破损得多了些后，补了许多补丁，卫士们劝他换新的："总理，你看领口袖口都毛边了，还破了几处，露给外人看见也不好呀。"伯伯笑着说："这好办嘛，把领口袖口换成新的就行了。"于是，伯伯次日出现在外宾面前时，领口袖口都是雪白崭新的。可谁知道，他内衣裤上早已是补丁摞补丁呢？甚至出国访问，他穿的也是打补丁的内衣。一次访问途中，他的内衣脏了，可是因为内衣很破旧，不便交给宾馆洗，只好让身边工作人员送到我驻外使馆，请大使夫人帮着洗。大使夫人看到伯伯这又旧又有补丁的内衣后，顿时难过地流下了眼泪，责怪工作人员说："原来你们就是这样照顾总理的啊！这是一个大国总理的衣服吗？"
工作人员只好耐心解释："总理不让做新衣服。"

伯伯童年时在东北生活过，平日里怕热不怕冷，太热了会流鼻血，天
冷则更精神。新中国成立后，他从不穿棉衣，也从不穿棉毛衫棉毛裤和毛
衣毛裤，冬天就是那身粗呢中山服。大寒时节，下身加条布衬裤，上身
加件西式背心。哪怕零下十几度的大风天到机场接客，也只是加件大衣。
当初进北平城后，伯伯做了一件灰色毛卡其布大衣和一件浅青色海军呢
大衣，一直用到去世。1950 年去莫斯科参加谈判，他在大家动员下做了
一件皮大衣，穿了一次就连说上当："又沉又笨又热……"在零下 30 多度
的严寒中，别人穿几层毛皮衣服还觉得冷，唯独他像一团火，棉衣也不穿，
就加一条薄绒裤，仍是那件海军呢大衣，显得精神抖擞。至于那件皮大衣，
一直崭新，在他逝世后，遵照遗言上交给了国家。

伯伯批评我穿两套小西装"浪费"

1949 年 8 月底，天气转凉，我从天津搬来北京时穿的两身小花衣裙
已显得单薄了。这天，成元功叔叔骑自行车带我去王府井。他边骑车边
对我说："你七妈说快开学了，北京的秋天是说冷就冷，要给你做两套秋
天穿的衣裤。"

在一个小门脸的上海服装店，老师傅为我量了量身高肥瘦，对成叔叔
说，过两天就来拿。回来的路上，我还挺不放心，老师傅只量了两下就
行了？成叔叔笑着说道："你别小看这位上海来的老师傅，你伯伯的衣服
也是找他裁剪缝制的，给你一个小姑娘做两套衣裳还不是小菜一碟！"

果然，没两天衣服取回来，我一看，做工真精细呀！我穿上蓝色卡其
布的一套小西装，正合身，真精神！吃饭时，我微笑着站在桌前，伯伯一

眼看见了，就说了一声："刚做的？不错！"过了一周，我换上第二套衣裤，是黄色的。伯伯正从院子里走向办公室，一看到我的新衣服就皱起眉头说："怎么又一套？浪费！"七妈在一旁说："马上要开学了，秉德住校，总要有两身衣服洗换嘛。"

伯伯说："我在南开上中学也住校嘛，夏天就一件单布长衫，冬天也只一件藏青棉袍。夏天，每次周六回到四妈家里，第一件事就是脱下长衫洗净晾干，周一再带回学校去穿，一样干干净净嘛。"

"要是下雨衣服不干呢？"我好奇地追问。

"就放在炉子上慢慢烘干。"伯伯深深叹了口气，接着说道，"那时，你四爷爷、四奶奶抚养着我和你二伯、你爸爸还有你的堂伯四个大男孩，收入不高，家里十分困难。现在我们刚进城，国家也十分困难，我们还是要节省，对不？"

后来我才知道，当时刚进城，伯伯和他供养的亲属都是供给制，我这两身衣服就是公家出钱做的，所以他不高兴，说"浪费"！我那时虽然点点头，但并不太懂，只是心中有一条，认定伯伯说的话一定是对的，我不用多问，照着办，准没错。

我曾经在伯伯身边多年，深知节省再节省的确是他一生的习惯。

是的，在他留给我的一些遗物中，竟没有一件新衣服！其中一件是几十个补丁、已经看不清原来布料颜色的毛巾睡衣，还有一套伯伯最常穿的西装，后来我才知道，这套西装是全民族抗战初期伯伯去重庆工作时做的。新中国成立后，他人胖了，不能穿了，却不让做新衣服，让工作人员拿着这套衣服去布店配布料，然后用新料做西装的前片，用旧料打翻做后片，这样伯伯就算做了一件新西装。师傅的手艺很好，但是新旧布料难免有色差，如果仔细看，伯伯这套西服，前片的颜色略深，后片的颜色略浅！伯伯刚去世那年，我心里压抑时，常捧出伯伯补丁累累的睡衣和那套拼成的西装抚摸着，仿佛与无处可寻却又无处不在的伯伯对上了话。伯伯身为一国总理，尚且如此节省克己地生活，我们有什么困难克服不了呢？

要注意衣着形象

有一次，时任副总理兼外长的陈毅陪同伯伯接见外宾，当时陈老总因为脚疾穿了双球鞋。伯伯看见了，就说，陈毅同志，你是外交部部长，穿球鞋见外宾不礼貌。陈毅说，我脚疼。伯伯说，脚疼也要忍耐点。陈老总接受了伯伯的意见。

长期在伯伯身边工作的同志们，都深知伯伯作风十分严谨，在见他的时候，事先都要检查一下准备工作做好了没有，包括鞋袜穿戴，连风纪扣都要扣好，不让伯伯操心。

伯伯还要求警卫人员衣着也必须整洁，不许邋遢。如果穿着不修边幅，是要受到批评的。有一次，一个卫士风纪扣、纽扣没有扣好，伯伯见了马上责令改正，并说下次不允许再这样。看到另一位卫士的皮鞋比较脏，伯伯就批评说："你的皮鞋这么脏也不擦擦，没有皮鞋油吗？快去用我的皮鞋油擦擦。"

还有一次，北京饭店举行一个招待会，宴会还没开始，一位高级干部在走廊上被伯伯碰见了。他穿着中山装，风纪扣却敞开着。伯伯就批评了他一番："你这是个什么样子！客人看到你，会觉得你蔑视人家，不尊重人家。"至于伯伯对自己，在衣着形象上更是一丝不苟地严格要求。

"毛主席和我冬天都不穿毛裤"

1962年，伯伯决定拍电影《李善子》，参加人员有郑君里、张瑞芳等。

拍摄期间，他调了很多张瑞芳演过的电影和大家一起看。有一天晚上看完电影，走出房间，时值寒冬，大家都觉得非常冷，却发现伯伯只穿着一条单裤，就吃惊地问："总理！您不冷？"

伯伯哈哈大笑，拉起裤脚给大家看，说道："在中南海，毛主席和我冬天都不穿毛裤。"张瑞芳惊讶道："您是怎样锻炼出这一身体魄的呀？"伯伯说："我没什么锻炼，工作就是锻炼，我只爱在夜晚沿着中南海湖边上走走。"

那天夜晚，大家还想陪陪伯伯，伯伯却推说今晚很冷，执意要看着大家上车。

不多做新衣服的规矩被保持到了身后

1963年，伯伯因要出访十四国，才第二次做衣服。非洲天气酷热，他做了几件一百支纱的白色府绸衬衣和浅灰色有暗格的毛的确良中山服，外加一双凉皮鞋。但是，睡衣还是穿过十几年的有补丁的旧睡衣。国外传染病多，内衣都是拿到大使馆洗。大使夫人看到伯伯的睡衣后，觉得"忍无可忍"，当即上街买了套新睡衣，连同原来的旧睡衣一道交给伯伯的卫士。卫士不敢接，大使夫人瞪着眼教训道："我们这么个大国的总理，穿这样破破烂烂的睡衣，不行！"卫士说："总理的习惯我们了解，睡衣是自己在家里穿，能穿就行……"大使夫人说："我给他买的，不是公家的钱，这是朋友送的，懂吗？"卫士只好收下睡衣，回来报告伯伯，他只讲了一句话："我的习惯你们是知道的。"卫士赶紧作检讨。

有了这次教训，伯伯逝世后，卫士们没有为他做新衣服，只是换上了他最喜欢穿的那件灰色的法蓝绒中山装。那是在基辛格访华前夕定做的，是伯伯在新中国成立后第三次做衣服，也是最后一次做衣服。

　　当卫士将这件衣服穿到伯伯遗体上时，正流泪的医生用力擦擦眼睛，忽然叫起来："这不是新衣服啊，你们搞错了！"卫士哑声说："没了，这是最新的。"医生愤怒地吼起来："不是向你们报过病危了吗？为什么没早准备！"两名卫士垂下了头，道："这是总理的习惯。"医生涕泪俱下。伯伯去世时，大家去向他的遗体告别，都看到了他仍然穿着过去接待外宾的那套灰制服。

第 2 节　食：不浪费一粒粮食， 粗茶淡饭

不许拿老百姓的梨，要吃自己花钱买

1935 年 6 月，在红军总政治部当卫生员的刘江萍刚随部队翻过雪山，到达四川省懋功县。一天，组织交给他一个特殊而又光荣的任务，给我伯伯（时任中央革命军事委员会副主席）当护理员。当时，伯伯天天发高烧，身体很虚弱，亟须有人护理。

刘江萍初到时有些紧张，担心这次是在高级领导身边工作，这份重担恐怕自己难以胜任。这时，七妈来找他聊天，关切地问："你是什么地方的人？什么时候参加的红军？"刘江萍答："我是江西赣县农村人，1932 年参加红军。"七妈高兴地说："哦，我就喜欢农村的孩子，你在这好好干吧。不要害怕，不要担心，我们是一家人，我相信你。"

从此，刘江萍就为伯伯喂水喂药、擦洗翻身等，照顾得细致周到。对他的工作，伯伯和七妈非常满意。

刘江萍回忆说，自己印象最深的是，周副主席平易近人，不搞特殊化，吃的和普通工作人员一样，不开小灶。曾经，他还被伯伯训斥过一顿。

长征途中，伯伯专用饭盒的铁把子断了，刘江萍就用一双筷子代替了提手。伯伯发现后，追问筷子从哪里找来的，刘江萍回答是从老乡家里拿的。这时，伯伯严肃地说，你赶快送回去，不然就处分你！于是，刘江萍赶紧把筷子还给了老乡。

过草地时，医护人员好不容易给伯伯煮了一碗粥，伯伯问："部队现在吃什么，你们不知道吗？"刘江萍说："怎么不知道，吃草根、吃树皮，可您病得这么重，还协助毛主席工作，分担全军的重担，难道吃一小碗稀饭都不应该吗？"伯伯语重心长地说："小刘呀，我们是革命的队伍，一定要官兵一致，好坏大家都要一样。"最终，他也没喝那碗珍贵的粥。

部队进入甘肃时，正是收获的季节，经过一个长满梨树的村庄时，看到家家户户都是梨子成堆。伯伯坐在梨树下，一手端水喝，一手拿铅笔，聚精会神地看地图。刘江萍看到病中的伯伯没吃老百姓一个梨子，睡在梨堆边的他也一个梨都没拿。当时红军的生活条件很艰苦，有人提议弄点梨吃。伯伯明确反对：不许拿老百姓的梨，要吃自己花钱买。于是，大家只好"望梨止渴"。晚上，部队睡在乡亲们家中堆满梨子的地面上，但谁也没有吃一个梨子。

第二天，有战士建议买点梨子，伯伯答应了。可当地群众受国民党反动派的欺骗宣传，没人敢说价钱，只是说："吃吧，你们吃吧！"结果，在盛产梨的地方，红军没吃上一个梨子就离开了。

白开水冲饭吃

据给伯伯做过警卫员的老红军郝永明回忆，在红军时期，伯伯不管是在行军途中还是长驻在一个地方，都要办公到深更半夜。1936年，中共中央所在地曾迁到保安县，那时很少看到伯伯回到住宿的地方去，他把心都扑在工作上了。郝永明记得那一年春节，伯伯同他们一起吃大灶，吃完又回到窑洞里批文件、看材料去了。在艰难困苦的时刻，他从不搞特殊化，大家吃什么他也吃什么。最困难的时候，盐没有了，大家用白开水冲饭吃，伯伯也是如此。

同吃同住，不搞特殊

在重庆的几年里，生活很艰苦，伯伯总是和大家吃一样的饭菜，从来不搞特殊。延安生活更加艰苦，不仅自己动手，丰衣足食，还要供应重庆所需。伯伯一忙起来，几天几夜不睡觉，大家怕累坏了他的身体，就让大师傅给他做一点好菜，他不肯吃，还给大家解释。有时出去办事，赶不上吃饭，就在外边找一个很便宜的小饭馆，弄一点重庆人喜欢吃的雪里蕻菜、一个汤，叫司机和警卫人员一起吃，吃完又开始工作。

为大家盛饭

1946年5月下旬，伯伯的卫士成元功随中共代表团其他人员乘运输机赶到南京，然后乘汽车赶到梅园代表团驻地。伯伯、七妈和副官何谦外出刚回来，听说他到了，便叫他一起吃晚饭。成元功说自己到食堂去吃就行了，推辞了两次，伯伯又叫何谦去叫他，说伯伯和七妈都在等他，并说了让他一定得去。成元功见推辞不掉，只好跟何谦去了小餐厅。他走进小餐厅时，伯伯正在用小勺一碗一碗地给大家盛饭。

伯伯和大家一起吃饭时，都是不让别人给他盛饭，而是他给别人盛饭。看到成元功后，伯伯连忙热情地招呼他坐下，接着继续盛饭。盛到最后一碗时，成元功看到伯伯右手小指的外侧粘了一粒米饭，但没有用手抹掉，而是要用嘴去吃这粒米。由于他右臂有伤，一直不便抬高，用嘴舔了两次都没舔到，只好用左手扶起右手，才把那个米粒送到嘴里吃下去。

日常饮食：两菜一汤

刚进北平时，首长们开会，服务员都要冲好茶盖住盖子。伯伯一接过服务员递来的茶水，定要及时揭盖呷两口，然后才放茶杯。休息时，他对服务员说："小鬼，你会喝茶吗？冲好茶水，揭盖要及时，头两口茶香最浓，要带着热气喝，放久了茶香就差多了。"久而久之，服务员都能恰到火候地将茶水送到他面前。

伯伯喜食甜，常州产的甜什锦菜、冰糖肘子，都是他喜欢吃的。他还喜欢吃红烧鲫鱼、熏鱼干和各种新鲜蔬菜，特别是苦瓜、苋菜、空心菜、鸡毛菜等南方蔬菜。不过，他很少吃鸡，因为七妈相信中医说的"长翅膀的火大"，劝他少吃鸡，他也很听劝。不过，一旦外出，卫士们会悄悄给他安排点鸡肉，他也吃得津津有味。

伯伯对自己的日常饮食有个原则要求：两菜一汤。主食要普通面粉，不吃富强粉；吃机米，不吃小站米；每周至少吃一顿粗粮。菜谱由保健医生和炊事员根据他的口味具体安排，基本是一荤一素。

尽管工作人员尽心尽责，尽管伯伯很"会吃"，但他每天的活动安排以分秒计，所以那食谱便空有其名。

炊事员就说："我们定食谱其实是自我安慰，总理能吃上的时候不多。他的饭堂简直是在汽车上，一杯玉米面糊糊、两片面包夹片火腿肉，那么大年纪了，就在汽车上吃这些东西。唉，有啥办法呢？"

饭店工作人员也说："总理是会吃、吃不上。他可以下厨房指导炊事员烧几手好菜来待客，连伏罗希洛夫都佩服。可他自己吃不上。他的卫士常给我们打电话，说总理老吃不上饭，叫我们蒸几个素馅包子准备着。总理奔忙中从我们这里顺路拿两个包子，边往嘴里送，边朝会议或者会客厅急走急赶，看了叫人心疼……"

压缩工作餐标准，舞会不多摆放食物

政务院时期，每逢星期五，都要召开常务会议或全体会议，简称例会，由伯伯主持。那时候国家还很困难，实行供给制，伯伯有一次在政务院会议厅用工作便餐时，把卫士叫到桌边，问每桌的伙食费是多少。卫士当即去膳食科长那儿查询后报告他，每桌为30万元（旧币，相当于新币30元）。伯伯听了，沉思后指示："应压缩到每桌18万元。"于是，例会的工作餐标准压缩了近一半。

而每逢星期六，为了让辛劳一周的工作人员放松一下，会在紫光阁举行舞会，伯伯和其他中央首长也经常参加。如遇上春节、国庆节等重要节日，则会跳通宵舞，舞池周边座位前的条桌上会放些糖果、面包和饮料之类的食品。有一年五一劳动节，伯伯参加舞会，见桌上放着许多食品，立即把卫士叫来问："桌上放许多吃的，平时放不放？"卫士回答："平时只放茶水，过节时才摆些吃的。"伯伯听罢，略加思索后指示："节日也不要放那么多东西，放少量颗粒糖就可以了。"从此，条桌上再也见不到面包、饮料这些东西了。

从不抽烟，在家也不喝酒

伯伯有空时，偶尔会上灶做小菜，例如他很喜欢吃的红烧狮子头。据说，他还亲手做红烧狮子头请毛主席吃过。除了极个别情况，伯伯从不

抽烟，在家里也不喝酒，只是在外事活动中才少量喝一点，出于礼节做个样子。其实，他是很能喝酒的，但他艰苦朴素，遵守纪律。伯伯兼外交部部长时，规定外事纪律，喝酒不许超过酒量三分之一，以免贻误工作。他每天工作到凌晨3点，早上起床后，运动一下身体，又开始工作。

会议灶是不变的标准

伯伯召开的会议，会议灶是不变的标准：冬天只有一个大烩菜，夏天限定四菜一汤，几十年没有例外。按当时的工资及物价标准，高级干部须交8毛饭钱，工作人员交2毛5分。就是喝一杯茶，也要根据茶叶品种和质量，交1毛或者2毛钱。他说："不在钱多钱少，重要的是不能惯出毛病。"伯伯率团出国访问，归国后要求出访人员一律按标准交纳伙食费。一位同志不服气地说："吃的是外国人的饭，又没吃咱们国家的，交什么钱？"伯伯平心静气地问："那么你拿的是谁的工资？"那位同志垂下头，气还不顺。伯伯微微一笑，说了两句最普通又最实在的话："你该知足了。拍拍心口窝，你是真吃亏了吗？"那位同志听后，赧颜低头无语。

坚持把鸡蛋汤留给病号

1959年5月，伯伯到天津视察南开大学，中午在校园东村职工食堂进餐。那时正值国家经济困难，食堂当天的主食是玉米面窝头。伯伯说："窝窝头很好，我请客。"他握住厨师们的手称谢慰问。厨师们觉得仅以窝窝头招待总理，实在太怠慢了，就做了鸡蛋汤端到他面前。伯伯问："哪里来的鸡蛋？"厨师说："是从病号饭里匀出来的。"伯伯说："分病号的饭怎么能行呢？"又坚持把鸡蛋汤留给病号。

在大家喝茶时，招待人员频频斟茶。伯伯见状，风趣又意味深长地说："大家要喝，就自己斟，不必你们斟了，以免浪费。"又说："茶叶来之不易，栽培茶树、采摘、制茶，茶农不知流了多少汗水，我们要珍惜劳动人民的辛勤劳动。"

总理喝过的茶不能倒

1958 年 4 月，伯伯第一次来到三门峡，住在交际处。交际处的服务员打扫房间时，把伯伯喝过一遍的剩茶倒掉了。中午，伯伯开完会后，回来一看杯里的剩茶不见了，就问卫士："茶是你给倒掉的？"卫士一看杯里没有茶叶了，急忙又要去冲。伯伯和蔼地说："不要冲了，今天的茶已经用过，不要再浪费，喝点白开水算了。"

次日上午，伯伯刚外出开会，服务员又来打扫房间，照例又把杯里的剩茶倒掉了。正巧卫士进来看见，于是埋怨道："总理喝过的茶不能倒！他喝茶有规定，一天只用一杯茶，这一杯茶可以多次冲水。昨天你倒掉了剩茶，总理喝了一天的白开水。"服务员一听又感动又后悔，不知道该怎么办。卫士看他为难，便和他串通起来"作弊"，又冲了一杯茶，把头遍水倒出，照原样放在茶几上。伯伯回来没有看出破绽，两人才长长地舒了一口气。

伯伯喜欢吃饼干，为了确保他的身体健康，上海一位高级点心师专程到三门峡给他做了各种可口的高级饼干。但服务员一端上去，伯伯就看出了问题，随和地问道："你们也吃这样的饼干吗？"服务员为难地说不出话来。伯伯又笑着说："好了，这事不怪你。把这盘饼干端下去，把你们吃的普通饼干给我端一份吧。"精心制作的许多高级饼干，再也没有人敢拿给他吃了，香气扑鼻的美味只好成了摆设。后来，伯伯了解到这一情况，便让大家把高级饼干分吃掉，而他自己还是坚持吃普通饼干。

当时按规定，早餐要给伯伯送两个鸡蛋。但伯伯说一个鸡蛋就够了，下不为例。第二天早晨，服务员还是端了两个鸡蛋上来。伯伯就生气了："小同志，为什么不听我的话呀？要不我自己去端饭好了。"服务员只好按伯伯的吩咐，每顿早餐只给他上一个鸡蛋。

"我最爱吃这种高粱米饭，请再给我来一碗"

1966年5月，伯伯陪同阿尔巴尼亚部长会议主席谢胡第三次视察大庆。他不顾旅途疲劳，下车后就急于听汇报。陪同的同志见他一身风尘，就请他先盥洗一下。于是伯伯一边听汇报，一边打开用旧了的牙具袋，拿出掉了瓷的刷牙缸、看上去已经脱绒的小毛巾、市场上到处可见的白玉牙膏和刷毛已经倒伏的牙刷。在伯伯洗脸时，陪同人员发现他的衬衣打着补丁，领口袖头都已磨破了，再看看他那磨得露出底纹的制服和那双很旧的皮鞋，感动不已。陪同的同志就想：总理高龄，日夜操劳，虽然我们的条件很差，但一定要想办法让他吃好一点。可是伯伯却指示：顿顿要有粗粮，餐餐不上酒，菜要吃大庆自产的。这天午饭，主食是高粱米芸豆饭、玉米糙子粥，副食是白菜、土豆、萝卜加粉条的大盆烩菜。伯伯香甜地吃一碗后，高兴地说："我最爱吃你们这种高粱米饭，请再给我来一碗。"同志们望着总理和大家吃一样的饭、一样的大锅菜，不禁感动得流下了泪水。

和衣食父母同桌进餐

1958年11月26日，伯伯陪同外宾参观湖北省应城红旗人民公社。

应城县委原本准备了丰盛菜肴，伯伯审查菜单时全部否定了，强调只准四菜一汤。在他们一再请求下，伯伯才同意增加一个荤菜。最后，桌上的菜品是：一碗豆芽、一碗菠菜、一碗芹菜炒肉、一碗木耳炒猪肝、一碗鱼、一碗豆腐汤，主食是米饭和面条。伯伯叮嘱，原先准备的其他菜肴，全部送给敬老院、妇产院和幼儿园。

坐定后，伯伯高兴地请社员们先吃，社员们请伯伯先吃。看到这个架势，伯伯站起来拿过大家的碗，为他们不停地夹荤菜。伯伯说："你们劳累辛苦，吃点鱼肉补身子。"说罢，这才往自己碗里夹豆芽、菠菜。

社员们被深深打动，有人禁不住流下了热泪。伯伯见状，语重心长地说："我知道大家心情激动，我的心情更激动！人民是我们的衣食父母，我们是人民的勤务员，我这个勤务员，今天能和衣食父母同桌进餐，心情怎能不激动呢？"

蹲在田间拾麦穗，希望大家颗粒归仓

石家庄是北方小麦高产区，素以盛产小麦、棉花著称。石家庄市郊区的槐底大队则是北方小麦高产的典型生产队。1959年6月，正是北方麦收时节，金色的麦海一望无际，非常令人喜爱。6月8日下午，伯伯来到这里视察。

当时伯伯头顶骄阳，兴致勃勃地沿着田间小路，由西向东视察了槐底大队第八生产队麦田，他边走边问槐底大队队长孔令为关于村民和粮食产量等情况。麦收时节，不少市内工人、干部、学生到郊区参加麦收劳动。收麦子的人看到伯伯，惊喜地高喊："周总理！周总理来了！看周总理去！"附近地里社员、干部、工人都从四面八方涌来，高喊着："周总理好！周总理好！"伯伯高声对群众说："城市的工人、学生、机关干部来

帮助农民收割小麦，这很好，希望大家要收割干净，努力做到颗粒归仓。"

　　当伯伯视察完返回到第八生产队收完的麦地时，发现地上丢了一些麦穗，就蹲在地上拾了起来。陪同的人员看到他这样珍惜粮食，也都蹲下拾了起来。孔令为说："总理，这是捡过一遍的。"伯伯说："捡过的没捡干净还要捡嘛！麦子丢了太可惜，要发动群众再捡捡，一定要做到精打细收，颗粒归仓。"孔令为表示要再捡捡，一定要做到丰产丰收。

把碎末都吃干净了

　　1959 年 6 月，伯伯在河北省磁县临漳公社视察。到了中午，公社书记问地委同志："该吃饭了吧？"随行人员问伯伯是在这儿吃饭，还是回地区吃。伯伯说，在这儿吃吧。他问有没有带着饼子和咸菜，随行人员说都带着了。伯伯说，让红光公社弄点绿豆米汤。公社干部都傻了，事先准备好的鸡鱼等好吃的都不敢端上桌了。桌上放了几盘馍、几盘藕，配上玉米面饼和咸菜。伯伯自己拿了一块饼子吃，看到藕吃得很快，吃完了又端上来，他就问公社书记："这些藕从哪里弄来的？"书记回答："三县合并，磁县产藕。"伯伯又问："群众能吃到吗？"书记回答："每人二斤，有的吃了，有的卖了换钱。"伯伯吃饼子时掉到桌上一些碎末，就用食指在上面按了一下，把碎末粘上再放进嘴里吃了。

一碗特别的腊八粥

　　据伯伯和七妈的口腔保健医生、原北京医院副院长韩宗琦回忆，有一次他在西花厅工作完后，伯伯留他共进晚餐。那天是腊月初八，晚餐吃很稠的腊八粥。

当时正值困难时期，大家都饥肠辘辘的，一看到这么好的稠粥，他盛了满满的快要溢出来的一碗，小心翼翼地端到桌子上。伯伯见到就说："你不会少盛点，吃完再盛吗？"

韩宗琦当时也觉得自己的行为很不文雅，面带羞涩，吃完那一碗就放下筷子，表示已经吃好了。伯伯看出他窘迫，一再安慰道："煮得这么好的粥，再吃一碗。"并一定要他再盛一碗。韩宗琦便又去盛了半碗，吃完之后，伯伯就开始问他粮食定量和体重等。

韩宗琦见伯伯在了解他的粮食定量，就说："我的定量在知识分子里算是高的，我是党员，应该带头节约粮食，不买黑市的东西。"他还向伯伯汇报道，他是医院生活办公室主任，保障医院职工的生活需要，给高级技术人员到处找牛奶，实行瓜菜代，搞小球藻的培植，设法保证不浮肿等。

伯伯听后很高兴，对他说，农村有不少人饿死，要设法使大家少消耗体力，注意劳逸结合。韩宗琦告诉伯伯，医院还采取了高级知识分子轮流住院休养一周的办法，解决营养不足的问题。伯伯听后特别高兴，鼓励他好好工作。韩宗琦真切感受到了，伯伯作为总理，时刻惦记着全国人民的生活，对身边的每一个同志都是关爱有加，让他永生难忘。

把饭菜吃干净，不要浪费一粒粮食

据老外交官刘庚寅回忆，1960年夏的一个炎热的中午，他去食堂稍晚了一点，排队买饭的人已经不多了。他一边排队，一边计算今天该吃几两饭。突然，喧闹的食堂安静下来，就像剧场开幕铃声刚响的一刹那。他不由得回头张望，只见一位满头华发、身穿褪色灰布中山装的人站在自己身后，正在低头不太熟练地数着粮票和钱票。待抬起头来，他才看清竟然是周总理。

他一时不知所措，赶紧让路，请总理先买。伯伯微笑着摆了摆手，示意大家不要动，坚持按顺序排队。为了节省时间，刘胡乱买个菜，随便找个角落坐下来。没等他的心情平静下来，伯伯端着一碟素菜和一个窝头，坐到了他的邻桌。时任国务院文教办公室副主任的范长江（也是我爱人沈人骅的姑父）刚吃完饭，主动坐在伯伯身边陪伴着。伯伯边吃边谈，很快把一碟素菜和一个窝头吃得干干净净，而且把掉在桌上的碎渣也拾起来吃了。食堂工作人员特意给伯伯送来的一碗清汤，也被他一饮而尽。餐后，把饭汤钱都付了才离开。

不久，食堂贴出一个通知，号召大家向周总理学习，把饭菜吃干净，不要浪费一粒粮食。

对管生活的同志"约法三章"

1962 年，为了贯彻党中央大幅度调整国民经济的重大决策，伯伯和七妈在东北工作了一个月。一到住地，伯伯就对管生活的同志"约法三章"："有几样东西不能吃：鱼、肉、蛋，肉制品也不行。"他说："毛主席在党中央带头，我在国务院带头。群众有困难，做领导工作的更不能特殊。"他在东北，每顿饭只有两盘素菜加一个汤。大家看到他日夜操劳，伙食又很普通，都非常心疼，便想着法子让他吃点肉食。一次，管理员偷偷地买了点香肠，切成碎末拌在咸菜里。伯伯发现后，马上叫七妈去厨房说服大家今后不要再买了，还把剩下的香肠分给了工作人员。伯伯对主管生活的同志说："现在，全国人民都在勒紧裤带，憋着一口气战胜困难，你给我弄好的吃，我怎么能咽得下去呢？！"

从自己的粮食定量里让出半块发糕

据原国务院办公厅机关工作人员赵庆云回忆，三年困难时期，伯伯心系群众，日夜操劳，在百忙之中还经常关心国务院机关的职工生活，关心机关食堂的伙食情况。

有一天，赵庆云正在机关食堂吃午饭，伯伯同总务处徐处长端着饭菜坐到了他们的桌子旁。伯伯边吃边同徐处长研究如何粗粮细做，如何搞瓜菜代主食等问题，还要求机关后勤尽力办好副食基地，多种粮食，多养猪，筹建粉房等。

赵庆云边吃边听，突然伯伯问他："同志，你一个月粮食定量是多少？"他先是一愣，马上回答："报告总理，我每月定量26斤。""那你每天怎么安排的？"伯伯边问边示意其不要紧张。他定了定神，接着说："早餐2两、午餐2两、晚餐2两。"伯伯注意地听着，疑惑地问道："你一个月只吃21斤粮食？"赵庆云忙说："是的，只能吃21斤，其余5斤要补助给3个孩子每天每人各1两，我爱人每月也要拿出5斤粮食补给孩子。他们定量少，吃不饱，正是长身体的时候，我们大人少吃点没啥，先让孩子吃饱饭。"

伯伯听后点点头，深情地看着他说："现在国家遇到暂时的困难，委屈大家了，只要我们努力工作，就能渡过难关，将来我们的生活一定会好起来。"边说边把手中刚拿起的玉米面发糕掰了一半，幽默地说："来，我补助你1两！"说着把半块发糕放在赵庆云的盘子里。

赵庆云心想：自己怎能吃总理的发糕？总理和大家一样，也是吃着自己的那份定量。赵庆云便把盘子放回伯伯面前说："我不能吃您的口粮。"伯伯又把盘子推给了他，执意要他吃下去，他只得含着泪水吃下了这半块发糕。

在二外吃饭，拒喝鸡蛋汤

"文革"刚开始时，伯伯到北京第二外国语学院看大字报。到了饭点，他来到学生食堂，在一张方桌旁的木凳上坐下，和同桌的学生代表边吃边谈。这张桌子立刻被学生包围了，后面的干脆站在椅子上看。伯伯用了两个碗，一碗是菜，一碗是 2 两米饭和一个馒头。食堂的同志觉得过意不去，连忙做了一碗鸡蛋汤，端到伯伯桌上。没想到伯伯转过身，问身边的同学："你们平常吃饭有汤吗？"几个学生不好意思地笑了，因为平时只有开水没有汤，但是他们谁也没说。伯伯明白了，他没有再问，又继续和同学谈话，用馒头蘸着菜汤，把饭菜吃完。那碗鸡蛋汤则一直摆在那里。不过，在结账时，他坚持将饭钱和汤钱都付了。

第3节 用：物尽其用，杜绝浪费

把刀片让给别的同志用

伯伯的卫士长成元功是 1945 年夏调到他身边工作的。据成叔叔回忆，伯伯和七妈生活很有规律，也很勤劳，虽然党中央给他们配备了工作人员，但凡是他们自己能做的事，只要工作不是特别忙，都是自己亲手去做，从不劳驾别人。比如洗手绢、洗袜子，伯伯都是自己动手。就是刮胡子，也都是每次刮完以后，自己将刮脸刀和刀架洗净擦干，再放回盒里。

同年 12 月，伯伯受党中央的委托和国民党谈判，参加三人调停小组到全国各地视察，并做第三方面人士的工作。他工作特别忙，连睡眠的时间都很少，生活中的一些琐事就不能亲自动手去做了。一天，伯伯亲自给成元功示范，教他如何洗、收刮脸刀片和有关用具，并说"以后这些事就要请你帮我来做了"。同时，他还交代说："以后凡是我不能用的刀片，就用手纸包起来放在一边，说明我已经换了新刀片，不能用的旧刀片，你可以拿去做别的用。"

伯伯的胡子长得特别粗（长征时他一直留着胡子，主要原因是没有能刮胡子的刮脸刀），还长得特别快，一个刀片用一个礼拜就不能再用了，所以他用刀片比别人要多。

在南京时，有一天伯伯的刀片用完了，叫成元功上街去买。成元功就去了南京新街口当时最大的一家百货公司，看到柜台里摆着几种刀片，不知道买哪种好。当时，伯伯和七妈每月都是把国民党政府发的工资上交，和大家一起过供给制生活，手头并没什么余钱。为了节约，成元功就买了一包中等价位的。第二天，伯伯刮脸时发现刀片不对，就对成元功说："我胡子又粗又硬，这种刀片刮不动，你拿去给别的同志用吧！"然后指着一个刀片告诉他："你把它拿上，就照这牌子买。"这时，成元功才知道伯伯刮脸只能用"老人头"牌。

准备剃须刀，自己在家刮胡子

新中国成立初，有一次伯伯到中南海服务处理发、刮胡子。他坐下后，卫士韩福裕就把他的外衣搭在右臂上，退到门外。这时，毛主席突然有事要找伯伯商量，秘书们用电话一问，说总理去理发室刮胡子了。由于都住在中南海内，主席就带上警卫径直找到理发室。韩福裕一见主席来了，就要向他行礼，但手里拿着伯伯的衣裳，只好呈立正姿势，向主席行注目礼。主席的卫士就告诉主席，这是总理的卫士。主席很随和地问："你叫什么名字？"他赶紧回答说，叫韩福裕。说过之后，考虑到自己的山东口音主席不一定听得清，又进一步补充说："是韩信的韩，幸福的福，粟裕的裕。"毛主席听完，笑着说："你这个名字好呀，包含了中国两个大军事家韩信和粟裕，你还比他们都幸福。"这风趣的话，逗得在场的人都笑了。这时，伯伯听说毛主席找来了，就打算让理发师停下来，主席连忙制止："我没有急事，等你刮完了再谈不迟。"

有过这一次"教训"，伯伯就让身边的工作人员给他准备了剃须刀，一般就自己在家刮胡子。为此，在西花厅后厅还摆放了一方大立镜，以便让他刮过胡子后再照一照有没有"漏网"的胡碴儿。

用绿桌布遮办公桌，用眼镜盒装圆珠笔

伯伯搬进西花厅办公后，办公家具都是旧的，办公桌也是旧的，不但有些地方油漆已经脱落，桌面斑斑驳驳很难看，接缝处还裂开了很长一道口子。为了弥补这些缺陷，政务院行政处给办公桌上铺了一块玻璃板，将缺陷遮盖起来。伯伯发现上衣胸前扣眼处出现白茬儿后，就找原因，找来找去，得出的结论是趴在桌前办公时被玻璃板边磨的，于是让人把玻璃板撤掉。玻璃板撤了，可桌面又很难看，总不能就这样在上面批阅文件吧！怎么办？伯伯提议在桌上铺块布。当时市面上并没有宽面布，呢料倒是有宽面的，可伯伯又不让用，说那样太不勤俭节约了，不符合勤俭建国的精神。经再三考虑，决定买三幅绿色布，一幅半做一块，这样做两块，便于洗涤替换着用。之所以采用绿色，是考虑到伯伯长期在那里办公，绿色对眼睛有好处。

不久，伯伯发现自己的中山装上衣胸前左边小兜插钢笔的地方出现了一道白印，对工作人员说："你们看，这里又出毛病了。"为了不致使钢笔帽把小兜上那道白印磨得更白，看着不像个样子，伯伯从此不再把钢笔插在小兜上，外出开会时就把钢笔放在眼镜盒里。后来，鉴于圆珠笔比较小巧轻便，成元功建议伯伯就在他的眼镜盒里放上一支圆珠笔，比钢笔方便，用起来不用灌墨水，也不用拔笔帽。此后，放在眼镜盒里的圆珠笔就成了他的必备用品。伯伯喜欢用圆珠笔，卫士就又买来一支红色圆珠笔，经他同意放在了眼镜盒里。这以后，伯伯就不再用钢笔了，在家办公主要用羊毫小楷毛笔和铅笔，外出就用红、蓝两色圆珠笔。

用简易落地灯，睡木板床

伯伯喜欢抱文件上床办公，床头两边各放一把椅子，便于放衣服。睡觉前办公，床头需要台灯，他请中南海的工人师傅帮忙用铁管做一个落地灯，灯罩也是用洋铁皮打的，因为晃眼，后来刷了一层绿漆。他睡木板床，棉被褥色调素淡，不喜欢很鲜艳的颜色。

一定要勤俭办外交

1949 年 11 月 8 日下午，兼任外交部部长的伯伯在外交部副部长李克农陪同下来到了部长办公室。办公室铺有地毯，摆放着一只红木雕花的大办公桌和四把太师椅、四个红木书橱，还有一套沙发。伯伯看过后说："我不是说过嘛，一切因陋就简，为什么要搞得这样豪华？"李克农赶紧解释道："这些东西都是北洋政府外交部的，已经存放在这房子里 30 多年了。"伯伯扫视了一下办公室，郑重又严肃地说："我今天告诉你们，在我当外交部部长的时候，不得建造新的外交大楼，也不许增添更多的房子和办公用具。这些就很好嘛！一定要勤俭办外交。"外交部大楼是北洋政府时期建造的，房屋不够用，从工作需要出发来说，是应该盖新的，可为了勤俭办外交，节约经费，减少支出，伯伯和他的继承者陈毅元帅（新中国第二任外长）都一直坚持不盖大楼。

伯伯慷七妈之慨请客

伯伯在家吃饭时，一般是两菜一汤。如果来客人，往往也就是四菜一汤。当然，吃完饭后，他总是提醒大家不要忘了交粮票，菜钱免收。

因为伯伯和七妈的粮食都有定量，请客多了，粮食不够吃。例如，伯伯曾几次请中国乒乓球队到西花厅吃饭。每一回都是四菜一汤，来的时候要带粮票，七妈说："恩来和我请大家吃饭，钱我们出，粮票我们没办法，只好请你们自带……"大家一听，都哈哈大笑。每次请客吃饭，伯伯总是说："没关系，我的工资比你们高，又没有家庭负担。"

其实，虽然伯伯工资比起一般人来说是比较高的，但由于有些本来可以报销的费用他也坚持自己掏钱，比如他从没领过出国置装费和补助，自己负担药品、报纸以及身边工作人员用的肥皂等费用，所以他的工资除去房租水电及其他各种开支后，也不剩几个钱。请客次数多了，还要靠七妈的工资垫着。因此有时请客吃饭后，伯伯会补充一句："今天是大姐请你们的客，我是慷大姐之慨。"

伯伯亲自问自家买菜钱，贵一分也不行

据伯伯身边工作人员介绍，伯伯家庭的收支是这样的：每月去会计处领取他和七妈工资并保管他们家现金与存款的人是伯伯的座车司机杨金铭，用钱多由伯伯的卫士长成元功经手，有时也有其他人用钱。需要用钱时，由用钱人从杨金铭那里拿钱去用，用后能开发票的都要开发票，也有蔬菜之类的东西不开发票。无论有无票据，都得再到杨师傅那里报账。报账时，一般都要经手人、证明人和收货人三方签名，至少是两人签名。其实，这并非伯伯、七妈的规定，而是西花厅工作人员为了管好这个"大家"自觉养成的习惯。

伯伯国事繁忙，一般无暇过问自己的家庭收支情况，只是每到月底由杨师傅向七妈报一次账。所谓"账"也并非会计使用的那种正规账册，只

是当时一般工作干部使用的普通笔记本。

据伯伯的卫士高振普回忆，大约是 60 年代中期的一天，从不问自己家庭收支情况的伯伯突然提出要老杨到他那里细报一下他家近两个月的收支情况。杨金铭一时很紧张，难道什么地方出差错了？他随即拿上那本笔记本，还招呼上平常管用钱的成元功、高振普等一起赶到伯伯那里。

伯伯还像平常一样坐在办公桌前，见他们都到了，就起身走出办公室，在他的后客厅也兼餐厅的会客室长椅上坐下，抬抬左手，示意杨金铭可以报家庭开支账了。

老杨师傅望着笔记本念道："……3 月 1 日买大葱 5 分钱，厨房用；3 月 2 日买毛巾 1 条 3 毛 2 分，客厅用；3 月 2 日买干面 5 斤，7 毛钱，交厨房；3 月 3 日买盐 1 斤，1 毛 5 分，厨房用。"

"停。"伯伯一声叫停后，用疑惑的眼光望着杨金铭说，"你们买盐多花了我 1 分钱。"

杨金铭又是一阵紧张，连忙放下手中笔记本，很快找出了买盐的那张原始收据，上边清楚地写着："大盐 1 斤，1 角 5 分。"

伯伯查看了买盐的发票后，示意他们退出去，然后向北京市有关部门打了电话，询问民用食盐为什么每斤要涨一分钱价。当弄清了是北京卫生局为了预防市民患肿脖子病而对食用盐加碘才提高了食用盐价格之后，伯伯这才放心。

第二天，伯伯在外出时对与他同车的司机杨金铭和卫士高振普说："我不是在意多开支的那分把钱，而是因为食盐是千家万户都要使用的消费品，不能随意涨价。"

把稿酬用作办公室文体活动经费

新中国成立后，伯伯经常会在各个部门讲话或作报告，有很多是在报刊上公开发表的，报社、杂志社按照规定支付稿酬，但伯伯从来不收。一次，报刊发表了他的一篇在座谈会上的讲话，后来寄来了一笔稿费。有一位同志收下，存入银行，过了几年，那位同志把钱交给了伯伯。伯伯提出将钱全部退回。可是，已经过了好几年，机构已经变动了，无处可退，大家为难了。对这种情况，有工作人员就出了个主意："把这笔钱作为咱们办公室的文体活动经费。"之后，就用伯伯分文不取的这笔稿酬买了一批文化用品和体育器材。

第4节　住: 秘书翻修西花厅, 伯伯公开自我检讨

在参加有关活动时, 我看到了伯伯在全民族抗战时期在重庆时的办公室, 十分俭朴, 只有一张床、一张办公桌、几把椅子、几个书架、两只会客用的竹沙发, 墙上挂着两个玻璃镜框, 框子里嵌着照片, 一个是毛主席的照片, 一个是伯伯和毛主席在一起的照片, 非常朴素大方。他在生活上一直保持着克己奉公的优良品质。

新中国成立后, 伯伯当了总理, 还是保持着过去的传统。他日理万机, 睡觉难。但他的难与毛主席又不同。毛主席是睡不着, 伯伯是不能睡。他住在中南海的西北角, 两边临街, 小轿车驶过的沙沙声自不必说, 更有载重汽车隆隆开来, 桌椅床铺都跟着震动。伯伯也经常借助安眠药, 但他不像主席那样两次三次地服药, 只服一次安眠药。伯伯睡觉少, 多数是被卫士叫醒。卫士说: "他太缺觉了, 有时我们叫三四次叫不醒, 但又非叫醒他不可。每当我们硬起心肠用力把他摇醒时, 泪水只能往肚子里流。因为他说过: '喊不醒摇醒, 一定要把我叫醒, 工作在那儿等着呢……'"

伯伯住进西花厅后, 每到春天海棠花开时灿似锦霞, 十分亮丽, 他和七妈就常约朋友来一同赏花。西花厅是一所古老的京式平房, 由前、后

两个院落组成，灰色条瓦。由于年久失修，油漆斑驳，柱子的基部已腐烂，墙壁粉刷脱落，地面上铺着大块青方砖，阴暗潮湿，长此下去，会对健康产生不良影响。伯伯的住房也是砖铺地，泛潮泛碱，天花板和四壁都已灰黑，膝部不好的他容易腿疼，有时要裹条毯子。有关部门多次提出修缮，都被伯伯谢绝了，他说："比延安时期住窑洞好多了，现在经济很困难，要把有限的钱用到最需要的地方去。"

当时，我父亲从华北人民革命大学培训出来后分配了工作，在钢铁工业局当个普通干部。伯伯专门对父亲单位的领导同志交代："周同宇的工作安排，职位要低，待遇要少，因为他是我的亲弟弟，我们共产党打天下是为全国老百姓，不是为自己家人的。我们不能像国民党那样搞裙带关系，也不能像封建社会那样'一人得道，鸡犬升天'，一人当官，亲友们都高官厚禄。我们共产党人干革命不是为家人谋利益的。"由于父亲职位低，家里住房极小，住不下我们几个姐弟，所以我们住到了伯伯在西花厅家中的东厢房。

1954 年 4 月下旬，伯伯率中国政府代表团出席日内瓦会议。有关部门决定趁他出国期间对西花厅进行简易修缮。这次简修只用了 20 多天时间，主要是翻掉了大块青方砖，换上粉红色的小缸砖，截接了已经腐烂的柱子；粉刷和油漆了墙壁、门窗、板壁、柱子；改善了取暖和通风设备。经过这一番简修，比以前要明亮、干燥、整洁多了。日内瓦会议暂休期间的 6 月底，伯伯回北京时，看了修葺一新的房子说："为什么要换上新的窗帘布？原来的窗帘布不是好好的嘛！这是谁的主意？"秘书何谦说："是我的主意。"卫士俞标附和着说："是我们共同的主意。"伯伯说："换上原来的窗帘布，新的窗帘布由你们去处理。"后来，有一次趁伯伯外出，秘书又替他修缮了下住房，地面换成了地板，更换了地毯、窗帘、浴缸。伯伯回来后，一进院子就发现了变化，少有地发了脾气，把秘书严厉地批评了一顿，并且愤然离去，不肯回家。秘书做了多次检查，又请陈毅等老同志出面解释，伯伯仍然不肯回家，并且主动在国务会议上做检查，进行了自我批评。有老同志劝道："已经这样了，以后注意就行了。"伯伯说："不能以后，一讲以后就止不住了。"结果，除了地板这样无法取下的东西之外，凡能取下来的东西都退回了公家，他才勉强回西花厅。

院子里有水池、长廊。水池没放水，伯伯说放水浪费。长廊脱漆严重，工作人员建议维修。伯伯说："可以，保护古建筑，搞是可以的，但要自费，决不能用国家的钱。"工作人员一算账，需要2万多元，他根本没这么多钱，修不成，拖下来了。直到伯伯逝世后，国家有关领导才下令彻底大修了一遍。

"只要我当一天总理，决不允许盖政务大厦"

新中国成立初，有关部门在苏联专家的指导下，草拟了一个新建政务大厦的设计方案，把中南海以西至西单街以东都纳入了筹建范围。伯伯根据议事规则，将该方案提到了政务院全体会议上审议。经过深入讨论，与会人员一致认为此方案不切实际，建议暂缓实施。伯伯在总结时反复强调"三年恢复、十年建设"的指导方针，并指出："目前人民生活水平低下，自然灾害频繁，需要我们艰苦奋斗，因而建政务大厦在目前是不可行的。"可是，事情到此并没有完全解决，有些部门提出种种理由要求盖楼堂馆所，有的部门和地方还擅自作主盖了起来，这一现象在中央和地方仍有蔓延趋势。有鉴于此，伯伯果断地查处了一些比较突出的违纪建房单位，并在报纸和电台上予以曝光。在一次会议上，伯伯明确指出："我们共产党人是为人民服务的，只要我当一天总理，决不允许盖政务大厦。"他还打比方说："清朝最后一个摄政王载沣办公的地方也只有东华厅和西华厅，他的衙门总共不过十多个人，办事的人员也只有四五十人。清王朝的统治者尚能如此，难道我们这些用'特殊材料'制成的共产党人还做不到吗？"

第 5 节　行: 非公务用车等事项，必须付费

长征中患病仍坚持不坐担架

红军强渡大渡河后，伯伯就病了，高烧不止，有时甚至处于昏迷状态。那时红军什么药都没有，能用盐水给伤员洗洗伤口就是最好的治疗了。伯伯对红军面临的这种困难十分清楚，因此当得知医护人员千方百计到各个部队找药时，便制止说："战士比我们更需要药品，决不能到部队去找，我们有什么就用什么！"每到一个宿营地，医护人员第一件事就是赶紧到处买药，偶尔能买到一点止痛退烧药，就立即让伯伯服用。在一个集镇上，他们买到了 2 两木耳，这就是在整个长征途中给伯伯弄到的唯一高级补品了。由于得不到及时有效的治疗，伯伯整天高烧不退，经常处于半昏迷状态，翻雪山前部队专门为伯伯准备了担架，可他坚持自己走路。最后他实在走不动了，才躺到了担架上。

坐三等车去石家庄和卫立煌谈判

西安事变后，伯伯要去石家庄和卫立煌谈判。警卫员廖其康请办事处

负责后勤的人买包厢票，伯伯知道后严肃地问他："怎么，你叫人买的包厢票？"廖其康刚要解释，伯伯摆摆手，十分恳切地说："不行啊！你去把买票的同志喊回来，叫他别买包厢啊！我们是人民的勤务员，怎么能像有钱人那样呢？！"廖其康只好说："好吧，那就只买软卧吧！"伯伯又说："不要软卧，就买普通票。路不长，一晚上就到了嘛！"廖其康说："那您晚上怎么休息呢？"伯伯毫不在意地说："躺在椅子上，不是就睡了吗？"廖其康说："三等车厢里怎么做保卫工作呢？"伯伯说："坐三等车，你的保卫工作最好做；坐包厢，坐软卧，你的保卫工作最不好做。坐三等车的都是穷人多嘛，同劳动群众在一起，目标小，又安全，花钱又少，多好啊！"廖其康请来联络处的秘书，劝了一阵，还是毫无办法，只好去买了普通票。

火车到石家庄，卫立煌派来的军官找遍包厢，又找遍软卧，都没看见伯伯，还以为伯伯没有来。没想到周副主席会同普通旅客一起从三等车厢下车，他大吃一惊，慌忙上前迎接。后来，他说："哎呀，怎么搞的？你们周将军这样高级的将领，只坐普通的三等车？我在包厢里都找遍了，还以为周将军没有来哩。你们周将军这样廉洁奉公，真是可敬可佩！"

让侄女骑自行车上学和回家

1949年夏，我从天津到北平后，就住进了伯伯居住的西花厅，并在师大女附中读书。当时，我看到每逢星期六，师大女附中的住校学生有不少是用小车接送的，心里难免有些羡慕。伯伯和七妈敏锐地注意到了这个情况，然后，七妈就来给我做思想工作。她说："你应该坐公交车或骑自行车，小汽车是你七爸的工作用车，不是随便哪个人可以用的。"从此以后，我就骑自行车上学和回家。每逢寒暑假，七妈也都是叫我到大食堂吃饭。

私人用车，坚持自费

在西花厅工作和生活过的人都知道，伯伯走路很快，他是为了抢时间多办几件事。他的工作计划安排太紧凑，简直是争分夺秒，在秘书的本子上都早已计算好，误一件事就会影响一串事。久而久之，伯伯就是散步也走得快似风。七妈经常跟不上，免不了抱怨一声："恩来，你走那么快，谁能跟得上啊！"伯伯则歉意地一笑，慢下步子。然而，过一会他不知不觉又会走到前边去了。没办法，对他来说这已成了习惯。

伯伯喜欢坐飞机，为的是提高工作效率。他轻易不坐专列，怕影响铁路的正常运输秩序。有时，为了调查研究而乘坐专列，决不肯叫专列在单行线上随意停留，以免阻塞其他列车通行。

伯伯喜欢坐汽车经过市区，观察群众情绪和社会秩序。他的心特别细，司机说："一到雨天，总理坐车便不肯仰靠椅背，总是前倾着身子观察路面，发现行人就拍我肩膀说：'开慢点，再慢些，不要把水溅到群众身上……'"

有一次，伯伯在前门全聚德宴请专家吃饭。饭后送客时，客人们站在大厅内不走。伯伯这才看到，原来是自己的车堵在门口，就着急又生气地大声质问随行的卫士："小张，怎么不叫客人先走？是谁调的车？"客人齐声说："总理，您先走！"伯伯不肯，坚持让客人先走，卫士赶紧跑到门外，叫司机将伯伯的车先开走，把专家的车开过来，等专家都上车走了，伯伯才上车。

据伯伯的司机说，总理每次到北京饭店理发，都会告诉司机要记账、交汽油钱，并且要检查交了没有。凡是私事用车，他都自己付钱。1956

年的一天，伯伯因为要会见外宾，乘车由西花厅先去北京饭店理发刮脸。他再三提醒司机老杨要记账交费："从西花厅到北京饭店算私事，从这里（北京饭店）到人民大会堂才是公事，你不要又笼统搞错了。"他总是这样公私分明地处事，把饭店理发、剧院看戏、公园散步、医院看病友以及私人访友，都算作私人用车，坚持自费，绝不占公家的分毫便宜，更不揩公家的半点油。

有一次，伯伯乘专机去南昌。飞机降落后，他从舷窗向外看时发现一大群当地领导站在机坪上等着迎接他。飞机舱门打开了，舷梯也架好了，伯伯坐在座位上纹丝不动。原来，他事前已经让国办工作人员向南昌方面打过招呼，要"一切从简，不许迎送"。现在看到这样，他很生气。陪同的工作人员见此情形，上前劝他下机。但伯伯坐着不动，满脸不悦，十分生气地说："事先都通知过了，还这样搞。"僵持一段时间，下面的领导面面相觑，不知如何是好。最后，伯伯叹了口气，走到舱门口，语重心长地向下面等候的领导说："同志们啊，我让办公厅事先通知了你们不要迎接，正是因为大家工作都很忙，各有各的工作。你们有你们的工作，我也有我的工作。放下手里该做的工作，搞这一套迎来送往，哪里学的这套陈规陋习？你们这样做，我就不下飞机了！"

听到这个故事时，我想起了工作人员总结的，伯伯在国内视察，有一套不成文的规定：

1. 不准省市领导人到车站机场迎接；

2. 不准宴请，不准陪餐；

3. 两菜一汤，不招待酒水，不吃高级菜（如燕窝、鱼翅之类的东西）；

4. 房间内不准摆糖果、水果，茶叶自备；

5. 去公共场所，不封园，不闭店，不戒严。

【章末语】

习近平总书记指出："要弘扬中华民族传统美德，勤劳致富，勤俭持家。""不论我们国家发展到什么水平，不论人民生活改善到什么地步，艰苦奋斗、勤俭节约的思想永远不能丢。艰苦奋斗、勤俭节约，不仅是我们一路走来、发展壮大的重要保证，也是我们继往开来、再创辉煌的重要保证。"

伯伯的一生都如习近平总书记所言，始终保持着"艰苦奋斗、勤俭节约"的工作和生活作风，并对亲属和身边工作人员们言传身教，同时对所接触到的其他同志们，也是如此谆谆教导。我曾在伯伯身边生活多年，深受这方面的教育。正如习近平总书记在纪念周恩来诞辰120周年座谈会上发表讲话时评价说的："周恩来同志毕生严于律己、艰苦朴素，只求奉献、不思回报。"

第七章

严于律己　清正廉洁

第 1 节 公私分明，两袖清风

公家的钱怎么可以随便借！

新中国成立初期，有一次，周家有亲属从外地到北京探亲，按"家规"住到了招待所。（新中国成立后，伯伯给自己的亲属定了"家规"：来北京一律住机关招待所，在食堂排队买饭菜，没工作的由他代交伙食费；不许用公家汽车；在任何场合，都不要说出与总理的关系；不谋私利，不搞特殊化；等等。）这位亲属按"家规"住下来，但返回时，卫士长成元功向国务院机关互助会借钱买了车票。伯伯过问道："车票是怎么买的？"成元功说是向机关借钱的。伯伯说："公家的钱怎么可以随便借！职工有了困难怎么办？"等到成元功解释说是向机关职工互助基金会借来时，他才说："这就好！"

自费安装水泵，节水种菜渡困难

在西花厅前院水榭南侧空地上，有一口多年没有使用过的砖砌水井，周围可以种菜，伯伯建议在水井上安装一台手压水泵，用井水浇菜地，同时特意吩咐安装水泵的钱由他自己承担。当时，工作人员觉得，安装公共设施要他自己花钱不太合适，于是就请总理办公室的同志把他们的意见转达给伯伯，得到的回答是：总理坚持自己出钱。他们只好照办，最后用伯伯的工资安装了一台手压水泵。

老花工利用这块地方，翻一翻土，种了一些豆角、白菜、萝卜、茄子、玉米等。到了夏季，各种蔬菜陆续长成后，就请伯伯和七妈他们尝个鲜。

后来，伯伯知道了这是从院子里摘的自种豆角，便马上警觉地问："给钱没有？"卫士觉得，这都是自己种的，不用给钱，再说往哪儿给钱呢？于是他们就回答："没给钱，都是自己人种的。"

伯伯摇了摇头说："这样不对。用公家地、公家水，长出东西就该按斤两付钱。这样，按规定算算，一半交机关，一半分给花工。"

"要会算经济账"

有一次，伯伯在北京饭店会见外宾。会见结束后，他感到有些饿，就吃了点便饭，很快吃完了。卫士一算账，吃了2元8角，但心里算了账，却一时着急忘了给钱。上了车，还没坐稳，伯伯就问："给了钱没有？"卫士这才发现没给钱，伯伯在车上就批评道："快给我把钱送去。要会算经济账，不然怎么行！"

1956年的一个星期天，伯伯在北京中国照相馆照了相，准备出国时送外国元首，要照相馆再多印几张。照相馆职工为了表达对周总理的爱戴，特意精心印制了4张12寸照片赠送给他。几天后，伯伯要工作人员前去结账，硬要照相馆开两张单子：一张是因工作需要的那些照片，由公家付钱；另一张是伯伯自己留下的几张照片，连同照相馆赠送的那4张，由他个人付钱。

卫士则回忆说："总理在外面活动多，在外面吃饭也多，每次吃了饭必要记账付钱。我们挨过几次批评，都格外经心，一次钱也不敢少付。我们吃夜餐都补助，他一次补助也不肯要，从来没享受过。他说他习惯夜间办公，上的是正常班……"

念念不忘付买枣钱

伯伯关心三门峡大坝的建设，也关心三门峡的农业生产情况。他特别喜欢灵宝大枣，对来三门峡大坝视察工作的领导人，他总是让工作人员给每人买3斤灵宝大枣作为纪念品。过后，他又总是念念不忘地追问卫士："灵宝大枣的钱付了吗？"直到把所有的枣钱付清，他才不再追问。

"药是国家的，必须要给钱"

1958年，伯伯视察河北省安国县。他来到伍仁桥公社医院，接连走进三个简易病房，看望住院病人。他走到每个病人的床前，关心地询问每个病人的病情和治疗事宜，又询问医院职工的学习、工作和生活情况，鼓励他们把工作做好。随后，他又到了中药房，看药品是否齐全。

当看到药斗上写着"薏米"二字时，伯伯对正在抓药的同志说："听说安国的祁薏米是当地产的，很有名望，要2角钱的，带回去。"司药立即称了2两薏米，包好递给伯伯。伯伯让秘书把钱交给司药。司药说："送给周总理的，不要钱。"伯伯严肃地说："药是国家的，必须要给钱的。"说着让秘书把2角钱递了过去，司药无奈，只得把钱收下。视察完医院，伯伯对县社领导说："公社都应当搞好医院建设，让群众看病方便。"

"国家财产怎么能随便送人？"

1973 年仲秋时节，伯伯陪外宾到洛阳龙门石窟参观。龙门石窟有很多石雕佛像、碑文石刻，当地文物部门根据这些碑刻，制作了《龙门二十品》拓本，非常珍贵和精美。

伯伯看到《龙门二十品》后，很感兴趣，翻阅后便向售货员询问价格。当得知一部拓本售价 500 元的时候，他就恋恋不舍地放下了拓本，准备陪同外宾离去。

一位陪同参观的当地工作人员看到这一幕，赶紧拿起拓本走到伯伯身边，说："周总理，这拓本就送给您吧！"伯伯严肃地批评了他："怎么能这么讲？国家财产怎么能随便送人？"

后来在另一处景点，他又遇到了同样的拓本，便问身边工作人员是否带了钱。结果随行人员没有带够钱，便建议"是不是可以请他们先给一套，等咱们回到北京后，再把钱寄回来"。

"不行！那样，他们就不会要钱了。"伯伯坚决地拒绝了这一提议，最终也没能买成他喜欢的这部拓本。

"钱一定要我自己付，不能由国家报销"

1957 年 4 月，伯伯陪同苏联最高苏维埃主席团主席伏罗希洛夫访问杭州。他关照送伏罗希洛夫 2 斤茶叶，在临走时坚持要自己付钱，说："以我的名义送的茶叶，钱一定要我自己付，不能由国家报销。"

1964 年初秋，正值蜜橘收获季节。外交部礼宾司有一天接到总理办公室的电话，要给柬埔寨王后送一些蜜橘。礼宾司建议以周恩来个人名义签字赠送，伯伯表示同意，并交代这次赠礼费用由他个人负担，不能向公家报销。

礼宾司认为既然是赠礼，不管是以国务院总理名义或以周恩来个人名义，都应由公家报销。但伯伯公私分明，礼宾司只好服从照办。可是那个时候，伯伯的存款只有 400 元，负担不起昂贵的远程航运费。后来，礼宾司想出了办法，把蜜橘托要去柬埔寨的人顺道带过去。王后收到礼物后，非常感动。

伯伯和习仲勋自掏腰包为晚会食物买单

新中国成立初期，政务院机关事务管理局有一年在北京饭店宴会厅举办春节联欢晚会，应邀参加的有 1000 多人，大部分是政务院以及中直机关有关方面的负责人及家属。晚会相当简朴，以跳舞为主，中间安排一些名家演唱和相声等节目，中厅设有"钓鱼""猜谜语""吹蜡烛""走万里长征"几项游艺活动。楼内楼外灯火通明，一派节日气氛。午夜钟声响了，宴会厅顿时沸腾起来，大家又是鼓掌又是欢呼，纷纷给伯伯拜年。伯伯则逐个桌子给大家拜年，祝同志们新年好。

舞会暂停，开始演出文艺节目。桌上每人一杯清茶，大家一边喝茶一边观看节目。这时，服务员给每个桌上端来一小盘点心和一大盘水饺。伯伯一瞧就有点吃惊，忙扭过身悄悄问坐在一旁的政务院秘书长习仲勋："这是谁安排的？"习仲勋摇摇头说："我不知道这回事呀！"伯伯想了想说："这样吧，东西都端上来了，又是个迎新晚会，咱们不要再说什么了，以免影响大家的情绪。但是，这点心和水饺的花费，国库不能开支，从你和我的工资里扣除，怎么样？"习仲勋笑笑说："只有这条路啦！"

这时，伯伯起身用筷子把热腾腾的饺子一一夹到同桌每个人的盘子里，微笑着对大家说："守岁吃饺，福星高照，这是咱们中国人的风俗，大家要吃好！"直到最后，他给习仲勋的盘子里夹了饺子后，才给自己的盘子里放了一个。伯伯一面细细品尝，一面又对习仲勋轻声说："仲勋，这也算歪打正着吧，没想到除夕守岁，我们能自掏腰包请大家吃上几个水饺，运气好嘛！"

习仲勋笑出声来，凑近伯伯说："总理，要破除迷信！这次我的工作有严重疏漏，得向你好好做检讨哪！"伯伯也笑着说："我对'检'不感兴趣，关键是一个'讨'，向你讨回这顿水饺花销的债，准备掏一半的钱吧！"

第2节　防微杜渐，不搞特殊化

国民经济困难时期，坚决不搞特殊

据西花厅的炊事员林清回忆，伯伯吃饭很简单，一般就是两菜一汤：一个荤菜，一个素菜，加上一个鸡蛋汤。荤菜中，伯伯喜欢吃狮子头，一般每周要吃两次。林清记得第一次为伯伯做狮子头的时候，怕自己做得不好，就去问伯伯味道如何，伯伯笑着说："马马虎虎吧。"他后来明白，伯伯不要求他那么高，怕给他增加压力。

国民经济困难时期，伯伯告诫林清："人民生活困难，我们要与群众同甘共苦，现在肉食定量供应，要少吃肉。"就这样，在那几年，伯伯最爱吃的狮子头从一周两次改为一月一次了。大家私下议论，认为应该保证总理吃好，营养要跟上，大家都为总理的健康担心。但是，伯伯从来不许他们违反规定。

还有一次，伯伯请外国朋友吃饭，剩下点肉，为了给伯伯补一补身子，林清特意将其留下给他做了几个包子。伯伯看到后，又教导林清说："现在国家有困难，要时刻记住我们是人民的勤务员，要时时为人民着想，处处与人民同甘共苦，不能有丝毫的特殊呀！"

在外交部排队用餐

新中国成立初，兼任外长的伯伯到外交部发表了一次重要讲话。讲完话，已是用餐时间，他便在办公厅主任王炳南的陪同下来到楼下食堂，同工作人员一道排队，买了一盘豆腐汤、一碗米饭，随便找个位子，坐下就吃了起来。

"我也是一个普通游客"

1957年3月，伯伯在杭州净慈寺前的碑亭里看清朝康熙皇帝写的"南屏晚钟"字碑时，群众围了过来，影响了他的视线，卫士长成元功就上前轻声地请大家让一让。伯伯见状，就面色很严肃地说："不要干涉人家，我也是一个普通游客嘛！"

"我是总理，更应遵守规定"

有一天，伯伯临时决定去北京医院看望一位朋友。到了北京医院西门，传达室一位工作人员拦住了汽车，要求出示证件。秘书何谦赶紧下车，介绍说这是周总理来看望朋友，临时出门没来得及通知医院。工作人员听了，仍坚持必须看到证件才能放行。

两人正在沟通，伯伯却主动下车走过来，掏出证件递给工作人员说："同志，我是周恩来，我是要去看望一位朋友。"工作人员看到证件，连连道歉，伯伯却宽慰说他做得很对。

事后，伯伯还对身边的工作人员解释说："那位同志做得对！他不认识我，并不能怪他。我是总理，政府的规定，我更应该遵守！制度就是要大家都遵守，越是领导人越应该带头，谁也不能特殊！"

伯伯的专机不"专"

1957 年 8 月 2 日，苏联政府将一架最新生产的伊尔 14 飞机赠送给伯伯。交接仪式举行后，伯伯有了第一架专机。1959 年，总理专机又改用了新的伊尔 18 飞机。这以后，中国民航陆续购入了先进的三叉戟、伊尔 62 和波音等喷气式飞机，速度快、噪声小，但伯伯的专机始终没再换机型。

据周总理专机机长、原国家民航总局副局长张瑞霭回忆，那时候我国还很穷，伯伯指示说："我坐的飞机，其他中央领导人及来访的嘉宾都可以坐，绝不能因为我坐了，就成了我周恩来个人的专机，谁也不能用了，那不好。民航底子薄，飞机少，任务重，不飞专机时，还可作为班机用。"

第3节　非公务游园和观看演出等，
　　　一定买票入场

伯伯在南开学校读书时就演过戏，对于文艺工作，他是很懂行的。他喜欢看戏，非常关心新中国的文艺事业。很多时候，尽管他去看演出是带有工作性质的，但只要不是纯公务的场合，他都会自己买票观看，这种事情很常见。

"我是国家总理，怎么能不买票呢？"

1955 年夏的北戴河会议期间，上级通知秦皇岛公安局，伯伯和七妈要到戏院看戏。当地公安局的同志为如何既不让伯伯发现、又要做好安全保卫工作费了一番功夫。到了看戏那一天，公安局要戏园在第三排留了两个座位。公安局的同志着便装，分别围在空座前后左右。公安局的副科长王惠长发现自己座位旁边有两个空座，他想这大概就是伯伯和七妈的座位了。

伯伯和七妈来了后，先到售票处买票。工作人员忙说："周总理，您好，您不用买票了，里面已经给您留好座位了。"伯伯一听，很不高兴地说：

"同志，我是国家总理，怎么能不买票呢？"看到伯伯严肃的表情，售票员便赶忙把事先留好的座位票卖给了他。伯伯挽着七妈的手，进入戏院对号入座，正好挨着王惠长坐下。王惠长心情极为激动，一面假装看戏，一面斜眼看伯伯。正巧，伯伯也转过头来，语气平缓、态度亲切地问他："同志，你是哪个单位的？买票了吗？"王惠长说："我是劳动局的，刚刚买的票，3毛钱。"说着，还拿出了票。伯伯看了看票，点点头，把票还给他，继续看戏。

戏台上正演到一个县官审案，县官一拍惊堂木："啪！还不从实招来！"演到这里，演员向台下一望，当即认出台下坐的是周总理，一紧张，唱腔神态都不自然了。伯伯看出演员的紧张，"扑哧"一笑，神态和蔼自然。演员心情渐渐放松下来，继续唱下去。这位演员回到后台一说，其他演员都挤到幕布旁，从幕布缝里向外看。台上的演员格外兴奋地表演着，一招一式、一字一句都格外认真。伯伯神态依旧安详和蔼，不时点头。

散戏后，公安局的同志跟随伯伯和七妈左右，一直送到坐在后边的随身警卫身边，这才放下心来。

自己买票去前门看戏

1957年11月，伯伯在中国文联礼堂第一次观看了丝弦戏《空印盒》《赶女婿》《小二姐做梦》。演出结束，他接见了演职员，同他们合影留念，并为丝弦剧团亲笔题词。第二天，石家庄丝弦剧团又在中合剧场上演《调寇》《赶女婿》。伯伯在没有通知的情况下，自己买票第二次观看。两天后，丝弦剧团进中南海怀仁堂演出《空印盒》《扯伞》，伯伯又和朱德、邓小平、陈云等党和国家领导人一起观看了演出，并与演职员合影留念。

1957年初的一天晚上，北京大栅栏前门小剧场上演《杨乃武与小白菜》。演出已经开始，这时有一前一后两个人走到剧场门口。前边的这位年岁稍长，他掏出两张戏票，请检票人检过，和后边这位一起走向入场门。坐在入场门口的服务员，连忙站起，打开入场门，请他们进去。不想年长的这位冲她一摆手，说："正在演出，稍等一下，换幕时再进去吧。"服务员说："不要紧，您请吧！"随即做了一个请进的手势，说话的声音有些大。年长者又摆了摆手，并伸出食指在自己嘴前一晃，小声说："不，不，那会打搅观众，也会打搅演员。"

服务员把门关好，但心里还是觉得很奇怪："为什么他竟然这么谦虚，这么有礼貌？"不觉向来人多看了看，忽然觉得十分眼熟，心里想了想："啊，莫不是……"她悄悄地向那位年轻人问："这位是……""周总理。"年轻人压低了声音。服务员激动地来到伯伯面前，恭敬地说："您是总理。"伯伯笑着说："你认出来啦？"

幕间换景时，伯伯和随从们在服务员陪同下入场就座。服务员把伯伯来的消息马上报告了前后台。伯伯聚精会神地看着台上，还不时鼓掌。戏演完了，伯伯站在台下又为演员热烈鼓掌，全场的观众都围向伯伯，对他鼓掌，台上的演员也面向他鼓掌。导演关士杰和剧场负责人来见伯伯，伯伯对他们说："我去看看演员同志们。"他来到后台，亲切地打招呼说："大家辛苦啦，演得好啊！"主演魏喜奎搬来一把软面椅子，请伯伯坐下。伯伯对围在身边的大伙儿说："你们也坐嘛！"可是没一个人坐。伯伯笑着说："怎么，你们都不坐，把我孤立起来啦！咱们坐谈嘛，都不坐，怎么谈？"大家这才坐下。

伯伯说："我刚刚访问回来，看报纸上登着你们在演这出戏，马上买票来看了。我很喜欢这出戏，不但因为它是我从小就看的家乡戏，还因为这出戏有特点，它是一出为民申冤、平反冤狱的公案戏，可是却没有歌颂一个清官，而是借助东太后、西太后两宫斗争才冤案得反。这就比一般公案戏好多了。""你们演得不错，唱得好听，既能满足曲艺听众听曲，又能满足戏曲观众看戏。这又是你们这个剧种的特点。"他接着又说："我也给你们提些意见，一个是戏太长了。"他抬手看了看手表："演了将近 4 个钟头吧？太长了，要压缩到 3 个小时以内，两个半小时更好。再一个，礼节、服装、道具得考究一些。比如说，怎么请安，我们现在还有从清朝过来的观众，得让人家看着像那么回事。比如说，官员戴的帽子，顶子的颜色是根据品级来的；帽子上的翎子，不能直接插到帽子上，中间得有一个翎筒子；再有官员穿纱官衣，不能敞着穿，里面得有衬袍，不然两条腿就露出来了，这不礼貌。"讲到这里，伯伯说道："这些，你们去问问老舍嘛，他是满族，应该多向他请教。"临别了，伯伯站起来说"谢谢大家"，并对魏喜奎说："你们再多征求意见，把它改得更好，以后我看可以拍成电影嘛。"

第二天，北京曲艺团团长曹宝禄、魏喜奎和关士杰一同来到老舍家里。一进门，老舍就笑着说："是总理让你们来的吧！总理刚给我打过电话。"又过了一天，演员们正在练功，文化部部长夏衍来了，曹宝禄和魏喜奎等几个剧团负责人一同来到会议室。夏衍和大家见面后，第一句就是："我应该检讨，对你们关心不够。你们演了一出好戏，我们还不知道，也没来看。还是总理给我打电话，让我关心一下，我才来了。"

由这段故事可以看出，伯伯自己买票去看戏，也是为了更好地促进新中国文艺事业的繁荣发展。

"我也是个普通观众，没票就不看"

1959 年 4 月，中央在杭州开会，伯伯住在杭州饭店。会议临结束那天，在晚饭后，伯伯手拿《杭州日报》，对警卫说："今晚不开会了，我们到胜利剧院看戏去。"说完，他就迫不及待地上车，像是怕谁发现了不让他去似的。警卫说："我先去联系一下。"伯伯说："不要紧，我也是个普通观众嘛，我们去买票，有票就看，没票就不看嘛！"警卫则有自己的顾虑，今晚好不容易休息，总不能让总理跑空，而最大的问题还是他的安全。伯伯看他为难的样子，就说："这样吧，我们到大华饭店打个电话问问有没有票，你去打，我在车上等你。可不要说是我要去看戏。"

车开到大华饭店，一问，还有票，就买了第五排的。到了剧场，经理正在门口张罗着，一看是伯伯到了，他不禁慌忙起来。伯伯摆摆手，叫他不要声张，悄悄地带着随行人员入座，生怕惊动观众和演员。可是，他们很快还是被旁边的人认出来了，警卫赶紧暗示这些人不要传扬。当晚的演出很精彩，伯伯聚精会神地看戏，不时还随着演唱轻轻地打着节拍。

没一会儿，观众的视线都转向了伯伯，台上演员也发现了秘密——总理来看他们表演了！于是，大家演得更加卖力和精彩，伯伯和观众连连鼓掌喝彩。演出结束，台上台下一起向伯伯鼓掌，伯伯也鼓掌致意。最后，观众秩序井然地鼓掌送伯伯离开。

一出戏分三次才看完

对江西的赣剧，伯伯也很喜欢。1959 年，他在庐山不仅陪毛主席看过赣剧《游园惊梦》，还抽空看了《梁祝姻缘》《拾玉镯》。1961 年庐山会议期间，伯伯听说赣剧团新编了《西厢记》和《西域行》，十分想看，对此还留下一出戏分三次看完的佳话：

1961 年 8 月，伯伯正津津有味地看赣剧，才看完两折，因临时有接待外宾的任务匆匆告辞；

1962 年在北京续看，又因为临时有事没看完就走了；

几天后在国务院小礼堂演出，他与陈毅带头各买了 50 张票，又动员国务院各部委买票。演出时礼堂座无虚席，伯伯聚精会神地看完了《西厢记》《西域行》，并与全团演职员合影。当时正是最困难时期，伯伯和陈老总带头购票，也使赣剧团紧张的经济状况得到了很大改善。

第 4 节 "绝对不能接受任何礼物"

不准再送东西给中央机关

1961 年，青海省委知道党中央机关生活艰苦，就从青海湖打捞了 2000 多斤鲤鱼运到中央办公厅。伯伯知道后，下令不准收，要退回去；但因路途遥远，退回去要腐烂，他才同意作价汇款去。为此事，中共中央、国务院专门发了通报，要各省、市以此为戒，不准再送东西给中央机关。

1961 年，伯伯的老部下龙飞虎在福州军区任后勤部部长。他曾在伯伯身边工作过多年，为了使伯伯和七妈的衣物不被虫蛀，就把部队工厂生产的樟木箱经火车运了两只到北京：一只送给伯伯；一只给总理办公室主任童小鹏，以便保存呢料衣服。老战友送的樟木箱，童小鹏接受了下来，但伯伯看到樟木箱后，批评龙飞虎不该送礼，要把它退回去。童小鹏建议说，既然运来了，退回去麻烦，是否可按市价付款。伯伯不同意，童小鹏只好遵命把两只樟木箱托运回福州，并写信告诉龙飞虎以后再不要送东西。

两箱西瓜的深情厚谊

1975 年盛夏，酷暑难当。一天，国务院机关事务管理局的沈德贞正在局办公室值班，忽然接到服务处打来的电话，要她派人去取两箱西瓜。西瓜取回后，沈德贞好奇地上前仔细查看，发现这是两箱当时来说极为稀有的无籽西瓜，是由安徽经火车托运来的。她阅读了托运单上的留言，又打电话给服务处询问后，才对西瓜的由来有了初步了解。

原来，早在 1969 年 11 月，当时的国务院业务组讨论通过国管局起草的《国务院各个部门干部职工下放的几个具体问题的请示报告》，其中明确了一些干部下放的具体政策和办法。对已去"五七"干校的干部职工，如果"愿意回农村原籍安家落户的，应当支持"并提供方便。报告批准后，服务处有一位姓肖的老同志，毅然响应了这一号召，带头从干校退职，回到了自己在安徽的老家，当了一名地地道道的农民。老肖回乡后，很快就和当地的农民打成一片，积极投身到火热的农业生产第一线。他很喜好种植瓜果蔬菜，善于钻研农艺技术，不久就与当地的农业科技人员和乡亲们一起开发试种了西瓜的新品种——无籽西瓜。

寒来暑往，冬去春来，功夫不负有心人，无籽西瓜终于在 1975 年初夏试种成功。当得知敬爱的周总理生病的消息后，乡亲们的心情都很焦虑，大家一商量，决定把最好的西瓜送给病中的总理尝尝。怎样才能把西瓜送到周总理手中呢？老肖就想到了自己原来的工作单位——国管局。

于是，为了表达乡亲们对伯伯的关心和爱戴之情，为了表达一个返乡职工的淳朴心意，老肖和乡亲们一起挑选了一批优质的无籽西瓜，小心翼翼地包装打箱，最后通过铁路托运送到了北京。老肖在托运单上再三叮嘱，一定要把西瓜送给病中的周总理，并代他们转达对总理的关心和慰问，盼望着总理能够早日康复。

沈德贞把了解到的情况转告给局办公室主任王革，他当即向局领导做了汇报。局领导和局办公室的同志们都为老肖的行为所感动，并委派局办公室的付炳昌负责处理此事。付炳昌马上用红机与总理办公室进行联系，一位秘书同志接了电话。老付把老肖送西瓜的事详细做了说明，秘书答应请示总理后给予答复。不久，总理办公室的同志回了电话，转达了伯伯的三点指示：第一，委托国管局把这两箱西瓜尽快送给国务院幼儿园的孩子们吃；第二，请国管局按市场价把瓜钱汇给安徽的老肖，并对乡亲们的关心和祝福表示衷心的感谢；第三，请转告乡亲们以后不要再给他送东西了。

王革接完电话，又向局领导汇报了伯伯的三点指示精神。局领导表示，尽快按照总理的意愿，把西瓜送到幼儿园去！他们带着两箱饱含着伯伯和乡亲们深厚情谊的西瓜来到了幼儿园，看着那些天真可爱的孩子大口吃着香甜脆嫩的无籽西瓜时，人们对伯伯的崇敬之情都在心中油然而生。

鲜花收下领心意，屏风送回留自用

溥仪、溥杰和家人们一直都对伯伯的关怀十分难忘。1975 年，溥杰夫妇第一次到日本探亲，出于内心的感激之情，在回国时，溥杰夫人一定要带点礼物送给伯伯表达心意。

尽管溥杰再三劝说，告诉夫人伯伯是历来不肯个人收礼品的，还是不能说服他夫人，最后商定，礼品减少到最少的程度：一扇日本小屏风，一束新鲜的玉兰花。夫妇俩都担心鲜花枯了，到北京一下飞机就立即赶到全国政协机关，委托人连同小屏风直接送到伯伯这里。几天后，总理办公室派人退回小屏风，并转达了正在重病中的伯伯的嘱咐："鲜花收下领心意，屏风送回留自用。谢谢！"溥杰夫妇手捧着小屏风，热泪顺颊而下。

伯伯逝世的噩耗传来后，溥杰夫妇抱头痛哭，不思饮食，精神恍惚。夫妇俩在家里设了小灵堂，以寄托对敬爱的总理的无限哀思。

拒收挂历，"这种做法不正常！"

伯伯吃饭很简单，有时候就是小米粥、素包子、花生米、煎鸡蛋，而且经常吃得很快。张瑞霭曾回忆，伯伯乘坐专机期间，经常利用吃饭的时间向他询问一些问题，所以他在此期间会陪着伯伯吃饭。有一次，张瑞霭看到伯伯很忙，就主动说："总理，请慢慢吃，我先去算账。"伯伯一听，就瞪起了眼睛："我吃饭，你张瑞霭交钱，那怎么行，人家会怎么看你？"说完，伯伯就叫秘书去交钱。

1969年元旦前，民航政治部宣传部的一个同志给伯伯送去了一捆挂历。伯伯得知后非常生气，批评道："这种做法不正常！"让身边工作人员专门打电话到民航总局批评了这件事，并将挂历送回原处，只是留下了一本照价付款，并要了收据。

第 5 节　狠批弄虚作假、形式主义

不许弄虚作假，一就是一，二就是二

伯伯对亲属、身边工作人员和干部的要求都是要实事求是，力戒吹嘘、浮夸、片面。

有一次，摄影记者在机场拍摄了一张合影照片，见报时第一排有的人物被剪去拼贴在第二排了，剪贴的时候又把一位民主人士和几位女同志漏掉了。伯伯看了很生气。

第二天，摄影记者来到人民大会堂工作时，伯伯拿出那张报纸，指着照片要他们看："这不是'人头搬家'吗？"他严肃地指出，宣传报道不要群众也不要统一战线、把人物搬来搬去的做法是非常错误的。他说："我们党的新闻事业不允许弄虚作假，一就是一，二就是二，实事求是。"他要求摄影记者就此事回去转达，共同吸取教训，做好工作。

把钱花在形式上，不实用，又不经济

1955 年 2 月，伯伯在一次干部会议上做报告，针对当时国内一些城

市建筑物使用率不高的情况以及片面追求形式上美观的倾向作了严肃批评。他说，前几年城市建设搞一个礼堂也好，建一个饭堂也好，使用率到底如何，没有设想过。拿北京来说，很多礼堂闲在那个地方，旅馆、招待所闲在那个地方，可是宿舍却不够用的。更严重的问题是追求华丽，这个大楼是城堡式的，那个礼堂是宫殿式的，而为了加盖那么一个"帽子"，比没有"帽子"要增加 1/3、1/4 的建筑经费。把钱花在形式上，不实用，又不经济。

有一次，国务院机关的一些同志建议盖一座办公大楼，伯伯听到后很不满意，针对"贪大求洋"、讲究"气派"、形式美观的思想严厉批评道："只要是我当总理，大家就要把大兴土木的念头打消，国务院不能带这个头。"

大家"都怕周总理的认真"

20 世纪五六十年代，国务院不少老部长讲，这辈子有两怕：一怕毛主席的威严，二怕周总理的认真。

据财政部代部长戎子和回忆，伯伯"记忆力非常好，对每年预算中各个大项目的开支，例如国防费、行政费、文教费、基本建设费、对外援助费是多少，他都记得很清楚，有时候还有意识地考考我们"。

有一次，一位部长汇报工作时多次出现"大概""可能""差不多"等模糊字眼，遭到伯伯严厉批评："你签了字，问你情况答不上来，就是官僚主义！"还有一次，伯伯来到河北大名杨桥公社调查抗旱打井工作，询问在场的一个公社书记：打了多少井？配套有多少？公社书记毫无准备，答不上来。伯伯非常生气地批评道："我在北京不晓得，你在杨桥也不晓得？"总之，那些工作流于形式、不深入一线的干部，在他那里往往过不了关。

共产党员怎么能弄虚作假?

在很多工作中，伯伯一向提倡实事求是，不要夸大，更不能弄虚作假、搞形式主义。据原国家环境保护局局长曲格平回忆，北京曾经有一家石油化工厂搞了污水处理，效果很好，污水处理后甚至可以养鱼。因此，经常有外宾去看这个污水处理厂，也确实看到了鱼在水池游动的场景，外宾们也纷纷交口称赞。

不过，伯伯后来知道了这个厂子弄虚作假的真相，所谓的污水能养鱼，其实就是靠自来水。伯伯严厉批评了这件事，"一个国家干部，一个共产党员，怎么能做这种事情，怎么能够弄虚作假?"他还指示外交部，要就此事对来参观的外宾去做检讨。最后，厂子的相关负责人在全厂职工大会上做了深刻的检查，对自己的错误做了自我批评。

第 6 节　家庭会议讲如何"过五关"

1964 年 8 月 9 日是一个星期天，周家的亲属们吃完午饭后，1 点 20 分，都落座在西花厅的后客厅里。

在上一个周末给我们讲了周家家世的伯伯，穿着白色的短袖衣，很随便地坐在小竹椅上，两眼炯炯有神，没有什么开场白，就直入主题：

上次讲了些家庭历史，今天不讲了，讲讲"过五关"。老的过五关——关公的过五关，不去谈它了，我们现在讲过五关是借用这个词。

第一，讲思想关。思想，就是人的脑筋里想什么，想什么这里问题就大了，有人想得不对，思想方法不对头，怎么办？要自己一件事、一件事去实践，你去经历一件事，对这件事才能懂，有的也不一定马上就懂。人的思想想的什么，也不一样，就是共产党员和共产党员想的也不完全一样，周秉德和周恩来的思想想的都一样？都不一样。人的世界观也不一样，现在问你天外是什么。秉德回答，回答不出嘛！那是个未知数，人们还不知道。但是要问陶华（伯伯的堂弟潘宇之妻），她就可能说是菩萨、天老爷、玉皇大帝。这就是思想认识的不同。世界上总有许多未知数，不是一切事物都已被认识了的。天外是什么？是个未知数，现在坐宇宙飞船也达不到，我们要不断地去了解，但有些人图省事，又迷信，就说天上有上帝，有玉皇大帝，那是唯心的。这些未知数到底是什么？我们解决不了的，就要下一代去解决，我们总是尽可能解决一些，解决不完、认识不完的，就一代一代、子子孙孙传下去。世界是无穷的，永远也解决不完、认识不完的，所以我们就总有工作要做，这就是辩证唯物主义的观点。

看问题的方法不一样，我们这些人都有距离，陶华与我们的距离较大了。有人稍懂一些，但也只是那一件事、两件事懂了，也不是所有的事都懂了。大家都是一件事看对了，再去正确对待一件事。共产党员、老点的，就比较对，我算老的了，但也还是要不断改造，我常说："要活到老，做到老，学到老，还要改造到老。"我在观察社会现象上看不对、在政治上看错了的，也有。

思想上完全与我们相反，唯心的、主观的人，我们家庭中不能说没有，就是贪污的、劳改的、做坏事的也有。这是因为环境不对头，对他们有影响。这些人能不能改造过来，要靠社会，靠群众的教育和影响，更要靠自己的努力改造。但总希望靠近的这些人的思想较一致。在我们这个家庭里有三种类型的人。

第一种人，自己不能创造环境，需要我们帮助，如陶华，不要总闷在驸马巷周家院子里和那些老太太谈旧事，要打开这个圈子，要和工人、农民、劳动者多接触，谈谈新鲜事，认识些新人。儿子、媳妇都是共产党员，要帮助她，带她到外面走走，了解些新鲜事儿。不然整天和邻居老太太在一起，只知道谈过去的事，"好汉不提当年勇"，周家以前的事就不去提它了。

第二种人，要自己创造环境。同宇已退休一年了，退休时我说过，现在小学二部制多，孩子一放学回来就野了，吵嚷打闹得很乱，你拿着国家发的退休金，应该为人民做点事情，你可以把一些孩子组织起来活动、学习。我们要创造出新的作风。你一天用两小时对孩子尽点义务、起点作用，不是什么大的负担嘛！你是我的亲弟弟，你要表现出模范的行动来。我希望你可以自己创造条件，应尽义务，要从一个方面、一件具体事去表现。王士琴也是走出了家门，进入了社会，当然还要自己去创造环境，不必像陶华那样需要别人的帮助。

第三种人，就是共产党员、共青团员和青年们，得不断前进，不要满足。提高思想要一件事、一件事地去认识。小咪下乡劳动回来以后，精神面貌有了改变。要经过真正实践，干活，用了心了，才能改变思想，不是读一本书就行的。对我们接近的人要帮助，要创造新的环境。青年人得不断前进，不要满足现状。

过思想关，是从小到老，改造不完的，总要前进。思想关是用什么方法想事情就对了，用什么方法是不对的。思想问题不解决，就是对立的矛盾。要使思想方法完整、全面，要长期锻炼才能学得好。

第二，讲政治关。 我们国家是共产党领导的无产阶级专政的国家。看你站在什么立场上，是站在反动的立场，还是我们的立场，是反动的立场就谈不到一起了。在还赞成我们国家的人中间，也还是有怀疑的。假如在驸马巷有人造谣，说蒋介石要打回来了，看你周家怎么办？陶华会怎么想？也许就不知该怎么办，有点担心。尔辉、桂云是共产党员，就要帮助妈妈站稳立场。

一个人的立场是不是永远站得稳？靠不住。思想稍一歪，也可能不稳了。

政治上我们第一要帮助别人，第二要经常检查自己是不是站稳立场了，共产党员自己要经常考验自己是否站稳立场了。

第三，讲亲属关。 我们家的亲属复杂，我们是旧家庭、旧环境、旧观念。怎么样才能拖着全家投降无产阶级？我现在就要带领你们投降无产阶级。这话听起来好像很不舒服，20多年前在延安开展文艺整风时，文艺界的人就对"投降"这个词想不通，朱德同志对他们说："我半辈子军阀，到现在才投降无产阶级。"那些人听了才想到要向无产阶级投降。

我总是想谈封建家庭，是想批判它、否定它。要否定封建的亲属关系，不是消灭他们，是要救他们，把他们改造成新人，拖过来投降无产阶级是可以帮助改造的。旧的否定了才能创造新的，否定以后，在其中找出些好的肯定下来。对一个人的肯定、否定，要看晚年，你过去不好，最后好了，算是好了。我们要否定旧作风，创造新风气。

第四，讲社会关。社会环境有两类人，也要一分为二，凡是坏人就要与他断关系。另外的人也有两种：一是直接参加生产劳动的人，一是非生产劳动的人。我们碰到的人脑力劳动的多，要创造环境，多与新的生产劳动者接近、来往，自己也要多劳动。

第五，讲生活关。这是最难过的关，在生活实践中要劳动，就可能锻炼自己。我为什么痛恨旧社会封建家庭？没落的封建家庭，什么都败坏了，贪污、腐化，有许多坏东西，我们小时候都见过。如果认为无所谓，就会铺张、虚荣、说假话，完全是虚伪，我最痛恨这些。对这种生活方式不痛恨，就改变不了它。你们年青一代，不要学老一代的旧的生活习惯，穿衣服要朴素，要一心一意为人民服务。我们周家没有个工人，国盛来了，就决心培养她做工人，开始她想不通，现在已经做了八年工人了，培养个工人可不容易呢！

无产阶级家庭的本能，有无产阶级的感情。一位电车公司30多年工龄的老司机，是个老党员，一个人养七口人，住一间屋子，用一条毛巾。你们谁曾困难到这个程度？他这么困难，每天回到家里都要给全家讲党史，讲党课。他有个女儿，学校组织劳动她不去，问她为什么。她说怕晒黑了，将来当不了演员。他一听马上火了，说："今天我这只手得犯错误了。"上前就打了女儿一巴掌，说："你当演员我不反对，但你要演工人、农民，为人民服务，又不是让你给资产阶级当演员，要那么白干什么？黑是健康，黑才光荣！"人家无产阶级感情鲜明。如果小咪去劳动，怕把脸晒黑，你们会是这态度吗？当然，我们也就是教育教育，也不会打的。

亲属关，也必须一分为二，要有个界限。坏的，反动的，就不与他来往，需要帮助的和自己创造条件的，都要给他们帮助。

秉华要去农村，好，我们是支持你的。

好了，今天就讲这么些了，思想关和生活关，一头一尾最重要。①

这时，客厅里响起了一片掌声……伯伯所讲的，为我们指明了方向，让我们深受教育。

---

① 本篇讲话为笔者当年根据自己的认识程度记录，未经周恩来审阅。

【章末语】

伯伯一贯严于律己、清正廉洁，堪称楷模。他一向主张勤俭节约、实事求是，坚决反对浪费浮夸等风气；他始终坚持公私分明、严格自律，并且时时刻刻处处都以身作则，以自己作表率，带动他人。他虽然身居高位，但从来不把自己看成特殊的大人物，凡是规定规章，凡是要求党员和群众做到的，他从来都是自己首先做到，而且标准最严格。他一身正气、两袖清风，从来不搞特殊化，与歪风邪气斗争最为坚决，始终保持了共产党人的底色，这也是他广受人们爱戴的原因之一。

我和其他家人在他身边多年，耳濡目染了很多他清正廉洁的事迹。他在家庭会议上讲"过五关"，让我们否定封建的亲属关系，与"铺张、虚荣、说假话"的不良作风做斗争，更多次在不同场合叮嘱我们，"不要说出同我的关系""不许扛总理亲属的牌子""不要炫耀自己以谋私利"。他的谆谆教导，至今想来仍感动不已。

在我看来，伯伯从来都是把为革命出生入死看作自己应尽的职责，从不把功劳、贡献当成向人民索取个人私利、特殊待遇的"资本"。他总是带头遵守国家的各种法律法规和制度规定，从没有利用总理的职权为家人朋友谋取一点点私利。他从不计较个人得失，完全超越了自我，达到了"无我"的境界，正如习近平总书记在纪念周恩来同志诞辰120周年座谈会上的讲话所说，"周恩来，这是一个光荣的名字、不朽的名字。每当我们提起这个名字就感到很温暖、很自豪"。我为能在伯伯跟前聆听教诲、时刻受他指导示范而感到无比光荣。

2016年1月12日，习近平总书记在第十八届中央纪律检查委员会第六次全体会议上指出："在培育良好家风方面，老一辈革命家为我们作出了榜样。每一位领导干部都要把家风建设摆在重要位置，廉洁修身、廉洁齐家，在管好自己的同时，严格要求配偶、子女和身边工作人员。"正如习近平总书记所说，伯伯是"严于律己、清正廉洁的杰出楷模"，他廉洁奉公的事迹谈不完、数不尽，即便是那些微不足道的生活细节、区区小事，他也从不忽视。"于细微处见精神"，他一生心底无私、天下为公的高尚人格，永远值得我们这些晚辈和后人景仰。

伯伯生前是不愿意任何人称颂他的，身后也没有留下任何财产。我们今天怀念他，重新回忆起他那些细微的故事，就是想重新翻检伯伯留下的那笔无法度量的精神财富，启迪后人。正如习近平总书记所要求的，"我们要向周恩来同志学习，牢记手中的权力是党和人民赋予的，是用来为人民服务的，一身正气，两袖清风，自觉接受监督，敬畏人民、敬畏组织、敬畏法纪，拒腐蚀、永不沾，决不搞特权，决不以权谋私，做一个堂堂正正的共产党人"。

第八章

情系家国　不忘初心

第 1 节 "革命队伍的幸存者"，
更要为党和人民努力工作

1958 年 2 月，伯伯率党政代表团出访朝鲜，在候机大厅，他向同行的陈毅谈起了自己过去坐飞机的三次遇险经历：

一次是 1936 年底，西安事变后，我和叶帅（叶剑英）乘一架小型教练机，从西安回延安，向毛主席、党中央汇报工作情况。起飞后，按照飞行时间计算，早该到延安了，可是驾驶员找不到延安在哪里。他手拿着地图，问我怎么办。我从机舱窗口往下看，只见下面白茫茫一片荒漠，显然是偏离了航线，早已经飞过了延安。我指着地图说："这里是定边地区，延安在东南方向。你看看，现在在哪里？延安在哪里？找准方向就会到延安了。"驾驶员按照我指的方向很快就到达延安了。

第二次是 1937 年初，我一个人乘坐一架小飞机，从西安回延安，向毛主席、党中央汇报工作情况。起飞后，按照飞行时间计算该到延安了，可是驾驶员找不到延安在哪里。他问我怎么办，我见下面都是高山和森林，我也不知道下面是什么地方。我告诉驾驶员："你怎么飞来的，再按原路返回西安，加油后，从西安一直向北飞，就行了。"驾驶员按我说的飞回西安。果然飞机再次起飞后,顺利到达延安。

第三次是最危险的一次。1946 年 1 月 30 日,我从西安飞重庆,乘坐美国的小型运输机,驾驶员也是美国人。我要赶 1 月 31 日政协签字仪式和闭幕式。上午 9 点,从西安起飞快到秦岭时,下起了雨夹雪,因气候寒冷,飞机上严重结冰。为了减轻飞机重量,机长建议,为了安全要把所带物品全部甩掉。我同意了。一名驾驶员打开舱门,把所有带的东西都扔了下去。我们带的两箱国统区流通的纸币也扔掉了。几分钟后,机长要我们每人都背上降落伞,以防万一。继续飞行几分钟后,飞机结冰更加严重,危险性越来越大,机长建议返回西安,下午再飞重庆。为了安全,我同意了。

下午 2 点,起飞前,我建议机长起飞后在西安上空盘旋到 5000 米高度再飞越秦岭。机长同意了我的意见,结果顺利地飞越了秦岭。按当时的航线经成都加油后,再飞重庆。从成都起飞时已是傍晚,到达重庆上空时,天已黑了,又遇到大雾和下雨天气,飞机不好降落。第一次降落没有成功。第二次降落时,已经看到机场跑道的灯光,还是没有降落成功。这时机长对我说,指挥台要我们返回成都,明天上午再飞重庆。我对机长说:"第二次降落时,已经看到机场跑道的灯光,我相信你的技术,今天一定能够安全降落。"机长没说话,回到驾驶室,第三次果然降落成功了。

在革命生涯中,伯伯和七妈都曾多次遇险,好在最后都化险为夷。

我自从 12 岁那一年到北京上学,跟伯伯、七妈一起生活、交往了 27 年。在他们身边,我感受最深的、影响我一生的,就是培养了我正确的思想认识、人生观、世界观。在他们的谈话中,对我触动最大的就是三个字——"幸存者"。我住进伯伯家的时候,是 1949 年夏天,那时伯伯正在为新中国的成立作着各方面的准备工作。我经常看到,凌晨四五点钟的时候，伯伯办公室的灯光还在亮着。那时我年龄还小，还不明白，我们的革命已经取得了胜利，为什么伯伯还要这么拼命地工作呢？后来，在一次接见日本朋友时，伯伯是这样解释他对工作的投入程度的："在漫长的中国革命战争中，有许多同志都牺牲了，为了把牺牲了的同志的工作承担起来，我们活着的人更要加倍地工作。我每天都以此激励自己。"如今，虽然伯伯、七妈都相继离开了我们，但他们那些老一辈革命者为大家舍小家、为民族解放牺牲个人幸福的事例，常令我沉浸在对他们的怀念中。这也使我更加深刻地体会了他们经常对我们说的一段话：

我们参加革命，是随时准备牺牲的，必要时，是不能考虑个人安危的。我们这几十年的革命，牺牲了多少优秀的同志，是那些千千万万革命先烈，用他们英雄的壮举，用他们宝贵的鲜血和生命，才换来了我们今天的幸福和安宁。他们的光辉形象在人民革命的历史中熠熠生辉，永不磨灭！我们能活到今天，只是革命队伍中的幸存者，我们要时刻想到他们。这样我们还有什么权利考虑个人的得失呢？有什么权利不全身心地投入工作、全身心地为人民服务呢？

2020 年 12 月，我参加河北卫视的《我中国少年》第一期节目，就以《幸存者》为题目录播了一段简短的演讲，在演讲中引述了上面的内容。

第2节　危难当头，抢先保护别人

和董老指挥大家隐蔽

据原兰州市计划委员会副主任樊子彰回忆，1936年三四月，他在陕北瓦窑堡的中央党校学习。当时，国民党反动派几乎每天都要派飞机来投弹骚扰。一天上午，党校的教员正在给他们上课，忽然米梁山上的警报钟响了，大家刚冲出教室准备分散隐蔽，敌机就到了头顶，并且开始俯冲轰炸，炸弹掀起的烟雾直冲天空。

党校校址原来是当地的一所小学，坐落在一个斜坡上，只有几间平房和窑洞。他们正在寻找隐蔽的地方的时候，院子里突然进来两位首长，用洪钟般的声音，敏捷地指挥大家利用土坎、小坑和窑洞间的过洞隐蔽。等大家全部隐蔽到比较安全的地方以后，两位首长才从容地隐蔽起来。

这一切，他们看在眼里，记在心头，无不为首长不顾个人安危和对他们的深切关怀所感动。不一会，敌机飞走了，大家从四面八方跑出来，一看，才发现两位首长原来是伯伯和中央党校校长董必武。

让降落伞给叶扬眉

1946 年 1 月 30 日，伯伯一行启程飞往重庆，飞行时遇到危险，机长要求每人都背上降落伞，以防万一。

这架飞机只有座位 12 个，伯伯和工作人员共 12 人，还有一人是叶挺的小女儿叶扬眉，伯伯带上她是去重庆准备迎接叶挺将军出狱的。她个子小，就挤在工作人员的座位上。伯伯背上降落伞，又帮助别人系伞。因只有 12 个伞，扬眉没有，就哭了起来。伯伯见了，立即从摇晃着的机身中几步走到扬眉面前，迅速解下自己背着的伞包给她背上，并鼓励道："小扬眉不要哭，你要像你爸爸那样勇敢、坚强，要与困难和危险做斗争。"同机的人说，扬眉个子小，和别人同用一个伞就可以了，但伯伯坚决不同意，仍将自己的降落伞让给小扬眉。万幸的是，飞机最后冲出了冷气团，大家脱险了。

用身体掩护老乡躲避敌机轰炸

撤离延安前夕，国民党飞机经常轰炸延安。敌机来了，伯伯总是首先照顾毛主席，从容地指挥大家隐蔽，看到主席和同志们隐蔽好了，他才隐蔽。有一次，敌机散发传单，伯伯风趣地说："蒋介石这个运输大队长当得还真不错，知道我们要搬家，就及时送来了包装纸。"之后，在转战陕北的艰苦岁月里，伯伯总是这样充满革命的乐观主义精神。

据伯伯的原卫士魏玉秀回忆，1947 年 3 月，胡宗南部队大举进犯延安，保卫延安的战斗打响了。一天下午，天空飞来黑压压一群飞机，一阵轰鸣声后扔下一批炸弹，并伴有雨点般的机枪扫射。炸弹在延河边炸开，河岸的树也被连根拔起。

这时，站在防空洞口上的伯伯看见对面山坡上跑下来一辆马车，车上坐着两个妇女和一个老汉，就高喊着冲出去："老乡，快卧倒！"魏玉秀一个激灵，急步跟了上去。爆炸声惊了马，拉着车一路狂奔。敌机发现后又扔下一束炸弹，几声轰响后，马车被炸翻滚入沟里。伯伯和魏玉秀上前一看，车轮朝天，马车的一半已经被土埋住。他们赶忙跳下沟去，用双手扒开泥土，用力把人给拖出来。魏玉秀见伯伯的双手都磨出了血，正要给他包扎时，一架敌机又俯冲下来，伯伯猛地把老乡推到车下，用自己的身体挡住了他们。魏玉秀见状立即扑上去，用自己的身体挡住了伯伯。炸弹在不远处炸响，魏玉秀右胳膊和左腿都被炸伤，鲜血直往外流。伯伯的腿也受了伤，他艰难地站起来，一边让老乡赶紧转移，一边关切地照看着魏玉秀。这时，其他几名战士从防空洞冲出来，迅速把他们背了回去。他们刚进洞口，又是一声巨响，那辆马车被炸得飞上了天。

第3节 "畏难苟安，不是共产党人品质"

"我个人的休息和健康算得了什么"

1946年5月，伯伯率领中共代表团来到南京，与国民党政府展开谈判。由于条件艰苦、任务繁重，伯伯日渐消瘦，让很多同志为他担忧。

为了让他解决自己的休息和健康问题，代表团的同志们开了一个党小组会。大家争相表态，有同志对伯伯说，"您的身体，并不属于自己，而是属于整个革命事业，您要以对革命负责的精神，对待自己的身体就好了"。会上还作出决定，要求他无论如何都要在晚上12点钟之前睡觉。

伯伯诚恳地接受了大家提出的意见，但他随手就拿起一份刚收到不久的延安来的电报，对大家说："但是，我们代表团是受党中央、毛主席的委托，带着全国人民的希望来这里工作的，这是关系伟大中华民族的大事情，相比之下，我个人的休息和健康算得了什么？"

对于会上的决定，他也对同志们的关心表示了感谢，但又提出"硬性规定可不行"，要求夜间12点后再给两个小时的时间看报纸。同志们采纳了他的意见。然而此后，伯伯办公室的灯光仍然经常是彻夜长明。

"我的时间不属于我个人"

在日常工作中，伯伯对自己要求非常严格。他规定，一天 24 小时，凡有重要紧急的事情，要随时随地向他报告。有一次，河南发大水，伯伯为了部署救灾工作，连续几天几夜都没怎么休息。有一天，他好不容易睡下，就来了灾区的急件。秘书为了不打扰他休息，就想等他睡醒后再报告。结果，他醒来后处理好急件，就严厉地批评了秘书，说："我的时间不属于我个人，我少睡点觉算什么。"

新中国成立后，伯伯平时每天工作都在 12 个小时以上，有时在 16 个小时以上。"文化大革命"时期更是辛苦，夜以继日，有时一天只能休息两三个小时，有时甚至连半个小时的休息也得不到，即便是得了重病之后也是如此。

伯伯不需要休息吗？不是。他也曾说过，"我不能坐，一坐下就会睡着"。但他的态度非常坚定："既然把我推上历史舞台，我就得完成历史任务。"他说：我并不怕死。古人说，人活七十古来稀，我已是 77 岁多的人了，也算得上是高寿了。可是这二十几年的时间，总应该把国家建设得好点，人民的生活多改善一些，去马克思那里报到，才感到安心。现在这种状况去报到，总感到内疚、羞愧。

"鞠躬尽瘁、死而后已"是诸葛亮《出师表》中的一句名言，伯伯曾经多次引用来自律自励。正如习近平总书记在纪念周恩来同志诞辰 120 周年座谈会上的讲话中评价的那样，"周恩来同志真正做到了鞠躬尽瘁、死而后已"。

一直工作到东方红

何其芳曾在一篇文章里描述他亲眼见到的伯伯连续工作的一夜。

1949 年 7 月，伯伯在第一次全国文代会上做了报告。这个报告《人民文学》杂志要发表，于是便由何其芳整理后，把稿子送给伯伯审阅。

何其芳来到伯伯办公室，伯伯指着办公室里写字台上叠在一起高达一尺许的文件对何其芳说："我今天要批看这样一些文件。你们送来的稿子我放在最后。你到隔壁值班室去睡一觉，我看到你们送来的稿子的时候，再叫你。"

何其芳睡了一觉，值班室同志才叫醒他回到伯伯办公室。伯伯让何其芳坐在他的对面，陪他审阅。他不是普通地浏览一遍，而是一边看一边思索，有时还停笔想一想，有时还问何其芳一两句，听取何其芳的回答和说明。当伯伯审改完这篇稿子交给何其芳的时候，雄鸡已经高声报晓了。

工作到深夜乃至通宵，其实是伯伯工作的常态。每当长时间伏案工作非常劳累时，他就让服务员递上热毛巾敷敷脸，或者自己站起身散一会步。当天色发亮，他处理完手头的事情与工作人员握别时，总是亲切地问候，"你们辛苦了，你们一直工作到东方红"。工作人员这时常常激动、深情地说："不！是周总理天天工作到东方红！"

"不要怕我忙，我能忙过来"

作为一位大国总管家，伯伯的忙碌和劳累是可想而知的。但是，他从来不怕忙，也不怕累。身边的工作人员曾这样回忆他的工作状态：伯伯"经常一边吃早饭，一边听秘书们逐个请示和汇报工作，并且当场答复秘书们提出来的各种问题。他甚至连上卫生间时也在审阅、批改文件。晚年时，他还经常在小床桌上伏案工作"。

对他的秘书们，他也经常提醒："你们有事一定要报告，不要怕我忙，我能忙过来。"他经常强调当天的事情就得当天干完。白天，他的工作日程本来就很紧张，不是去开会，就是去接见外宾，或者出席各种活动，晚上回到办公室，他又得处理当天收到的各种请示、报告和文件。

谷牧同志曾回忆了一次伯伯连夜工作的经历。1966年9月15日深夜，伯伯在一份文件中看到一家国营工厂两派群众严重对立可能发生冲突的信息，马上打电话找到谷牧，要求他立即处理好这个问题。谷牧考虑到时值深夜，再找各部门和领导协调不太方便，就回答说："总理，我明天一上班，就抓紧处理此事，请您放心！"

通过电话后，谷牧就休息了。可是第二天一早上班，他就在案头上看到了伯伯的批示："谷牧同志：方才看了这张快讯，我已来不及等你明天处理了。我已直接打电话给钱之光，请他于今夜立即找焦善民，要他负责处理此事，而且必须解除对少数派的围攻。并告钱，今早向你汇报。"

"一息犹存，就得奋斗"

伯伯在胸前经常佩戴着"为人民服务"的徽章。对于人民的安危疾苦，他时刻记挂在心。当时，中国城市的基础设施还不发达，尤其是交通设施比较落后，为了加强交通安全，他曾亲自乘坐公共汽车了解情况，还曾下指示给有关部门：要在街道标明人行横道线，把快车道、慢车道之间的白线加粗标清。他还替进城的农民着想，考虑到他们进城后对城市道路宽、来往车辆多的情况不习惯，提出要在繁华路口的马路中间设置"安全岛"，好让过往行人即使走到马路中间也有地方躲避车辆。

胸怀亿万人民，唯独没有自己。即便是在身染重病期间，伯伯依然想的是国家大政方针、百姓柴米油盐。1973 年春，谷牧同志向伯伯询问他的病情。伯伯说："你还不知道吗？我已经得了癌症了！"他转而勉励惊愕万分的谷牧同志："我们这些人，一辈子就是为国家、为人民拉车啊！一息犹存，就得奋斗！"

有人曾经统计过这样一组数据：从 1974 年 1 月 1 日到 5 月 31 日的 5 个月时间里，伯伯除了到医院检查病情和病中卧床休息外，总计抱病工作了 139 天，一天工作 12 小时到 14 小时的只有 9 天；工作 14 小时到 18 小时的有 74 天；工作 19 小时到 23 小时的有 38 天；连续工作 24 小时的有 5 天；只有 13 天的工作时长在 12 小时之内。

从 1974 年 6 月 1 日到 1976 年 1 月 8 日，在伯伯生命的最后 587 天里，他在医院做了 6 次大手术、8 次小手术。在这一年半时间里，他仍然坚持工作，约人谈话 220 次，谈话最长时间达到 4 小时 20 分钟；公开会见外宾 65 次（含港澳人士 3 次），每次时间大都是 1 小时左右，最短的一次也有 15 分钟；召开会议 32 次；离开医院外出看望他人 5 次。

第 4 节　后辈的职业选择就看国家的需要

以国家需要为重，我决心当乡村女教师

1952 年春夏之交，我初中快毕业了。全家孩子中，我第一个面临长大后的职业选择。本来，我那时成绩很好，每学期都能拿到"学习优良奖章"，在老师和同学眼里，凭我的成绩和水平考上本校高中是不成问题的，至于高中毕业考大学或去苏联留学也更不成什么问题。刚巧这时上映了一部苏联电影《乡村女教师》，女主人公瓦尔娃娜置身乡村，为小学教育呕心沥血的情节使我深受感动。尤其是电影演到她晚年，来看望她的学生们已经成为工程师、飞行员、医生、农艺师、演员、作家等祖国建设所需的各种人才，这一场景令我全身热血沸腾。特别是多年来受到伯伯、七妈的教育，任何时候，做任何事情，都要以国家利益为重、人民利益为重，不应考虑个人利益与前途。想到当时全国 70% 以上人口是文盲，儿童缺少读书机会，我更加感到当一名乡村小学教师是多么的神圣和光荣。

星期六回到西花厅，坐在饭桌旁，我再也忍不住自己的激动心情。

"伯伯、七妈，我有一个事情要宣布，我也很想听听你们的意见，我不准备考高中，我想报名上师范学校。"

"好啊！和我一样啊！"七妈眼睛一亮，脸上现出特别欣慰的笑容，"我原来也是做老师的，我16岁就当老师了，做老师非常有意义，何况现在国家建设又这么需要各种人才。"说完，她转过头向正埋头吃饭的伯伯说："我已经说同意了，你怎么不说话啊？"伯伯放下手中的筷子，望了望我，对七妈说："有你一个人说就够了，她得有点独立思考嘛。你也说，我也说，不是对她压力太大了吗？将来她要后悔起来都没办法。况且，秉德还应该听听自己爸爸妈妈的意见，对不对？"

果然不出伯伯所料，我回到家，一讲自己的理想，爸爸没开口，妈妈反应特快："秉德，你学习成绩很好，应该继续读高中、读大学，女孩子一定要学有专长，有自己的本领才行呀！"

"妈妈，你也是老师，为什么反对我当老师呢？"

"我不是反对你当老师，我是不理解你放弃现在继续升学的机会，你高中毕业去上师范大学，出来不也是老师嘛！"

"妈妈，现在我们国家还很穷、很落后，尤其是农村，太多的孩子没有学上，将来长大了就是文盲，太需要小学老师了。我愿意学习苏联那位乡村女教师，把一个个农村孩子培养成国家的栋梁之材。我相信，成千上万学生发挥的作用，一定远远超过我一个人的贡献，这样我也就心满意足了！"

"讲到苏联，妈妈正要提醒你冷静想一想。妈妈是有切身体会的，女人一定要有一技之长。如果不是当年你外公强迫我学习俄语，我这样一个有六个孩子的妈妈，就是有为新中国出力的愿望，也不可能从一个家庭妇女当上中学的外语老师吧！你看你们师大女附中，高中毕业去苏联留学的机会真不算少，你的成绩好，又是优秀学生，高中毕业，不用让伯伯说话，也极有可能去苏联留学的，难道这样好的学习机会，你也不珍惜，情愿白白放弃吗？"

"妈妈，你劝我的这些话，我的班主任和同学也都劝过我，他们也提到我成绩好，各方面突出，等高中毕业后出国留学不成问题，希望我慎重考虑。妈妈，这些天我确实也经过了认真考虑，现在是新社会了，我们每个人考虑问题的出发点，一定要以国家的需要为第一需要，不该从个人的发展出发！反正我还是想上师范学校，当一名乡村女教师！"

"既然你已经拿定主意，我和妈妈都支持你。"爸爸的话不多，但一锤定音。

1952年，我终于如愿以偿，被保送进北京师范学校。北京师范学校已有70年的历史，而且著名作家老舍先生几十年前也是在这个学校读书的，教师的教学水平、思想水平都很高。

那时候，我偶尔还会到中南海找之前的玩伴娇娇（李敏）。有一次在海边看到了毛主席，他坐在一个石头凳子上："秉德，你来啦？"我说："我来找娇娇玩。""你现在上的什么学校啊？""北京师范学校。"毛主席的反应和七妈一样："那好啊，我也是学师范出身的，女孩子干吗非得学工业呢？学师范、学医挺好嘛！以后我让李敏、李讷也去学师范。"后来，李敏和我说，主席对她讲过："你怎么不和秉德学呀？你也应该去学师范。"几年以后，李敏果真考入了北京师范大学。我在北京师范学校学习三年后，被分配到北京东郊区三中心小学当老师，实现了当乡村女教师的梦想。记得毕业前，学校通知我们说，可以有1/4的人报名上师范大学。许多同学踊跃报名，而我却在作文上表态说："现在我们国家文盲还很多，许多学龄儿童不能入学，一个主要原因是师资不够，况且现在还有不少小学老师本身只有小学毕业程度，有学习的机会，应该先培养他们。国家培养我们三年，我们应赶快加入教师行列，让更多该入学的儿童有机会入学。"

学校党支部发现我思想觉悟高，考虑问题先从社会现实需要出发，在毕业前积极发展我加入了中国共产党，那时我刚满 18 岁。

党和国家的需要就是第一志愿

我的弟弟妹妹，在迈上人生之路时，仿佛都与解放军有缘，先后有四个都穿上了军装，但伯伯却因时代需要、国家形势的不同，对他们有过完全不同的要求。

当然，原则只有一个：党和国家的需要就是第一志愿。

1961 年夏，大弟弟秉钧高中毕业。那天，七妈给我打了一个电话："秉德，你找找秉钧，让他明天到西花厅来一趟，伯伯有事找他谈。"

第二天，秉钧喜形于色地来到我的单位，关上门兴奋地说："姐姐，你猜伯伯找我干什么？"

我笑着问："是不是关于考大学的事？"

"算你猜对了一半！"秉钧顽皮地眨眨眼，"昨天伯伯在饭桌上，第一句话就说：'秉钧，听说你高中快毕业了，祝贺你，我请你吃饭！能给我说说下一步有什么打算吗？'我当时想，伯伯找我来，一定有他的想法，就直截了当地说，想听听伯伯有什么建议。伯伯也很坦率，他说：'秉钧，你能不能不考大学？'我反问道：'为什么？我平时品学兼优，论成绩和表现，老师说我考清华大学是有把握的！'"

"伯伯是怎么说的？"我忍不住催问道。

"伯伯说，'现在国家遭受自然灾害，农业减产，急需重点发展农业，要加强农村劳动力。所以，今年征兵的重点是城市，不在农村征兵，怎么样，你还是参军吧！'我爽声答应：'行！'伯伯立即笑了，浓黑的眉毛高高扬起。他兴奋地说，他在国务院会议上跟大家讲了：今年的征兵对象主要是城市青年，咱们都是当兵出身，也让咱们的孩子到部队里去锻炼锻炼！'你们可以说敢情你说话轻松，你没儿子嘛！对，我是没有儿子，我有侄儿，我可以送我侄儿去！'他的意思当然是送我去参军。这时我才告诉他，我在学校里已经参加了空军飞行员的体检，身体各项都符合标准，只是等最后政审了。看得出来伯伯有点惋惜，他说原来他希望我去当陆军，在野战部队里摸爬滚打，锻炼会更大，当然，如果在学校里能选上空军的飞行员，也不容易，那就当飞行员。最后伯伯还说：'秉钧你能不能答应我，如果选不上飞行员，就到陆军去服兵役，怎么样？'我满口答应下来。"

接着，伯伯又专门交代了成元功："秉钧当兵的事情，你们谁都不要插手，要是服兵役，让他自己到武装部去报名。"

结果，秉钧政审合格，被选上飞行员了，1961年参军到了航校，也曾下连队摸爬滚打，表现突出，1962年就加入了中国共产党。航校毕业后，他在广州空军的飞行部队驾驶战斗机，在部队工作了30多个年头，1992年才转业到地方。

三妹秉宜自小喜欢美术，中学就读于中央美术学院附中。1965年夏，秉宜即将从中央美术学院附中毕业，准备报考中央工艺美术学院。她听老师说，中央工艺美术学院是全国唯一一所培养社会主义经济建设需要的实用美术设计人员的大学。实用美术设计范围十分广泛，在人们的社会生活中，上自国家庆典，下至老百姓的衣食住行，都离不开美术设计，而且当时的中国需要通过出口优质美观的工艺品来创收外汇。可是多年来，工艺美院始终没有受到附中学子的青睐，大家总有一种观念，认为搞美术设计不如美术创作。

这时，秉宜认为，作为有8亿人口的大国，仅仅只有一所工艺美院显然不是太多，而是太少，国家真的急需大批为社会为群众生产服务的一线美术设计人员，自己报考工艺美院的决心已定，就不想再改变了。不过看到同学们大都选择报考美术学院，她想到考大学对于自己无疑是人生的一个关键时刻，应该去向伯伯请教，相信他一定会给自己一个最好的指导。

在西花厅，趁着伯伯饭后短暂休息的时间，秉宜向他简述了自己的想法："伯伯，我们毕业马上就要填报考志愿了。这次我们附中同学可以报考的大学有浙江美院、戏剧学院舞美系和工艺美院，我决定报考工艺美院，可我还是想听听您的意见。"伯伯听后，就问起工艺美术学院有哪些专业。秉宜说，有染织、陶瓷、建筑室内装饰，还有工业设计，自己想学染织。伯伯没有直接表态，却认真地对她说："工艺美院学的这些专业，都和人民群众的生活有密切的联系，都是可以直接为工农兵服务的。现在我们国家的出口商品包装设计粗糙，导致中国商品的价格在国际市场就是上不去，影响了我们国家出口创汇，我们还需要在包装设计上下很大功夫才行。"听了伯伯的话，秉宜心里有了底，就不再多问什么，只点点头"嗯"了一声。

几天后，美术学院先于工艺美院来到附中进行招生考试，几乎座无虚席，只有秉宜独自一人留在空荡荡的宿舍里埋头看书，因为她的高考报名表上白纸黑字写得清清楚楚：中央工艺美术学院染织系。

四弟秉华是1965年高中毕业，他是正常的应征服兵役，伯伯一方面非常支持，同时也根本不加任何干预和联系。他当了三年兵，然后复员回北京当了一名普通工人，因为工作认真、严谨，做了基层干部，还被评为部级先进工作者。

1968年夏天，我的小弟弟秉和、小妹妹秉建主动响应毛主席上山下乡的号召，先后去延安和内蒙古插队。临行前，刚满15岁的秉建到西花厅向伯伯、七妈辞行。秉建从小由妈妈带大，她到西花厅的次数少，从小就特别害怕伯伯。每回到西花厅，伯伯跟她讲话，她嘴里答应着，两眼只看着脚尖，头都不敢抬。

那天，她第一次感到伯伯并不严厉，相反，非常亲切。伯伯握着秉建的手，笑容满面地说："秉建真长大了！我和七妈坚决支持你到内蒙古草原去，希望你沿着与工农相结合的道路永远走下去，和蒙古族人民一起建设好边疆。来，你给伯伯在地图上找一找你插队的地方。"伯伯说着就戴上了老花镜，随着秉建的手指，在地图上细细地查找起来。找准位置后，伯伯熟悉地说出了那里的气候、草场、民族特点，然后语重心长地说："秉建，你一定要有充分的思想准备，要多想困难，中国有句老话：预则立，不预则废。什么事情若事先想简单了，遇到困难时就会发生动摇。这次你去的是少数民族地区，一定要尊重那里的风俗习惯。我听说你平时在家不吃牛羊肉，到牧区可要锻炼吃，不过生活关，就没法在那里扎根。到了草原，要虚心向那里的牧民学习，搞好民族团结。"

秉建到了内蒙古草原后，七妈准备送给秉建一个有短波的半导体收音机。她对我说："秉建到草原上看报纸不太方便，我要送一个好点的半导体收音机给她，能经常听听新闻，学习党的方针政策，关心国家发生的大事，要做一个有觉悟的新牧民。你去买，我付钱。"我说我已工作，我来出钱，七妈说她出钱是为了表示对秉建下乡的支持。等我买回来，七妈立即寄给在内蒙古大草原插队的秉建。

此后，伯伯、七妈一直关心着去插队的秉和、秉建。当时，因为林彪、"四人帮"的破坏和干扰，伯伯辛苦已达到极限，经常通宵达旦地工作，一天睡眠不足三四个小时，但他对秉和、秉建的来信，都一一抽空阅读，并嘱七妈给他们回信：不要骄傲自满，继续严格要求自己，不断进步。秉建给伯伯、七妈寄去了身穿蒙古袍骑马放牧的照片，伯伯看着照片，宽慰地笑了："好，秉建像个草原姑娘了！"

两年后，秉建在内蒙古应征入伍了。当她参加完新兵集训，穿一身军装走进西花厅时，心里别提多高兴了！她知道伯伯和七妈都曾积极支持两个哥哥当兵，如今自己穿上军装，伯伯和七妈一定更高兴。当时解放军威望高，参军光荣，并且能吃饱饭，劳动强度也没有农村大。没想到一见面，伯伯、七妈对她说的话，让她大吃一惊也永生难忘："秉建，你能不能脱下军装，离开部队，重新回到内蒙古草原上去？你不是说内蒙古草原天地广阔吗？"

秉建急忙解释："我参军不是开后门，是大队推荐，通过了体检政审的正常手续。"

伯伯摇摇头，表情严肃地说："你参军虽然符合手续，但内蒙古那么多人，专挑上了你，还不是看在我们的面子上？有这个机会，应该让牧民青年去，我们不能搞这个特殊，一点也不能搞。"

从感情上说，秉建何尝不想留在军营！她实在想不通，哭着，想着，但还是遵守从小认准的一条道理：伯伯说的，一定是对的，一定要照办！经过激烈的思想斗争，终于在回到部队当天，她流着泪向部队领导写下了离队申请。部队很想留她，没有立即给她办手续，因为很多事情都是拖段时间就可以大化小、小化了的！然而，秉建这件事上真正是破了例，没两天，部队领导接到了伯伯亲自打来的批评电话："你们再不把孩子退回去，我就下命令了！"于是，秉建终于脱下军装，又重新回到了内蒙古大草原。这次，当过四个半月兵的小妹下了狠心，坚持不回知青点，直接住进了牧民的蒙古包里。她想通了一个道理："正因为我的伯伯是周恩来，所以，我应该坚持在大草原做一个最普通的牧民。"

与此同时，小弟秉和也从他插队落户的延安，参军到了新疆喀什做了边防战士。他在新疆拍了一张穿军装的照片寄给伯伯、七妈，与小妹秉建一样的心情，想让两位老人家高兴高兴。很快，他就收到了七妈的亲笔回信："秉和，我和你伯伯都看了你的信。你想当兵，当然很好，但是，农村更是一个广阔的天地，在那里同样可以大有作为。我和你伯伯都认为你还是应该回到延安去，和老区人民一起，坚持在艰苦的农村劳动锻炼，改造自己。"小弟秉和看完信，尽管不甚情愿，但也不得不去办了离队手续，重新回到延安。于是，小弟秉和只当了三个半月的解放军，比小妹秉建的军龄还少一个月！

记得1971年4月，我从贵州出差到北京，住在婆婆家中，因急着先办公事，没与七妈联系，谁知第三天一早就接到了七妈打来的电话："秉德，你到北京三天了，怎么还没有来看我？"我立即赶到西花厅，聊了会儿家里的情况，七妈主动提起了小弟小妹参军的事。

"参军本来是件好事，但是，目前全国有上千万的青年学生正在农村插队落户，由于农村的条件十分艰苦，最近已有一些干部子弟通过参军的途径离开了农村。这样做很不利于贯彻毛主席关于青年人上山下乡去经风雨见世面的指示，在群众中也造成了很不好的影响。现在，我们要求秉和、秉建带这个头，越是困难越是不能离开农村……"

看来，七妈恐怕猜测我是因为对让小弟小妹脱军装的事情有想法，所以回北京才没及时去看望伯伯和她。其实我心里十分清楚，参军在当时可是成千上万农村青年、知识青年能够离开农村、改善生活条件的唯一阳关大道，也是他们争先恐后、打破头想要实现的目标。1968年，我父亲被逮捕直到这时还在受审查，如果不是知道小弟、小妹是总理的侄儿、侄女，参军这种好事怎么也不可能轮到他们头上的！

想到这里，我说道："七妈，你和伯伯的这个决定，妈妈和我都没有什么意见！秉和、秉建回到农村和草原去，不单是对国家和人民有益，对维护党的威信有好处，而且对他们自己本身，也能在艰苦的环境里面受到更多的锻炼。我自己也是有亲身体会的，我相信秉和、秉建能想通。当然，从感情上说，秉建在部队待了四个半月，的确非常留恋。前不久，她给秉钧写了一封信，兵没当成，但当兵四个半月的经历已经成了她最珍贵的记忆，她真希望要一条军棉被，夜晚，在散发着浓郁酥油奶味的蒙古包内，让她盖着黄色的军被，在梦中回到日思夜想的战友身旁，回味那紧张火热的军人生涯……"

"秉建感情挺丰富的嘛！"七妈赞许地点点头，"我看她这点要求不为过，秉钧是当大哥的，应该满足秉建。"

"秉钧也是这样想的，他立即找到军需仓库，花了12块钱买了一条军用被，打成很小的包裹，已经寄到草原去了。"

"好！上次秉钧回北京开会，我跟他谈过一次，你们兄妹之间一定要团结，互相帮助，解决困难，是为你爸爸妈妈减轻负担，也是不给国家增加麻烦。我知道你从1955年工作起，就每月给家里20元钱，占去你工资的1/3。现在你们姐弟六人还有三个没有工资收入，我们分个工，我让秉钧负责帮助秉宜，你在西安，离延安近，你就负责帮助秉和，我和你伯伯负责帮助秉建，你看怎么样？"

"行！"我痛快地答应了，心里一阵激动。伯伯和七妈一直是我们家的经济支柱，他们宁可苦待自己，也不愿利用权力违反原则给自己的亲属以照顾，把帮助我们当成自己的义务，也当成共产党员减轻国家负担的实际行动，而且他们不仅自己做，还言传身教，要我们六个孩子也坚持这样做。

第5节　病危中还让医护先去照顾别的病人

"文革"后期，伯伯因病住院后，虽然七妈十分看重亲情，但她更有着严格的组织纪律性。她坚持按照中央的规定，不让亲属去探视伯伯，也从未向我透露过一点伯伯病情的严重程度。可伯伯一有回西花厅的机会，七妈就会立刻通知伯伯在北京从小看大的两个侄女过来，想让伯伯得到一点亲情的安慰，也能满足我们想见伯伯的迫切心情。她那个身份，那个经历，能做到这样，实在是无可挑剔的！

1975年6月15日上午，伯伯回西花厅，七妈打电话通知了我。当时，我正在接待一位丈夫多年未见的老同学，给他们做饭。我心想，不到一个月，伯伯又可以回家，说明身体已有好转，下一次可能就出院了，出了院，我看他就容易多了，那么我这次就不去了。结果，就因为我的一时疏忽，错过了与伯伯见最后一面。如果我知道伯伯的体重只剩61斤了，还要经受手术之苦，那天我无论如何都会去西花厅的。

1976年1月5日凌晨，医务人员为生命垂危的伯伯做了最后一次手术。随后，接到伯伯病危通知的在京政治局成员、国务院负责人等陆续赶到医院。1月7日，伯伯的病情继续恶化，气息已变得十分微弱，长时间处于昏迷状态。医疗护理人员等昼夜守护在病房，随时准备抢救。当天深夜 11 点，弥留中的伯伯从昏迷中苏醒。他微睁双眼，认出守在身边的吴阶平大夫，便用微弱的声音说："我这里没有什么事了，你们还是去照顾别的生病的同志，那里更需要你们……"

这，是伯伯留下的最后一句话。

这就是我最敬重最亲爱的伯伯啊，他鞠躬尽瘁、任劳任怨地为党和人民工作了一辈子，在最后的病危之际依然还是只想着别人！

伯伯逝世后，我才得以站在他身旁，泣不成声地与他拍了最后一张照片。

【章末语】

习近平总书记指出："各级领导干部要保持高尚道德情操和健康生活情趣，严格要求亲属子女，过好亲情关，教育他们树立遵纪守法、艰苦朴素、自食其力的良好观念，明白见利忘义、贪赃枉法都是不道德的事情，要为全社会做表率。"

在这些方面，伯伯都如习近平总书记所言，堪称杰出楷模。他给我们留下的最为宝贵的财富，就是他的优良作风与优秀品德、他的崇高精神和人格风范。很多关于他的感人故事广为传颂，感召和哺育了一代又一代人。他以革命队伍的幸存者自居，始终不忘初心，坚守信仰，用实际行动为党和人民工作，为实现共产主义远大理想努力奋斗到了生命的最后一息。

伯伯生前历经挫折，历尽苦难，却始终没有忘记理想信念，始终闪耀着坚定不移的革命激情。在少年时代，他就立下了"为了中华之崛起"而读书的誓言，并给小学同学写下了"愿相会于中华腾飞世界时"的"临别预言"。无论革命环境多么险恶，他的理想信念从没有丝毫动摇，在弥留之际唱的还是"团结起来到明天，英特纳雄耐尔就一定要实现"。正如习近平总书记所指出的："在他心中，中国共产党人的初心、共产主义的信仰坚如磐石。"

伯伯始终将党和人民的利益置于首位，他不但自己这么做，也谆谆教导亲属和身边工作人员、其他同志也要如此。

著名妇产科医生林巧稚说:"我过去信过上帝,但上帝是什么样的?我没见过,谁也没有见过。可是我从周总理身上看到了一种真正高尚无私的人格。就是他这种崇高的精神在影响着我,使我由信上帝变成信共产党。"

习近平总书记在纪念周恩来诞辰120周年座谈会上发表重要讲话时深情地说:"今天,我们可以告慰周恩来同志等老一辈革命家的是:近代以来久经磨难的中华民族迎来了从站起来、富起来到强起来的伟大飞跃。周恩来同志生前致力于解决的中华民族积贫积弱的现象已经一去不复返了!周恩来同志生前操碎了心的广大人民群众缺吃少穿的现象已经一去不复返了!现在,我们比历史上任何时期都更接近、更有信心和能力实现中华民族伟大复兴的目标。"

第九章

真情至性　平易近人

第1节　伯伯和七妈的一些生活情趣

在西花厅工作和生活的岁月里，伯伯和七妈得空时喜欢一起沿着中南海散步。如果遇到熟人，就会随便谈谈聊聊。有一次，遇上时任政务院机关事务管理局局长的党外民主人士余心清，伯伯迎上前去，向余老嘘寒问暖，还谈到工作问题和内部团结问题。余老告诉他，党内外关系处理得很协调，中共党内同志很尊重他。伯伯听后，十分高兴地说："这个摊子很大，要搞好是要付出很大精力的。"最后，伯伯嘱咐余老要劳逸结合，保重身体。

伯伯和七妈非常喜欢孩子，对住在西花厅的侄辈们和身边工作人员的孩子们都视如己出，疼爱有加。一次，伯伯和七妈在散步时，正好碰到机关托儿所的孩子们也在中海岸的古树林中玩耍。孩子里有不少人认得他们，看到他们来了，就一边高喊"周爷爷、邓奶奶"，一边跑了过来，把他们围得水泄不通，还有的孩子张开双手要伯伯亲他、抱他。伯伯被孩子们的天真情绪所感染，也像孩子一样活泼起来了。他抱起一个孩子问他几岁了，叫什么名字，喜欢玩什么。伯伯说着笑着，天真活泼，连衣服纽扣都全部解开了，似乎只有这样，才能让他那充满爱心的胸怀全部敞开。这时，闻讯赶来的托儿所所长郭西想劝孩子们不要缠住伯伯和七妈不放，为他们解围。伯伯则满面笑容地对他说："郭西同志，你们责任重啊！你们在培育几百朵花朵。有了你们，机关工作才得以正常运行。家长们要感谢你们，我要感谢你们。"

偶尔得闲时，伯伯也喜欢和七妈一起到中南海泛舟。每次一上船，他就要亲自划桨，他的动作非常娴熟，犹如长期生活在海上的船老大，有时一面划桨，一面还哼几句小调。我就是跟他学会了划船。

有一次，伯伯上船后，一直向东划，在万善殿附近的水中亭"水云榭"边停了下来。水云榭是燕京八景之一，有乾隆题写的"太液秋风"石碑立于亭内。伯伯缓步走入亭中，朝北凝视着北海桥上的车水马龙，沉思了一下说："北海桥已适应不了人流、车流的需要，非扩建不可。"然后，又用手势指着说："桥两端不远处立在路当中的牌坊势必要拆除，否则，对交通阻碍太大。""不过，要拆除这些牌坊，也还有一些思想工作要做。桥东的团城一定要保留下来。"

伯伯还有一个爱好，就是夜间有空时会到街上走一走、逛一逛，与随行人员随便聊聊。这个时候，他步履轻盈，兴致勃勃，像平常人一样东张西望，目光里露出喜悦的神色，问这问那。据说，伯伯曾多次去西四夜摊上一排排的小吃铺品尝小吃，吃后还咂咂嘴说："不错不错，口味好，花样多，很具特色。"

工作之余，伯伯还喜欢跳舞，而且跳得好极了。在延安，他在联欢会上总会和大家跳跳舞。在西柏坡，他参加过每周举办的交谊舞会。新中国成立后，他去跳舞的地方有春藕斋、紫光阁、北京饭店、政务院交际处和北京文化俱乐部。前二者主要是中央首长和机关干部跳舞的场所，后三者是党外民主人士和苏联专家跳舞的场所。尽管伯伯去这些地方跳舞算是一种文娱活动，但也是为了工作。去北京饭店和北京文化俱乐部，他利用跳舞的形式了解民主人士的工作、生活情况，听取他们的意见；去交际处跳舞则是要了解苏联专家在华的工作和生活情况，与他们共度周末。

当工作有所起色时，伯伯跳舞的兴致会特别高。1954年，他率中国政府代表团出席日内瓦会议，历时近三个月，这是抗美援朝战争取得胜利后我国外交工作的一次重大进展。会议中间暂休时，伯伯曾回北京，在重返日内瓦出席会议的前一个晚上，有关部门在紫光阁举行舞会欢送他，那晚他一直跳到次日凌晨2点，离上飞机仅有一个半小时。

1958年，国务院机关组织一批干部下放农村劳动锻炼，临行前在紫光阁组织了欢送舞会。伯伯特意前来参加，并宣布：凡是下放的女同志，他都邀请跳一场。伯伯对女同志们的关心和一视同仁，让她们深受鼓舞和感动。

第2节　伯伯忘我工作，七妈巧用
小孩子拉他出来休息

新中国成立之初，真是万事开头难，国家百废待兴，要恢复经济生产，建立外交关系，美国又发动了侵朝战争。抗美援朝的志愿军作战方案及整个后勤供应，几乎都由伯伯主管。他经常是一连工作十几个小时，有时还会连轴转，连续一两天不睡觉，没时间吃饭。谁叫也不听，连七妈去劝也不行！

这时，我5岁的妹妹小咪（周秉宜）便成了最有效的"武器"，七妈会安排她去叫伯伯出来休息（伯伯的办公室未经允许七妈都不能进，小咪那时还不识字所以可以进）。她像只小猫一样没点声音地走进办公室，一句话也不说，拉着伯伯的手就使劲往外走。伯伯很熟悉这个"无言"小侄女的威力，她太小，讲革命道理，她不懂；她微笑，你发脾气也不忍心，唯一的出路，就是乖乖地跟着她起身。小咪这样做可以说是"百战百胜"。我听保健护士王力阿姨说过最叫绝的一次，还有照片为证。

那是1951年5月，朝鲜战场的事十分紧急，伯伯已经连续工作了整整20多个小时。天将拂晓，七妈起床来到伯伯的办公室前，见他还没有休息。长时间地在室内伏案工作，对已经年过半百的伯伯身体太不利了！

七妈灵机一动，让值班的王力阿姨去搬"救兵"小咪。王阿姨走进了孩子们的房间，小咪可是睡得正香呢！王力叫起她说："小咪，好孩子，快起床，公园里的芍药花开了，阿姨带你去看花！"小咪闭着眼睛直摇头，嘴里嘟哝着："我困，我要睡！""哎呀，不光你一个人去，你伯伯也去，快醒醒，阿姨给你扎个大蝴蝶结。"

一听伯伯也去，小咪仿佛立即明白了自己还有"抓俘虏"的责任，也不再往床上赖，顺从地让阿姨给自己穿上衣服，还乖乖地让阿姨给自己扎上一个粉红色的绸布蝴蝶结。王阿姨牵着还打着哈欠的小咪的手，来到伯伯办公室门前，对她说："小咪，你去跟伯伯说你要到中山公园去看花，去吧。"小咪进门不用敲，走路没声响。她走到伯伯身边，也不看伯伯在忙什么，拉起伯伯的手就往外走。"伯伯，咱们去中山公园看花吧。"

"小咪，我还有工作没搞完，再等半小时。"

小咪毫无商量余地，执意往外拉。

伯伯瞧着穿戴整齐的小咪，头上扎着十分精美的蝴蝶结，却眼泡略肿，神态木讷，直打哈欠，随即明白事情的真相了。他走出办公室，在回廊里问道："小咪，就在院里走走，好吗？"小咪摇摇头，拉着伯伯直往大门口走，出了里院大门，汽车已经发动，工作人员都含笑迎了过来。伯伯伸出手轻轻点向王力，带着笑说："小鬼，你点子真多！"

望着远去的汽车，七妈心里总算松了一口气。

在中山公园盛开的芍药花旁，伯伯拉着小咪的手，一边赏花，一边讲牡丹花和芍药花的故事。小咪眨着眼睛直点头，第一次分清了牡丹花与芍药花的不同。

随行的一位摄影师，不记得是侯波还是谁，抓住时机立即按动了快门，把这一瞬间凝固成永恒。

第3节 对大家工作上严格要求，
生活上细心照顾

伯伯和七妈生活俭朴，但对身边工作人员一直都是体贴入微、关怀备至。有一年夏天，伯伯到厨房看望炊事员们，问长问短，看到他们穿的工作服又厚又热，便和七妈掏钱给他们每人做了一件白色工作服，穿起来很舒服，很凉快。炊事员林清说，这件工作服自己后来一直舍不得穿，保存了很多年。1961年，林清随伯伯到庐山开会，开完会伯伯去看戏，坐上车正要走时，看到林清没在车上，马上向车外的他招手让他上车，把他也带去看戏，让他又激动又感动。身边工作人员结婚时，伯伯和七妈会为他们买喜糖喜烟；工作人员生病，他们都会去看望。

伯伯对身边的警卫人员也是关怀备至，指示有关部门："他们这些工作人员非常辛苦，不管寒冬酷暑，刮风下雪，不管白天黑夜，守卫在各自的岗位上。生活上包括吃穿要尽可能给予照顾。"从此，警卫人员的伙食每人每月增加猪肉2斤、食油半斤；穿的方面，每人增发内衣一套、皮鞋一双，还增发了从朝鲜战场上缴获来的用美国产床帐布做的蚊帐一顶；有的特殊岗位，还发了棉军大衣和毛皮鞋。

由供给制转为工资制后，伯伯又指示，警卫人员的工资要比同级机关人员高一级。有一次，一位河北籍卫士家乡受灾，伯伯给了钱和衣物。如果遇上天气寒冷或下雨，七妈则会给站岗的战士送大衣、雨衣。新中国成立之初，政务院会议厅会议频繁，忙时几乎天天有会。会议厅前的天井中站有武装岗哨，伯伯经过天井时，战士都要行军礼。伯伯见了，就对卫士俞标说："这里的岗哨同我住地的一样，都是自家人，以后不要再行军礼了，由你转告。"而俞标这才知道，原来西花厅大门及院子内的岗哨都已免除了这个礼节。

有一年夏天，伯伯腹股沟患了湿疹，坐卧不宁，按说需要躺在床上休息，但他仍一如既往地工作，每天都要批阅许多文件。保健医生卞志强就向时任总理办公室主任童小鹏反映，希望让伯伯多休息，少看文件，争取早日痊愈。童小鹏同意医生的意见，跟着一起劝伯伯多休息，少批文件。

伯伯当时有点不高兴，随口说了一句："你们不关心政治。"童小鹏听了觉得很冤枉，自认为关心总理的健康就是关心政治，反而受了批评。不过，他们依然用心照顾伯伯，没有再吭声。之后，童小鹏为此对伯伯提了意见，伯伯则表示了歉意，这让童小鹏又有些后悔，觉得不应该提意见。也正是伯伯这种虚心的态度，让大家有意见时敢于和乐于向他提出，在西花厅得以很好地发挥民主集中制。

据原国务院办公厅行政司党总支书记张可芳回忆，新中国成立初期，政务院秘书厅的办公室冬天取暖靠生煤火炉，生火时烟熏火燎，她就主动承担了生炉子的任务，每天早上到办公室劈柴、砸煤、点火，在大家上班之前把火生好。有一天早上，她正在卖力地干着，档案科长丁洁如进来了，说："小同志，你知道吗？总理每天工作到黎明，现在正在睡觉休息。总理办公和住的地方跟我们这里只一墙之隔，你咚咚地砸，总理怎么休息呀？"张可芳听后，立即停手，心里觉得很愧疚。自此，她知道了周总理不分昼夜地操劳国家大事，心里油然生出了对我伯伯的崇敬和爱戴之情。

伯伯、七妈念及机关工作人员很辛苦，会在外国领导人送给他们的礼品中拿出一些食品分送给大家。伯伯还经常会到机关的办公室或办公区看望大家。当时有规定，工作人员遇到中央领导同志，不许主动上前握手、说话，为的是不打搅他们，不耽误他们的时间。不过，伯伯每次遇到工作人员，总是点头微笑，先向他们示意；他们也以微笑回敬，有时说声"总理好"。

午饭后，想午休的国务院机关工作人员往往会在上班前留下半小时左右的时间睡午觉。尽管宿舍就在三四百米远的工字楼，有的同志为少走路省时间，便在办公室凑合了；几个打字员则把办公室过道门上的大竹帘子摘下来，铺在地上睡觉。

一天，伯伯从打字室窗前走过，看到他们睡在地上就停了脚步。那时张可芳还没有睡着，看到伯伯就赶紧坐了起来。伯伯抬起两手掌心向下压了一下，示意她不要起来。他继续向前走，走到收发办公室窗外，看到几个男同志也躺在地上，有位同志看到伯伯就站起来了，伯伯关切地说："你们躺在水泥地上会着凉生病的，以后要回到宿舍睡在床上。"

其实，伯伯、七妈帮过的不止亲属，还有许多身边的工作人员以及旧部旧识。王海青是伯伯办公室的一位秘书。1954年，国家为了培养提高干部的文化素质和科学技术水平，决定通过全国统考录取部分在职人员上大学。这时王海青的妻子侯真已经是两个孩子的妈妈，但在七妈的鼓励和支持下，她考取了天津医学院医疗系。1955年11月，在学校读书的她突然接到父亲病故的消息。正在她悲痛之时，接到七妈委托她的秘书张元写来的信，信中转达了七妈的话："听说你的父亲去世，希望你不要太难过，把哀痛化为力量，用在学业上去。你在学习期间，经济不宽裕，现托海青转去我的工作费伍拾元，作为给你这次回家往返路费的补助，请收用，并望保重。"侯真阿姨热泪夺眶而出，她把钱寄回老家，自己全身心地投入期末考试。七妈那封充满真情的信，她一直珍藏在身边。

　　1956年8月的一天，王海青一家刚吃完午饭，七妈敲门进来说，听说你们的宝宝要进幼儿园，要花费一些钱，我给准备一下。随后，七妈从衣服口袋里掏出80元交给侯真。王海青和侯真眼含热泪目送七妈远去。后来她深情地回忆说，没有伯伯和七妈的鼓励和支持，整整五年大学她是无法坚持读下来的。伯伯、七妈帮助过的工作人员又何止这一对？可是对自己呢，他们节省了再节省，几乎到了自虐的程度！

第4节　善待、优待住进西花厅的烈士子弟

1937年七七事变后，中国共产党积极建立抗日民族统一战线，与国民党展开了第二次合作。一天，16岁的孙维世独自一人找到武汉八路军办事处，要求送她去延安。办事处的同志见她年纪小，又不认识她，就没有同意。她站在寒风中哭着不肯离去。

恰巧这时，伯伯外出归来，见到一个小女孩在办事处门口伤心地哭泣，就上前询问，才知道她是老战友孙炳文烈士的女儿。伯伯马上把她叫进屋内，一把拉住她，含着泪端详着这位早在广州他就熟识了的女孩，泪眼模糊地连声叫道："孩子，孩子……"

很快，伯伯就派专人将孙维世护送到延安，让她进抗日军政大学学习。伯伯一定没有忘记，孙炳文烈士生前曾说过："如果我哪一天牺牲了，我的子女请你们帮助扶养，让他们都成为革命的接班人。"

伯伯和七妈对维世格外关怀，视同己出，并且写信给孙炳文的夫人任锐，主动提出让维世做他们俩的女儿，作为对忠烈的缅怀。任锐高兴地同意了。所以，打那以后，维世就一直叫伯伯为"爸爸"，叫七妈为"妈妈"，她也是伯伯和七妈关怀的十多名革命烈士子女中唯一叫他们"爸爸""妈妈"的人。不久，孙维世光荣地加入了中国共产党。

1939 年，伯伯因坠马伤臂赴苏联治疗，到延安机场送行的孙维世提出随他一起赴苏联学习。组织性、纪律性很强的伯伯没有同意，并明确告诉她："我去苏联治病是党中央决定、毛主席批准的，怎么能随便带你去呢？"孙维世只好作罢。

这时，也是来送行的邓发半开玩笑半认真地说："维世呀，你要是真的想和爸爸、妈妈去苏联，现在骑马去找毛主席，恐怕还来得及。"经他这一提醒，孙维世马上牵过邓发警卫员手中的马，当即飞马而去。她径直找到毛主席，让毛主席写了一张同意她去苏联的条子又飞马赶到机场。据说，当时飞机已经启动，她跳下马，扬着手中毛主席写的条子，爬上了即将起飞的飞机。她走得这么匆忙，什么随身东西都没带，连脚上都只穿着一双草鞋。直到飞抵兰州，住进了宾馆，服务员才帮她找了一双布鞋。

新中国成立后，孙维世是西花厅的常客，经常来看伯伯和七妈。1950年 8 月，她还帮伯伯和七妈戴上大红花，让他们拍摄了结婚 25 周年的纪念合照。

1949 年，孙维世的妹妹孙新世来到北平后，乘车到中南海新华门，告诉门卫说找邓颖超。门卫向里边打了电话，对方说她出去了。正说话间，一辆吉普车开了过来，门卫就指着车子说："这不是回来了吗？"当即向车上做了汇报。这时，伯伯的行政秘书、随七妈外出的何谦下了车，因为彼此都不认识，孙新世就把姐姐孙维世写给她的信拿出来交给何谦。何谦看了信，上车对七妈说："维世的妹妹找到了！"此时，孙新世像一个孤儿回到家中一样，再也抑制不住激动，大声叫了一声"妈！"然后，就向七妈扑了过来。"孩子……"七妈叫了一声，也说不出话来，抱着她哭了起来。

当晚，孙新世在丰泽园内的菊香书屋见到了伯伯。伯伯看着眼前的这位姑娘，听说她就是孙炳文烈士失去联系 20 多年的小女儿孙新世时，十分动情地拉着她，眼泪直流，动情地说："可怜的孩子，总算把你找到了。"

几天后，孙新世终于见到了自己日思夜想的姐姐孙维世，才知道她们的母亲任锐已去世三个多月。到北平后的孙新世已经是成年人，她一下子不好意思叫伯伯为"爸爸"。孙维世就把自己收藏多年的与七妈之间的往来信件一封一封地给妹妹看。

孙新世后来回忆说："我从信中得知，她们之间母疼女爱，确实有着亲密无间的母女深情。于是我便也跟着叫邓颖超'妈妈'，叫周恩来'爸爸'了。但是我和别人说话提到他俩时，还不像姐姐那样，不带任何附加词语，而是叫'小超妈妈'和'总理爸爸'。"

新中国成立后，孙新世就读于北京外语学校俄语系。她在北京读书期间都是住校的，但伯伯的秘书们常常向她交代，有空时能多回几趟西花厅。其中也有内情，一是伯伯、七妈都像喜欢她姐姐维世一样喜欢她；二是他们日常生活十分俭朴，平常只吃两菜一汤，吃剩的饭菜下顿热热还要吃，只有侄子侄女们从学校回来，伯伯才允许加一道菜，如炒鸡蛋、红烧狮子头等。而孙新世每次到西花厅时，伯伯、七妈只要有一点时间都要问这问那。

有一次，伯伯在西花厅后客厅放唱片《兰花花》，放完后问孙新世："《兰花花》好不好听？"孙新世不加思考地脱口而出道："不好听。"伯伯听了，很不高兴："这孩子，怎么连一点革命感情都没有！"后来，是七妈谆谆教诲她，《兰花花》是西北民歌，是老解放区军民们爱听爱唱的民间爱情歌曲，因此你的总理爸爸特别爱听爱唱。孙新世说："经小超妈妈这么一说，以后又常听，渐渐地我也就感觉《兰花花》很好听了。"

孙新世来京后，先是和姐姐维世住在一起。姐姐结婚成家后，她就没地方住了。经伯伯、七妈同意，她就住到了西花厅。

"1952年，总理爸爸去朝鲜访问，晚上我陪小超妈妈谈久了，她就让我睡总理爸爸的床，那才真叫幸福。"孙新世曾甜蜜地回忆道，"后来我也成家了，还生了小颖，我第一次带孩子去西花厅，小超妈妈亲着我的女儿说：'让大颖亲亲俺小颖。'"当时小颖太小，什么也不懂，把西花厅里的沙发都尿脏了。但七妈还是乐呵呵的。

有一次，孙新世母女看到电视上播出了"十一"游行，第二天小颖就对伯伯说："昨天我在电视里头看游行了，我还看见您了。"伯伯说："那你长大了也去游行。"

小颖说："那我怎么进去呀？"她还以为要游行得进到电视里才行呢。

伯伯就把她抱到西花厅外面的大镜子前，说："你看，你这不是进去了吗？"小颖笑了，伯伯也笑了，笑得非常爽朗。

1956年暑假，陈赓大将邀请彭干臣烈士的儿子彭伟光来京做客。陈赓见了伟光很高兴，一下就看出了伟光的心思，不及多谈，就抓起桌上的红电话机，打给了七妈："小超吗？今天我给你送一件礼物去，收不收啊？"

除了伯伯，直呼七妈为"小超"的人极少，陈赓便是一个。她自然一下就听出是陈赓，也深知他一生豪爽，惯开玩笑，便在电话里笑着说："你给我的礼物我还能不要？你给我送什么礼物啊？"

陈赓抬高了声音说："彭干臣的儿子来了，现在在我家里，他想见他的邓妈妈。"

七妈通话的声音很大，连坐在一旁的彭伟光也听见了："叫他快来，快把他送来吧！"

彭伟光跟陈赓来到了西花厅。客厅里空无一人，十分安静。彭伟光不禁局促不安起来，心突突乱跳，连自己都听得见。不一会儿，他就听见有人进来，并高声呼唤："是不是我们的伟光来了？"彭伟光听见七妈的招呼，连忙站了起来，迎上前去说："邓妈妈，是我。"

七妈含着笑说："哦，我们终究见到了自己的孩子！"

这温暖的声音、慈爱的面庞，让多年失去父爱又缺少母爱的彭伟光如同有一股电流充盈着全身，脸都不免有点红起来了。这时，听见动静的伯伯也走进了客厅，他握住彭伟光的手摇动着，并用那双炯炯有神的眼睛从头到脚地打量着彭伟光。过了一会儿，他才肯定地说："是的，他是彭干臣的儿子。你看，他的模样、腔调和动作都像他爸爸。"七妈点头同意。伯伯又握住彭伟光的手，说："我还有事情，让邓妈妈陪着你。"

伯伯离开后，彭伟光悄声问七妈："我从未和爸爸生活在一起，怎么周伯伯说我的动作像爸爸呢？"

七妈笑了："傻孩子，这就叫遗传呀！"

这天下午，七妈问彭伟光想吃什么，他随口答道，"北京什么好吃就吃什么"。

七妈说北京好吃的就是烤鸭了，就叫人订了烤鸭。

晚上，订的烤鸭送来了。彭伟光后来才知道，伯伯家平时只是两菜一汤，来客人时才增加两个菜。这次专门订了烤鸭，算得上是招待贵宾了。摆好了菜，七妈将筷子递给伟光，忽然又觉得少了什么，就问伟光："你希望伯伯和你一块吃饭吗？"

彭伟光想都没想说："当然希望嘛。"

然后，七妈就打电话叫伯伯回来。他回来后，一坐下，就关切地问伟光："你会吃烤鸭吗？"

彭伟光摇了摇头，表示不会。伯伯就拿起一块荷叶饼，卷上鸭肉、面酱，给他作示范，并告诉他吃烤鸭为什么要夹大葱。吃完饭，伯伯还有事，又匆匆乘车走了。

七妈仍留下来陪彭伟光，说："今天晚上我的时间全部属于你，我们到中南海去划船好吗？"彭伟光喜悦地点点头。

住在西花厅的烈士子弟还有彭雪枫的儿子彭小枫，伯伯、七妈对他也是非常关心和照顾。在我妹妹周秉宜的《我所知道的周恩来和邓颖超》一文中，曾写到这样一件事：

暑假里中央首长的子女们可以跟着家长去北戴河度假，伯父伯母也从来不带我去。伯母说："你伯伯说了，什么时候全国人民都能上北戴河度假，你们才可以去。"但伯母会安排我的发小彭小枫去北戴河，她还特别告诉我说："因为小枫是彭雪枫烈士的儿子。"

当然了，在西花厅还有工作人员的孩子们，他们无不得到伯伯和七妈的关爱。所以，秉宜在文中写道："事实上，伯父特别喜欢孩子，每一个他见过的孩子，他都对人家特别好。后来许多童年时接触过伯父的同志在回忆他时都会说一句：'我小时候，总理特别喜欢我。'我相信那不是他们的夸张，而是他们切身的感受。"

第5节　鼓励和支持身边人员学习文化

新中国成立前就跟着伯伯的警卫员魏玉秀打小没有上过一天学，到了伯伯身边才开始学文化、长知识，并逐渐懂得了许多革命道理。每次站夜岗，伯伯总是先手把手地教他认字、写字、造句，或是给他讲一会儿文化知识、革命道理后才开始工作。魏玉秀一直清楚地记得伯伯教他学写自己名字时的情景——"魏"字笔画多不好写，伯伯就用手握住他的手一笔一画地写，他一连写了十多天，直到写成为止。

就这样，学了半年后，魏玉秀已经可以开路条、写简单的信了。有一次，伯伯问他打倒日本帝国主义后准备怎么样，并让他把回答的话写在纸上。魏玉秀高兴地在纸上写道：我坐江山。伯伯一看，翘起了眉毛道，"哦，你坐江山？"魏玉秀一看，坏了，自己漏写了一个字，忙说，不不，是"我们坐江山"。他赶紧提起笔要加一个"们"字。

这时，伯伯严肃而又语重心长地对他说：不！也不是"我们坐江山"，是"人民坐江山"！

1952年5月19日，七妈把魏玉秀叫到自己的办公室，拍拍他的肩膀让他坐下，然后和蔼地说："小魏，你跟在总理身边已有8年了吧。你现在年龄也不小了，又学了点文化，我和总理虽然舍不得你，可你也不能一辈子给总理当警卫呀，到下边去工作吧。"

第二天，魏玉秀在西花厅和其他卫士相互依依不舍地告别时，伯伯来了。他请大家吃苹果，然后对魏玉秀说："小魏呀，你是不是心里有些不痛快？可这是革命需要，革命需要你到基层去工作呀！你回到地方后，有什么困难就向我提出来。但你回地方后可不能闹待遇。西花厅就是你的家，以后你想家了就回来看看嘛。"

临别时，七妈送了魏玉秀一张照片作为纪念，那是1950年她和伯伯在西花厅的合影。

在西花厅，卫士们的值班室和伯伯的办公室是对门。有一回，一位卫士在学写字，正好伯伯出来，路过值班室，看见后就进了屋细细看。那位卫士小时候没上过几天学，后来参军才学文化，所以字写得很不好看。伯伯没笑话他，而是仔细地教他一笔一画如何写、怎么写才好看。

伯伯还教他们学政治、学文化，并说："没有文化，报纸不能看，书也不能读，不知道国家和世界大事，怎么能做好工作！"所以，一些工作人员的文化就是在伯伯的教导下学起来的。

伯伯在病重期间，依然十分关心工作人员，外国朋友送给他的水果，也分给他们吃。

第6节　凡事自己动手，拒绝身边人员帮扶

伯伯的卫士韩福裕曾回忆："作为卫士，我们是负责保护、照顾总理的。总理的右胳膊受伤了，屈伸不方便，我们就协助他穿衣服，先穿右手，再套左手，最后提上去。他非常整洁，领子上的风纪扣总要系好。有一回，总理整理装束，我见他胳膊活动不很灵活，就主动弓下腰打算帮他系上鞋带，但是他说什么也不愿意让我帮他系。他脚蹬到凳子上，自己弯腰，克服困难自己系。从这件小事上，可看出总理是非常尊重他人人格的。"韩福裕一边激动地说着，一边比画着当时伯伯吃力地系鞋带的动作，"这样的小事，生活中很多。我老伴刚到时，在邓大姐身边工作。每到开饭时，她总是给总理也打上一份。总理吃完后，她就端着托盘往厨房送。总理总是马上上前两步，帮她把门打开，等她走过去"。

韩福裕还提到自己刚来西花厅时，不太清楚伯伯的"规矩"。有一次，他和伯伯去后厅，当时是冬天，后厅门挺宽，挂着棉布帘子。伯伯走在前面，韩福裕跟在后面。伯伯步伐矫健，走得很快。快到门口时，韩福裕赶紧跑前一步打开帘子，伯伯就说："放下，放下，我有手，我自己来。"

"当时周围没任何人，就我们两个，我是他的卫士，就是照顾他的，而他就是这样，对人很平等，对自己很严格。"韩福裕感叹道，"没有一

点官架子，但很气派，很有风度，对人平易温和，无微不至的关怀让人不能不感动。"

"文革"刚开始的时候，有一次伯伯在人民大会堂服务员陪同下到大会堂地下职工食堂去用餐。服务员要替伯伯排队，他坚决不让。伯伯和其他职工一样交餐券、买饭，然后把碗、筷送到洗碗处，一切自己动手，不要别人为其代劳。

在西花厅，伯伯、七妈始终对工作人员平等相待，认为大家只是工作分工不同，但都是完全平等的革命同志。他们能自己动手的一定要自食其力，决不凭借职位、权力让工作人员为他们做超过本职工作的服务。

同理，我后来了解到，伯伯要求所有的领导干部都要自己动手写文章，秘书可以帮助修改润色，但是不能代劳。他说，领导干部应该熟悉自己所管理的事务，不应该一问三不知，一切都由秘书、文书包办。所以，从国务院出来的一些人，至今还有这种自己动手写稿的习惯。那时向伯伯汇报的人，往往要准备很多套材料，一套不行再拿一套，而且事先要把材料看一遍，不能到地方再拿着稿子念，因为这些材料说不定伯伯都看过，有一个小数点错了，他都能听出来。

可以说，伯伯对部下还有我们这些亲属，都是既严格要求，又关心爱护。而且，他始终以身作则，身体力行，凡事自己动手，给大家树立了最好的榜样。

【章末语】

在先伯父周恩来身上，凝聚着中国共产党人的优秀品格和中华民族的传统美德，洋溢着浩然正气和独特人格魅力，反映了党的领袖人物的精神风采，体现了社会主义核心价值观。他的优良作风，就是其人格力量的集中体现。

习近平总书记对周总理充满感情，高度重视对周恩来精神风范的学习、研究和宣传。早在 2009 年 4 月，他在江苏调研时就专程到周恩来故居和周恩来纪念馆瞻仰，指出："周恩来同志是共产党员特别是领导干部的楷模，我们要坚持学习他的崇高风范、高尚品德和伟大精神，自觉加强党性修养，注重品行锻炼，弘扬良好作风，以优良的党风促政风带民风。"同年 7 月，在他批准下，成立了专门从事周恩来研究的周恩来思想生平研究会。

伯伯对自己始终要求非常严格，常说："我身为总理，带一个好头，影响一大片，带一个坏头，也会影响一大片！"他坚决反对任何特权，给亲属立下"十条家规"，不允许亲属和身边工作人员利用特殊身份谋取利益。他就是这样，一身正气，两袖清风。他连骨灰都没有留下，却永远为后世所景仰。

作为西花厅事实上的"大家长"，伯伯和七妈除了公务，也为我们这些孩子的成长、为工作人员的进步，付出了不少心血，把西花厅变成了其乐融融的大家庭。在他们身边的经历，成为我们终生难忘的宝贵精神财富，永远激励着我们——不忘初心、牢记使命！

附

我的修养要则

一、加紧学习，抓住中心，宁精勿杂，宁专勿多。

二、努力工作，要有计划，有重点，有条理。

三、习作合一，要注意时间、空间和条件，使之配合适当，要注意检讨和整理，要有发现和创造。

四、要与自己的他人的一切不正确的思想意识作原则上坚决的斗争。

五、适当发扬自己的长处，具体地纠正自己的短处。

六、永远不与群众隔离，向群众学习，并帮助他们。过集体生活，注意调研，遵守纪律。

七、健全自己身体，保持合理的规律生活，这是自我修养的物质基础。

周恩来

一九四三，三，一八于红岩

周恩来的十条家规

一、晚辈不能丢下工作专程进京看望他，只能在出差路过时才可以去看看。

二、外地亲属进京看望他，一律住国务院招待所，住宿费由他支付。

三、一律到国务院机关食堂排队就餐，有工作的自付伙食费，没工作的由他代付。

四、看戏以家属身份购票入场，不得享用招待券。

五、不许请客送礼。

六、不许动用公车。

七、凡个人生活中自己能做的事，不要别人代劳，自我服务。

八、生活要艰苦朴素。

九、在任何场合都不能说出与他的关系，不要炫耀自己。

十、不谋私利，不搞特殊化。